UTB **3144**

Eine Arbeitsgemeinschaft der Verlage

Böhlau Verlag · Köln · Weimar · Wien
Verlag Barbara Budrich · Opladen · Farmington Hills
facultas.wuv · Wien
Wilhelm Fink · München
A. Francke Verlag · Tübingen und Basel
Haupt Verlag · Bern · Stuttgart · Wien
Julius Klinkhardt Verlagsbuchhandlung · Bad Heilbrunn
Lucius & Lucius Verlagsgesellschaft · Stuttgart
Mohr Siebeck · Tübingen
C. F. Müller Verlag · Heidelberg
Orell Füssli Verlag · Zürich
Verlag Recht und Wirtschaft · Frankfurt am Main
Ernst Reinhardt Verlag · München · Basel
Ferdinand Schöningh · Paderborn · München · Wien · Zürich
Eugen Ulmer Verlag · Stuttgart
UVK Verlagsgesellschaft · Konstanz
Vandenhoeck & Ruprecht · Göttingen
vdf Hochschulverlag AG an der ETH Zürich

Kurt Mühler

Sozialisation

Eine soziologische Einführung

Wilhelm Fink

Der Autor:
Kurt Mühler ist Professor für Soziologie am Institut für Soziologie der Universität Leipzig. Er lehrt auf den Gebieten Sozialisation und Interaktion, Methoden der empirischen Sozialforschung sowie der speziellen Soziologie des abweichenden Verhaltens. Seine Forschungsgegenstände sind Ursachen für die Entstehung regionaler Identifikation (Mühler/Opp: Region-Nation-Europa, 2006), soziale Bedingungen der erfolgreichen Therapie sowie der Rückfallprävention von Chronisch Mehrfachgeschädigten Abhängigkeitskranken (Leonhardt/Mühler: Chronisch mehrfachgeschädigte Abhängigkeitskranke, 2006) sowie die Entstehung und Verhaltenswirksamkeit von Einstellungen zum Strafen, sozialer Kontrolle und Exklusion.

Bibliografische Information der Deutschen Nationalbibliothek

Die Deutsche Nationalbibliothek verzeichnet diese Publikation in der Deutschen Nationalbibliografie; detaillierte bibliografische Daten sind im Internet über http://dnb.d-nb.de abrufbar.

Gedruckt auf umweltfreundlichem, chlorfrei gebleichtem und alterungsbeständigem Papier ⊗ ISO 9706

© 2008 Wilhelm Fink Verlag
(Wilhelm Fink GmbH & Co Verlags-KG, Jühenplatz 1, D-33098 Paderborn)
Internet: www.fink.de

ISBN 978-3-7705-4699-2

Printed in Germany.
Herstellung: Ferdinand Schöningh, Paderborn
Einbandgestaltung: Atelier Reichert, Stuttgart

UTB-Bestellnummer: 978-3-8252-3144-6

Inhaltsverzeichnis

Vorbemerkung
zum Verständnis dieses Lehrbuchs

Der Mensch verfügt bei seiner Geburt über keine ausreichenden existenzsichernden Verhaltensweisen. Deshalb ist er darauf angewiesen, sich lebenslang den jeweils kulturell und historisch gegebenen Bedingungen lernend anzupassen. Warum essen Chinesen mit Stäbchen? Warum belehren Lehrer auch in ihrer Freizeit? Warum tragen schottische Männer Röcke? Im Prozess der Sozialisation erlangt der Mensch die Fähigkeit, Ziele zu bilden und verfügbare geeignete Mittel zu deren Erreichen einzusetzen. Des Weiteren werden durch Sozialisation Voraussetzungen für Bindungen zwischen den Angehörigen einer Kultur oder eines sozialen Lebenszusammenhangs geschaffen, indem gemeinsame Überzeugung darüber vermittelt werden, etwas „Richtiges" (Ziel) „richtig" (Mittel) zu tun.

Mit der Erforschung dieses Lernprozesses verbinden sich unterschiedliche Perspektiven. Das bedeutet, dass Sozialisation auch in einen disziplinspezifischen Zusammenhang eingebettet ist. Im 1. Kapitel geht es deshalb darum, was Soziologen grundsätzlich erklären wollen und welchen Platz dabei Sozialisation einnimmt. In diesem Kapitel wird auf zwei Aspekte hingewiesen, die für das Verständnis dieses Lehrbuchs besonders wichtig sind. Erstens: Die Soziologie ist eine Sozial- oder Gesellschaftswissenschaft. So lapidar dies klingen mag, mitunter wird übersehen, dass das in erster Linie bedeutet kollektive Ereignisse zu erklären – *nicht* individuelle. Zweitens: Sozialisation ist nicht das Gleiche wie Erziehung, sondern weiter gefasst. Erziehung ist ein Prozess, in dem bewusst ein bestimmtes Ziel in der Herausbildung der Persönlichkeit unter Einsatz begründeter Mittel erreicht werden soll. Sozialisationswirkungen dagegen entstehen aber ebenso spontan und unbeabsichtigt. Gerade diese Wirkungen spielen in der Soziologie eine bedeutsame Rolle.

Im 1. Kapitel geht es also um das Verständnis darüber, dass Soziologie, Psychologie und Pädagogik unterschiedliche Schwerpunkte im Rahmen ihres disziplinspezifischen Erklärungsanliegens aufweisen. Dieses Lehrbuch hat den soziologischen Kontext der Sozialisation zum Gegenstand. Das bedeutet aber nicht, dass die disziplinspezifischen Forschungen wie durch Mauern voneinander getrennt sind. Ganz im Gegenteil. Ohne den Austausch von Forschungsergebnissen lässt sich eine sinnvolle Verwendung von Sozialisationsannahmen

Sozialisation im Kontext der Soziologie – 1. Kapitel

nicht vorstellen. Es ist aber wichtig stets zwischen dem zu unterscheiden, was erklärt werden soll und dem, was an Ergebnissen anderer Disziplinen zu einer Erklärung mit herangezogen werden kann.

Definition und Grundstruktur der Sozialisation – 2. Kapitel

In einem Lehrbuch zur Sozialisation sollten selbstverständlich auch Definitionen der Sozialisation vorgestellt werden. Das geschieht im 2. Kapitel. Weiterhin geht es in diesem Kapitel um Phasen der Sozialisation. Moderne Sozialisationsannahmen basieren darauf, dass Sozialisation lebenslang geschieht. Dennoch ist dies nicht lediglich ein kontinuierlicher Prozess, sondern verschiedene Phasen im Lebenslauf weisen einen eigenen Sozialisationscharakter auf. In der frühen Kindheit, im Jugendalter, im Erwachsenenalter und im Rentenalter sind unter spezifischen Grundbedingungen Anpassungsprobleme im Schnittpunkt von Individuum und sozialen Bedingungen zu lösen. Schließlich bildet eine nähere Betrachtung der Primärsozialisation noch einen Schwerpunkt in diesem Kapitel. Dieser in der frühen Kindheit stattfindenden Sozialisationsphase wird in der Literatur ein besonderer Stellenwert zugewiesen. Hauptargument dafür ist die Annahme, dass in diesem Zeitraum eine lebenslang wirkende Grundpersönlichkeit entsteht. Dies ist von soziologischem Interesse, wenn daraus kollektive Ereignisse entstehen können, die durch spezifische Bedingungen der sozialen oder regionalen Herkunft mitverursacht sind. Hierzu werden theoretische Argumente und empirische Forschungsergebnisse vorgestellt.

Sozialisationsmechanismen und deren Bausteine – 3. Kapitel

Die Kapitel 3 und 4 sind die Hauptkapitel. In der Soziologie weist Sozialisation eine große Bedeutung auf. Sie stellt die Vermittlung von sozialer Ordnung hin zum handelnden Akteur her. Mit anderen Worten: Sozialisation soll erklären, wie es möglich ist, dass individuelle Akteure in der Lage sind, in einer jeweils gegebenen sozialen Ordnung erfolgreich zu handeln. Im Gegensatz zur Bedeutsamkeit von Sozialisation aber wird diese Vermittlungsfunktion in der Soziologie meist kaum ausdrücklich formuliert, sondern weitestgehend implizit (also „zwischen den Zeilen") verwendet. Im 3. Kapitel geht es deshalb um häufig verwendete Mechanismen, die in theoretischen Grundrichtungen der Soziologie enthalten sind. Diese *Sozialisationsmechanismen* wiederum gründen sich meist auf theoretische Annahmen und empirische Ergebnisse der Psychologie, vor allem der Sozialpsychologie und zunehmend auch der Neurowissenschaften. Jene theoretischen Annahmen und Ergebnisse werden in diesem Lehrbuch als *Bausteine für Sozialisationsmechanismen* bezeichnet. Diese Bezeichnung ist etwas sperrig, weil sie mit zwei Aspekten vereinbar sein soll: Erstens mit jenem, demzufolge es um Prozesse geht, die nicht Gegenstand soziologischer Forschung sind, aber Bedeutung für soziologische Theorien aufweisen. Zweitens geht es um Prozesse, die unbewusst ablaufen also nicht vom Bewusstsein der Akteure kontrolliert werden. Sie stellen eine Art Anpassungs- und unbewusstes Aktivitätspotenzial des Menschen dar. Bei der Wortwahl ist es deshalb entscheidend, dass dieser unbewusste Aspekt erhalten bleibt.

Im letzten Kapitel werden *Grundrichtungen in der Soziologie* hinsichtlich des Stellenwerts der Sozialisation erläutert. In der Soziologie lassen sich verschiedene Grundrichtungen unterscheiden. Unter einer Grundrichtung soll ein Zusammenhang für die Wahl von Methoden und die Art der Fragen, die gestellt werden sowie die Anerkennung von darauf beruhenden wissenschaftlichen Leistungen verstanden werden, welche für eine Gemeinschaft von Fachleuten maßgebende Probleme und Lösungen liefern.[1] In diesem Kapitel wird jeweils zuerst vorgestellt, welche allgemeinen Aussagen in einer jeden Grundrichtung getroffen werden. Im Anschluss daran werden die sozialisationsrelevanten Zusammenhänge expliziert und mit den allgemeinen Aussagen in Beziehung gesetzt. Dabei wird auf Sozialisationsmechanismen und deren Bausteine aus dem 3. Kapitel zurückgegriffen.

Implizite Sozialisationsannahmen in Grundrichtungen der Soziologie – 4. Kapitel

Wichtig für das Verstehen dieses Lehrbuchs ist es, dass man Sozialisation aus zwei Perspektiven betrachten kann. Zum einen als Erklärungszweck (analytisches Primat) und zum anderen als Mittel der Erklärung (theoretisches Primat). Das vorliegende Lehrbuch dient dazu zu erfahren, wie Sozialisation als Mittel der Erklärung in verschiedenen Grundrichtungen der Soziologie Verwendung findet.

An dieser Stelle sei all jenen gedankt, die das Zustandekommen dieses Lehrbuchs unterstützt haben. Besonders danken möchte ich Reinhard Wippler für die kritische Durchsicht des Manuskripts und die hilfreichen Argumente für dessen Gesamtausrichtung. Ich danke Herrn und Frau Henkel für die große Hilfe beim Korrekturlesen. Sarah Jahn und Nadine Jünger haben aus studentischer Sicht manche Unklarheit an den Ausführungen moniert und die technische Fertigstellung tatkräftig unterstützt. Maria Förster, Katharina Bretschneider und Matthias Rau leisteten mit thematischen Recherchen wertvolle Unterstützung. Mein Lektor Diethard Sawicki ertrug geduldig meine Fragen und stand hilfreich bei der Gestaltung des Manuskripts zur Seite. Schließlich

---

[1]   Dies ist in Analogie zum wissenschaftlichen Paradigma, wie es von Kuhn definiert wurde zu verstehen (Kuhn 1973 [1962], S.10).

möchte ich den Studierenden danken, die in den zurückliegenden 15 Jahren meine Sozialisationsvorlesung besuchten und mit ihren Fragen und Anregungen dazu beitrugen, dass sich die hier vertretene Auffassung vom Platz der Sozialisation in der Soziologie entwickeln konnte.

Zum Verhältnis von Soziologie und Sozialisation

1.

Die Annahme von der Gleichursprünglichkeit von Mensch und Gesellschaft
1.1

In der Literatur und auch im Alltagssprachgebrauch kann man häufig vernehmen, dass der Mensch ein soziales Wesen sei. Was heißt das eigentlich? Ist das eine Negation seiner Natur? Ist er von Natur aus gesellschaftlich? Gibt es eine Art Prädestination zur Gemeinschaftlichkeit, etwa so wie bei Termitenvölkern? Gibt es überhaupt eine Wahl zwischen individueller Autonomie und gesellschaftlicher Abhängigkeit des Menschen?

Über die Gesellschaftlichkeit des Menschen haben bereits Philosophen im Altertum nachgedacht. Aristoteles (384-322 v.u.Z.) kam zu dem inzwischen berühmt gewordenen Schluss, dass der Mensch ein zoon politicon sei. Nach Aristoteles ist der Mensch zur Gesellschaftlichkeit (vor)bestimmt, es ist ihm nicht möglich, außerhalb der Gesellschaft zu leben.[1] Anders ausgedrückt, die Verwirklichung der menschlichen Natur kann nur in der Gesellschaft geschehen. Weshalb ist eine solche Feststellung ungenügend? Es wird nicht erklärt, worin die Ursache für die Gesellschaftlichkeit besteht.[2] Nach Aristoteles enthält jeder Gegenstand,

---

[1] Aristoteles Politika III, 6.

[2] Der Verweis auf etwas unabänderlich Angeborenes ist stets eine letzte theoretische Möglichkeit, die insofern legitim ist, als die Suche nach Ursachen in

| Exkurs |

Der Mensch, ein zoon politicon?

Diese wissenschaftstheoretische Vorstellung vom Wesen, der Substanz hat
über Jahrhunderte hinweg bis in die Gegenwart die Geistes- und später die Sozialwissenschaften beeinflusst. Während die Naturwissenschaften sich der
Zweckursachen zugunsten der Untersuchung von Kausalursachen bereits vor
über 300 Jahren entledigten, ist der Einfluss dieser Idee noch heute in mancher
sozial- oder geisteswissenschaftlichen
Richtung enthalten (z. B. funktionalistische Theorien). Demnach wird jeder
Gegenstand durch eine unveränderliche
latente Substanz bestimmt, die man
sich deduktiv erschließen muss (vgl.
hierzu vor allem Karl Popper: Die offene
Gesellschaft und ihre Feinde, Bd. 1).

jeder Organismus und so auch der Mensch eine vorgegebene, zu
seinem Wesen gehörende Zweckbestimmung.

Die Bestimmung von Zweckursachen steht also im Gegensatz
zu modernen wissenschaftstheoretischen Vorstellungen, denen
zufolge Wissenschaft nach Kausalerklärungen sucht. In unserem
Zusammenhang heißt das, nach den Ursachen zu fragen, warum
sich die Menschen gemeinschaftlich organisieren. Dabei hilft es
theoretisch nicht weiter, die Gesellschaftlichkeit als eine substanzielle *Eigenschaft* zu bezeichnen.

Sind Institutionen eine Folge der menschlichen Eigenschaft „Gesellschaftlichkeit"?

Gesellschaft ist eine soziale Ordnung. Eine soziale Ordnung
kann man als einen Zusammenhang bezeichnen, der in das Verhalten der einzelnen, ihr zugehörigen Menschen beträchtlich ein-
greift. Dies geschieht durch Institutionen. Institutionen schrän-
ken die Freiheit des individuellen Verhaltens ein, indem Menschen
mit Verhaltensvorschriften von differenzierter Verbindlichkeit
konfrontiert werden. Die Frage ist also, wie solche Institutionen
entstehen. Mit Aristoteles müsste man darauf antworten, dass die
Existenz von Institutionen vorbestimmt ist. Das bedeutet dann,
dass die sozialen Institutionen eine Folge der Zweckbestimmung
des Menschen sind, ein zoon politicon zu sein. Das aber ist keine
Erklärung der Entstehung von Institutionen.

Welche Alternative gibt es dazu, Gesellschaftlichkeit als Eigenschaft anzusehen?

Marginalie? An einen fast schon vergessenen Satz des amerikanischen So-
zialpsychologen Charles H. Cooley (1864-1929) sei eingangs er-

eine Endloskette geraten kann (Münchhausentrilemma). Dennoch sollte man
nicht vorschnell in einer solchen Konstruktion Zuflucht nehmen.

innert: Self and society are twinborn, an independent ego is illusion (Cooley 1956, S. 267). Natürlich ist das Zitieren von Klassikern selbst kein Argument. Deshalb: Warum ist die Frage danach, was zuerst existierte, der Mensch oder die Gesellschaft, unproduktiv? Lässt man sich auf diese Frage ein, so sind zwei fatale theoretische Konsequenzen möglich.

Zum einen existiert zuerst der Mensch. Das bedeutet, man muss sich eine aus dem Tierreich exponiert herausgehobene Gattung ohne Gesellschaft vorstellen. Wie sollte dieser Mensch beschaffen sein, welche Eigenschaften und Fähigkeiten könnte er vor aller Gesellschaft aufweisen? Mensch sein heißt im Kern handeln können, eine Absicht verfolgen. Der Mensch muss demnach vor allem Bewusstsein haben. Aber: Woher hat er diese Eigenschaften und die Fähigkeit zu denken? Und schließlich: Schafft der Mensch aus sich, aus seinen Eigenschaften heraus Gesellschaft?[3]

Exkurs

Existiert der Mensch vor der Gesellschaft?

Konrad Lorenz ist ein Verfechter der Vorstellung es gäbe einen natürlichen Zustand des Menschen in Wildheit. Allerdings legen die zum Teil publizistischen Konstruktionen den Verdacht nahe, dass diese durch den Kulturpessimismus von Lorenz instrumentalisiert sind. Demnach bedeutet Gesellschaft fortschreitende Domestikation des Menschen. Je weiter sich soziale Ordnung differenziert, umso domestizierter wird der Mensch. So liegt für Lorenz als Ethologen denn auch die Parallele zwischen domestiziertem Tier und (selbst)domestiziertem Menschen nahe: Ansteigen des Nahrungs- und Begattungstriebs, Vereinsamung, Verweichlichung und Verkindlichung. Der wahre Zustand des Menschen ist deshalb für Lorenz der Naturzustand. Mit dieser „romantischen" Auffassung steht er allerdings relativ allein in der Wissenschaftslandschaft (1973).

Die zweite Möglichkeit der Beantwortung ist nicht weniger anfechtbar. Kann man sich Gesellschaft vor der Existenz des Menschen vorstellen? Eine solche Abstraktion würde Gesellschaft als ein universalistisches Prinzip absolut setzen. Etwa im Sinne eines

Existiert die Gesellschaft vor dem Menschen?

---

[3]   Es gibt noch weitere Theorievarianten: Z. B. wird in der phänomenologischen Soziologie von Alfred Schütz davon ausgegangen, dass der Mensch Gesellschaft (im Sinne von Bedeutungszuschreibung) konstruiert. Dies wird auch als egologisches Prinzip bezeichnet.

Gesetzes. Des Weiteren würde dies implizieren, dass es nur eine Lösung von Gesellschaft gäbe und sich diese evolutionär entfalten würde. Beide Beantwortungen lösen also nicht die Zweifel an einer wie auch immer gearteten Zweck- oder Vorbestimmtheit entweder der Gesellschaft oder des Menschen auf.

Kann das Prinzip der Gleichursprünglichkeit dieses Problem lösen? Wir haben die theoretische Ausgangssituation, dass Menschsein eine gewisse soziale Qualität impliziert. Dies nahmen, wie bereits dargestellt, schon Philosophen der Antike an. Deshalb meinte Aristoteles, der Mensch sei ein zoon politicon. Heute wird häufig in der Sozialisationsforschung explizit darauf Bezug genommen, so, als sei die Erwähnung von Aristoteles bereits der Nachweis des Angenommenen. Eine theoretische Lösung der Gleichursprünglichkeit finden wir in einer Frühschrift von Karl Marx (1818-1883) und Friedrich Engels (1820-1895): Die deutsche Ideologie.[4] Der Ausgangspunkt der theoretischen Lösung ist folgender: Der erste *geschichtliche* Akt der Individuen (!), wodurch sie sich von den Tieren unterscheiden, ist nicht, dass sie denken, sondern, dass sie anfangen, *ihre Lebensmittel zu produzieren*. (Marx und Engels 1973, S. 20) Was sind Lebensmittel? Damit werden in diesem Kontext die menschlichen Grundbedürfnisse bezeichnet: Nahrung, Wohnung, Kleidung. Die erste geschichtliche Tat ist die Erzeugung der Mittel zur Befriedigung dieser Bedürfnisse. Es ist also nicht das Denken, das den Menschen vom Tier unterscheidet, sondern diese Fähigkeit entsteht und entwickelt sich in der spontan entstehenden sozialen Kooperation, die Menschen eingehen, um zu (über)leben. Man könnte sagen, es existiert ein kontingenter,[5] materieller und externer Kooperationszwang. Kooperation ist in diesem Sinn nicht angeboren, sondern eine Lösung des Überlebensproblems. Anders ausgedrückt: Während die Eigenschaft des zoon politicons keine Alternative impliziert, sondern einen natürlichen, angeborenen Determinismus darstellt, folgt eine Problemlösung der Konstellation einer Wahl zwischen Alternativen. Wie theoretisch eine solche Alternative ist,

---

[4]   Diese Schrift war zu Zeiten der Autoren unter den europäischen Kommunisten äußerst angefochten. Es fand sich deshalb auch kein Verleger für diese Schrift. Die Autoren nahmen es gelassen, indem sie die Bedeutung dieser Arbeit als wichtig für ihre Selbstverständigung bezeichneten.

[5]   Da der Begriff der Kontingenz ebenso facettenreich wie fundamental ist, soll hier als Interpretationsbehelf dienen, dass es sich um etwas handelt, das weder gesetzmäßig notwendig, noch unmöglich ist. Kontingenz bezeichnet also etwas Offenes und deshalb hoch Variantes, das aufgrund dieser Beschaffenheit nicht vorhergesagt werden kann.

lässt sich kaum empirisch prüfen. Wir wissen nicht, wie viele Individuen auf dem Weg zum Menschen den falschen, nicht-sozialen Weg eingeschlagen haben. Das Bewusstsein des Menschen, was ihn zum Menschen macht, entsteht aus jenen Kooperationen, die er eingeht, um zu überleben.

Exkurs

Marx' und Engels' Auffassung von Gesellschaft

Einen Hinweis darauf, dass der Mensch eben nicht jenes von vornherein soziale Wesen ist, finden wir in einer ganz anderen Art der Begründung bei Helmuth Plessner (1892-1985). Als Reaktion auf „Gemeinschaft und Gesellschaft" von Ferdinand Tönnies (1855-1936), der einer Romantisierung des Gemeinschaftlichen zumindest nicht fernsteht, formuliert Plessner folgende Frage: Wie viel Sozialität kann der Mensch überhaupt ertragen, ohne seine besonderen Fähigkeiten zur Selbstentfaltung und Kreativität zu verlieren? (Plessner 1924, S. 53, 55) Darin steckt auch die Annahme, dass soziale und nicht-soziale Kräfte immer und zu jedem Zeitpunkt der Gesellschaft wirken, weil mit dem Menschsein jene Ambivalenz von Individualität und Sozialität verbunden ist und eben kein natürliches und bedingungsloses Bedürfnis nach Gesellschaft zu seiner Bestimmung gehört.

Zurück zur besagten Schrift von Marx und Engels. Ein weiteres konstituierendes Element von Gesellschaft und Geschichte besteht in der erwähnten Schrift darin, dass das befriedigte erste Bedürfnis und die Aktion zu dessen Befriedigung zu neuen Bedürfnissen führen. Zudem kommt die Fortpflanzung und Familie als erstes soziales Verhältnis hinzu. Diese drei Elemente zusammen, Befriedigung der Grundbedürfnisse, die daraus entstehenden neuen Bedürfnisse sowie Fortpflanzung, charakterisieren viertens die Produktion des Lebens, sowohl des eigenen in der Arbeit wie des fremden in der Zeugung. Darin kommt ein doppeltes Verhältnis zum Ausdruck: einerseits ein natürliches, andererseits ein gesellschaftliches (Marx und Engels 1973, S. 30). Genau darin besteht der Unterschied zum Tier. Vom Anbeginn des Menschseins wirken diese vier konstituierenden Merkmale zusammen. Das bedeutet, der Mensch produziert sich selbst, indem er die überlebensnotwendige Kooperation zur Arbeit eingeht. Diese theoretische Grundannahme zur Entstehung von Institutionen wurde inzwischen vielfach kritisiert, weil Institutionen lediglich als eine Ableitung aus den materiellen Produktionsprozessen angesehen werden, also keine Eigenwirkung aufweisen. Auch wenn eine solche Annahme theoretisch nicht haltbar ist, dass Institutionen als Überbau lediglich einen Reflex einer materiellen Basis darstellen, bleibt dennoch eine theoretische Grundeinsicht bestehen. Die Entstehung des Menschen ist aus einem offenen Prozess heraus zu verstehen. In diesem Prozess bedingen sich natürliche und gesellschaftliche Momente von Anfang an. Dass die menschliche Arbeit nicht lediglich ein Anhängsel der natürlichen Seite ist, sondern auf diese wirkt und Rückwirkungen entstehen, ist konstituierend für das Prinzip der Gleichursprünglichkeit von Handeln und Ordnung bzw. Mensch und Gesellschaft. Engels charakterisiert dieses Verhältnis in einem späteren Aufsatz folgendermaßen: Sie (die Arbeit) ist die erste Grundbedingung alles menschlichen Lebens, und zwar in einem solchen Grade, dass wir in gewissem Sinn sagen müssen: Sie hat den Menschen selbst geschaffen (Engels 1962, S. 444). Damit entspringen der Arbeit sowohl soziale Verhältnisse, welche soziale Ordnung begründen als auch die Fähigkeit zum Handeln, nämlich das Tun mit Absicht zu belegen. Das bedeutet, dass das Bewusstsein nicht einer transzendenten Naturbestimmtheit des Menschen entspringt, sondern seinem Tun.

Exkurs

Der Mensch produziert sich selbst

Im Folgenden werden die Begriffe Verhalten und Handeln weitgehend synonym verwendet. Dementgegen gibt es auch eine paradigmatische Einordnung beider Begriffe. Das hat seinen Grund vor allem im unterschiedlichen Stellenwert, den subjektiven Dispositionen der Akteure (auch als Präferenzen, Intentionen oder Einstellungen bezeichnet) für die Erklärung ihres Tuns eingeräumt wird. Bei der Definition des Begriffs Handeln wird oft auf Max Weber zurückgegriffen. Er unterschied (soziales) Handeln und Verhalten danach, ob einem Tun ein subjektiver Sinn zugrunde liegt. Demnach ist Handeln mit subjektivem Sinn belegtes Tun, während Verhalten bloßes Reagieren des Organismus oder Nachahmen anderer bedeutet (Weber 1990, S. 11 f). Sinn oder Intention ist also das theoretische Kriterium für Weber, um zwischen Handeln und Verhalten zu unterscheiden. Die Verwendung des Begriffs Handeln oder Verhalten kann aber auch vom theoretischen Kontext abhängig sein. In Theorien, die methodologisch am Verstehen orientiert sind, wird der Begriff Handeln bevorzugt. Das trifft vor allem auf die interpretative Soziologie (symbolischer Interaktionismus, phänomenologische Soziologie, Ethnomethodologie) zu. In Theorien, die dagegen am naturwissenschaftlichen Erklären orientiert sind (behavioristische Lerntheorien, Rational Choice Theorien), wird der Begriff Verhalten bevorzugt. In diesen beiden Grundrichtungen kommt den Absichten der Akteure ein unterschiedlicher theoretischer Stellenwert zu. Im ersten Fall wird menschliches Tun mit den Absichten und dem Verstehen von Absichten in Beziehung gesetzt, im zweiten Fall dagegen mit den Bedingungen (Restriktionen), unter denen es stattfindet. In der über-greifenden Kommunikation zwischen verschiedenen Wissenschaftsdisziplinen und in der internationalen Diskussion hat sich heute die Verwendung des Wortes Verhalten (behavior) durchgesetzt. Wenn also nicht auf eine besondere theoretische Bedeutung von Absicht und Verstehen für menschliches Tun oder einen ideengeschichtlichen Kontext hingewiesen werden soll, dann wird in diesem Lehrbuch der Verhaltensbegriff bevorzugt verwendet.

Das Werk Max Webers (1864-1920) soll als ein zweites Beispiel für das Prinzip der Gleichursprünglichkeit dienen. Eine Gemeinsamkeit der Arbeiten von Marx und Weber besteht darin, dass sie theoretische Annahmen oder Gesetze über Gesellschaft sowie ihre Entstehung und ihren Wandel nicht getrennt vom ökonomischen Geschehen ihrer Existenzsicherung formulieren. Man kann sie beide auch in einem gewissen Sinn als Nationalökonomen bezeichnen. Bei Max Weber begegnet uns das Prinzip der Gleichursprünglichkeit allerdings aus einer anderen Perspektive. Institutionen haben bei Max Weber prinzipiell auch Eigenmacht,[6] ohne dass Weber etwa eine substanzialistische Auffassung von Institutionen verfolgt hätte. Ganz im Gegenteil: Ohne das sinnbestimmt auf Institutionen gerichtete soziale Handeln können diese Institutionen auch nicht existieren.[7]

Max Webers Institutionenbegriff als zweites Beispiel für das Prinzip der Gleichursprünglichkeit

Einen Schlüssel zum theoretischen Verständnis Max Webers liefern die soziologischen Grundbegriffe. Sie sind eine Art Programmatik der Theorie Webers. Man sollte sie mit besonderer Aufmerksamkeit lesen und zwar bis zum Ende, um sie als Programm verstehen zu können. In seinem Hauptwerk Wirtschaft und Gesellschaft werden sie denn auch vom Herausgeber Johannes Winkelmann als erstes Kapitel positioniert. Der Aufbau der Grundbegriffe kann durchaus zu Fehlinterpretationen füh-

---

6   Diese Eigenmacht wird insbesondere in der theoretischen Annahme von Rationalisierung als Einströmen des Charismas in die Institutionen deutlich (Weber 1990).

7   Karl Popper bezeichnete Max Weber als methodologischen Individualisten, d.h., dass soziale Ordnung und soziales Handeln von Akteuren strikt zusammenhängend gedacht wird.

ren, wenn man dieses Kapitel beginnend beim Handeln und zu
sozialer Ordnung hinführend als Genesis sozialer Ordnung aus
dem Handeln heraus auffasst. Deshalb bemerkt Schluchter: Die
soziologischen Grundbegriffe stehen erstens nicht in einer historischen, sondern in einer logischen Folge. Logisch gesehen gehen
zweitens weder die sozialen Gebilde als strukturierte Prozesse
oder prozessierende Strukturen den Handelnden noch diese jenen voraus (Schluchter 2000, S. 131). Hinweise auf diese Interpretation liefern die Grundbegriffe selbst. Es ist offensichtlich,
dass Weber beim Abfassen dieses Kapitels dem Prinzip der Darstellung vom Einfachen zum Komplizierten folgt. Sowohl Beispiele als auch theoretische Zusammenhänge sind zunächst sehr
einfach und das heißt auch individuell und subjektiv gehalten.
Erst später kommen komplexe Beispiele gesellschaftlicher Zusammenhänge hinzu. So z. B. bei der Erläuterung des aktuellen
und des erklärenden Verstehens.

Wie bereits bemerkt, ist Weber der Auffassung, dass Institu-
onen kein Eigenleben führen. Das bedeutet im Sinne des hier
dargestellten Prinzips, es kann keine Institution vor dem Handeln
geben. Und, Handeln ist auch nicht die bloße Folge des Wirkens
von Institutionen. Weber bemerkt dazu: Die soziale Beziehung
besteht, auch wenn es sich um sogenannte „soziale Gebilde" wie
„Staat", „Kirche", „Genossenschaft", Ehe usw. handelt, ausschließlich und lediglich in der Chance, dass ein seinem Sinngehalt nach
in angebbarer Art aufeinander eingestelltes Handeln stattfand,
stattfindet oder stattfinden wird. Dies ist immer festzuhalten, um
eine substanzielle Auffassung dieser Begriffe zu vermeiden (Weber 1990, S. 13). An keiner Stelle seiner Ausführungen gewinnt
soziale Ordnung, in welcher Gestalt auch immer, soviel „Macht"
über die Handelnden, dass deren Handeln vollständig durch Ordnung determiniert wäre. Handeln hat bei Weber einerseits Eigen-
sinn und andererseits orientiert sich Handeln an sozialer Ordnung, entweder empirisch oder normativ (Weber 1990, S. 17).
Ganz grundlegend ist dabei die Bezeichnung Webers, dass lediglich eine Chance besteht, derzufolge Handelnde sich an sozialer
Ordnung orientieren. Anders ausgedrückt liegt darin zugleich das
sowohl geplante als auch das spontane Veränderungspotenzial
von Handlungsfolgen für soziale Ordnungen. An anderer Stelle
in der soziologischen Kategorienlehre bezieht sich Weber auf die
in dieser Zeit durch Freud aufgekommene Mode, den gedachten
Urmenschen in seinem Verhältnis zur (Rechts-)Ordnung zu er-
gründen: Wir kennen aber die subjektiven Vorgänge im „Urmenschen" nicht, und mit den stets wiederkehrenden Redens-

arten von der angeblichen absoluten Urtümlichkeit oder gar „Apriorität" des „Rechts" oder der Konvention kann keine empirische Soziologie etwas anfangen (Weber 1990, S. 188). Gerade eine Tradierung von Normen (Ordnungen) kann zu der Wahrnehmung führen, als sei diese Ordnung natürlich und vor aller Erfahrung, also auch vor dem Handeln existent. In der verstehenden Soziologie werden durch Gewohnheit und Tradition legitimierte Einstellungen auch als natürliche Einstellungen bezeichnet.

Handeln und Ordnung stehen also in einem wechselseitigen Abhängigkeitsverhältnis. Die Existenz sozialer Ordnung bedeutet deshalb nicht, dass sich eine (vorbestimmende) Naturkraft durchsetzt, sondern dass soziale Ordnung von Anfang an mit der Legitimation, der Wahrnehmung und Chancenberechnung durch die Handelnden in einem unauflösbaren Zusammenhang steht (Weber 1982, S. 456). Deutlich wird dies auch in den theoretischen Annahmen Max Webers zum Zusammenhang zwischen Bestimmungsgründen des sozialen Handelns und dem Typ der Vergesellschaftung. Als einfachste oder ursprüngliche Beziehung finden wir – im Unterschied zu Marx, der den Ursprung aller Ordnung in der Produktionsbeziehung sah – affektive Orientierungen, welche in Zusammenhang mit einer affektiven Vergemeinschaftung stehen. Der einfachste Ordnungstyp ist damit die geschlossene affektive soziale Beziehung als Liebesbeziehung (Schwinn 1993, S. 137 f, Weber 1990, S. 22 ff). Auch bei Marx taucht sie auf, aber eben als Produktionsbeziehung für neue Menschen: die Fortpflanzung. Handeln und Ordnung stehen demnach auch in einer gewissen evolutionären Beziehung. Jede Ordnung basiert auf einer spezifischen Art der sozialen Bestimmung des Handelns (affektiv, traditional, (wert- und zweck-)rational) und bestimmt selbst das Handeln auf diese Weise, indem sie eine Ordnung auf affektiver, traditionaler oder rationaler Grundlage darstellt. Ordnung muss auch hier durchweg als spontane Ordnung verstanden werden. Die handelnden Menschen planen nicht einen bestimmten Typ sozialer Ordnung, sondern diese entsteht unbeabsichtigt aus den Folgen absichtsvollen individuellen Handelns.

Handeln und Ordnung bei Weber und Marx

Zusammenfassung

1. Handeln und Ordnung stehen ihrer Wirkungen nach in einem Wahrscheinlichkeitsverhältnis. Soziale Institutionen haben keine determinierende Wirkung auf Handelnde und Handelnde sind nicht so frei in ihrem Handeln, als dass sie willkürlich und frei von kulturellen Vorbestimmungen handeln könnten.

2. Erst durch einen solchen Standpunkt wird es möglich, sowohl Veränderungen im sozialen Handeln der Menschen als auch Veränderungen in der sozialen Ordnung zu erklären. Dabei zeigt sich, dass die Verletzung des Prinzips der Gleichursprünglichkeit theoretisch zu einem starren Modell führt und damit auch über den Stellenwert und die Aussagekraft der Sozialisationsannahme entscheidet.

3. Ordnung, die dem Handeln vorausgeht, führt zu einer deterministischen Auffassung der institutionellen Bestimmtheit des Handelns. Die Annahme über Sozialisation ist hierbei nur ein Erfüllungsgehilfe dieses Determinismus.

4. Handeln vor jeder Ordnung stärkt die Auffassung der Willkürlichkeit, d.h. der kreativen Eigenbestimmung des Handelns. Im Grunde entsteht die Illusion, Ordnung sei von den Intentionen der Akteure abhängig. Hier ist die Sozialisationsannahme lediglich ein Anhängsel des Handelns.

1.2 Zwei Fragen zum Verständnis der Einordnung der Soziologie als einzelwissenschaftliche Disziplin

Bevor man sich dem Verhältnis von Soziologie und Sozialisation zuwenden kann, sollte Klarheit darüber herrschen, welches wissenschaftliche Anliegen mit der Soziologie verfolgt wird. Da es dazu unterschiedliche Auffassungen gibt, die zum Teil beträchtlich auseinander liegen, soll die Grundauffassung, der dieses Lehrbuch folgt, anhand der Antworten auf zwei Fragen fixiert werden:

* Ist die Soziologie eine Geisteswissenschaft?
* Ist die Soziologie eine Verhaltenswissenschaft?

Ist die Soziologie eine Geisteswissenschaft? Verstehen und Erklären

Zur ersten Frage: Was bedeutet Geisteswissenschaft? Dilthey gilt als Begründer der Methode des Verstehens. Im Methodenstreit des 19. Jahrhunderts ging es darum, ob es eine einheitliche Methode der Wissenschaften geben kann. Dem Ursprung nach richtete sich diese Diskussion gegen die in den Naturwissenschaften angewandte Methode des Erklärens. Dilthey bestritt die Anwendung der Methode der Erklärung in einem Objektbereich, in dem handelnde Menschen wirken. Er bemerkt: Alles, dem der Mensch wirkend sein Gepräge aufgedrückt hat, bildet den Gegenstand der Geisteswissenschaften (Dilthey 1970, S. 180). Dazu zählte er auch die Soziologie. Dieser Prägungsvorgang durch den Menschen erfordert nach Dilthey eine eigene Methode der Erforschung, weil solch eine intendierte Prägung in keinem naturwissenschaftlichen Gegenstand enthalten sei. Die Methode des Verstehens soll die Nachbildung des inneren Hergangs der Abfassung eines Werkes ermöglichen, indem aus Zeichen, die von außen sinnlich gegeben sind, ein Inneres deutend verstanden werden kann. Mit der Methode des Verstehens sollen aus beobachtbaren Merkmalen die psychischen Vorgänge des Herstellens gedeutet werden. Die Methode des Verstehens wird seit Dilthey als gegensätzlich zur naturwissenschaftlichen Methode des Erklärens betrachtet.[8] Die einzige prominente Ausnahme bilden Max Webers Arbeiten. So oft Weber auch zitiert wird, seine Idee des Zusammenschlusses von Verstehen und Erklären hat keine nennenswerte Nachahmung gefunden. Das liegt wohl auch daran, dass seine Auffassung der Methode des Verstehens nicht psychologisch war und eigentlich als *Vorstufe* für das Erklären fungierte (Weber 1990, S. 9 f).

Zweifellos gibt es eine Reihe von Wissenschaften für die diese Methode geeignet ist, wie z. B. die Philosophie, die Theologie oder die Kunstwissenschaften. Sollte die Soziologie so vorgehen? Gesellschaft wird von den meisten Sozialwissenschaftlern als Folge menschlichen Handelns angesehen. Was aber im Falle des Verstehens nicht beachtet wird, ist, dass Gesellschaft dennoch kein Produkt menschlicher Intention ist. Alle Menschen handeln, indem sie bestimmten Absichten folgen, aber was dabei herauskommt, darüber haben sie meist keinerlei Kontrolle. Seit Adam Smith wird dieses Geschehen als das Problem unintendierter Handlungsfolgen bezeichnet. Merton hat in den 1930er Jahren, nachdem die Idee des Auseinanderfallens von individueller Absicht und kollektiven Folgen (Gesellschaft ist eine kollektive Folge individuellen Handelns) in Vergessenheit geraten war, diese in einem kleinen Aufsatz wiederbelebt. Er nannte eine dieser Konstellationen zwischen individueller Intention und kollektiver Folge self-fulfilling prophecy. In dem fiktiven Beispiel wurde über eine Last National Bank, einem florierenden Finanzunternehmen, das Gerücht der Zahlungsunfähigkeit verbreitet. Um es abzukürzen, die Kunden drängten darauf hin in die Bank, um ihr Geld abzuheben, sofern noch welches da war. Einen solchen Vorgang übersteht keine Bank und sei sie noch so liquide. Merton: Die self-fulfilling prophecy ist eine zu Beginn *falsche* Definition der Situation (Thomas 1965), die ein Verhalten hervorruft, das die ursprünglich falsche Sichtweise *richtig* werden lässt. Die trügerische Richtigkeit der self-fulfilling prophecy perpetuiert eine

self-fulfilling prophecy

---

[8]   Vgl. Opp (2005) Kapitel Erklären und Verstehen.

Herrschaft des Irrtums (Merton 1995, S. 400 f). Das kollektive Ereignis (hier die Bankpleite) kann man schon deshalb nicht aus den Kognitionen der Akteure ableiten, weil sie alle zusammen von einer falschen Prämisse ausgehen. Im Allgemeinen bedarf die Einbeziehung latenter innerer Vorgänge in die soziologische Forschung einer besonderen Begründung. Keinesfalls stellen subjektive Dispositionen einen generellen Zugang zum Gegenstand soziologischer Forschung dar. Mit anderen Worten, die Soziologie im Sinne dieses Lehrbuchs ist keine Geisteswissenschaft, weil Gesellschaft (und die ist letztlich der Gegenstand der Soziologie) kein Geistesprodukt ist, d.h., nicht aus dem Geist abgeleitet werden kann.

Ist die Soziologie eine Verhaltenswissenschaft? Zur zweiten Frage. In manchen Wörterbüchern und Lehrbüchern wird die Auffassung vertreten, dass die Soziologie eine Verhaltenswissenschaft sei. Was ist daran problematisch? Unverkennbar beschäftigen sich Soziologen mit dem Verhalten von Menschen in verschiedensten gesellschaftlichen Zusammenhängen. Macht das die Soziologie zu einer Verhaltenswissenschaft? Wenn ja, dann sind die Politikwissenschaft(en), die Theaterwissenschaft(en), Kulturwissenschaft(en) oder Pädagogik/Erziehungswissenschaft(en) auch Verhaltenswissenschaften. Das wäre recht inflationär. Dagegen steht die Auffassung, dass Verhaltenswissenschaften sich mit den Elementarformen jeglichen Verhaltens beschäftigen: Das geschieht in der Tierpsychologie und der Ethologie. Worin besteht nun der Unterschied zwischen diesen beiden Gruppen von Wissenschaften? Es geht dabei um die Stellung, die Verhaltenstheorien im Forschungsprozess dieser Disziplinen einnehmen. In den Verhaltenswissenschaften ist Verhalten der Erklärungszweck, d.h., theoretische Annahmen zum Verhalten werden mit jeweils spezifischen Methoden geprüft. In der Soziologie werden dagegen Verhaltenstheorien instrumentell angewandt. Soziologen benötigen Verhaltenstheorien, um ihren Gegenstand besser erklären zu können. Der Gegenstand aber ist nicht das Verhalten von Menschen, sondern kollektive, aggregierte Ereignisse oder Prozesse. Lindenberg hat das soziologische Interesse an einer Verhaltenstheorie treffend herausgearbeitet, indem er zwischen analytischem und theoretischem Primat in der Soziologie (und Ökonomie) unterschied. Das analytische Primat für die Soziologie ergibt sich aus dem Interesse, etwas auf dem Systemniveau zu erklären. Das Interesse am individuellen Verhalten dagegen ist diesem Primat untergeordnet. Daraus folgt, dass sich die Eignung von Verhaltenstheorien in der Soziologie, aus der Verbesserung der Erklärung aggregierter Ereignisse bestimmen lässt. Dabei gilt, nur wenn analytisches und theoretisches Primat zusammenfallen, dann werden auch sehr inhaltsreiche Verhaltenstheorien benötigt (Lindenberg 1991, S. 17). Dies ist z. B. in der Psychologie der Fall. Das bedeutet auch, dass psychologische Verhaltenstheorien nicht ohne weiteres für die Erklärung soziologisch interessierender Aggregatereignisse geeignet sind.

Darauf wird im folgenden Abschnitt, in dem wieder zwei Fragen gestellt werden, näher eingegangen. Hier geht es nur um die Grundidee moderner Soziologie. Diese besteht darin, dass man die Ursachen sozialer Ereignisse oder die Entstehung sozialer Institutionen nicht ohne die Wirkungen des Verhaltens von Menschen erklären kann. Das ist keinesfalls selbstverständlich, denn in der Soziologie werden auch Makrotheorien vertreten. In diesen Theorien wird versucht, Gesellschaft und gesellschaftlicher Wandel aus dem Wirken von System- oder Strukturgesetzen zu erklären. Funktionalistische Theorien bilden eine ideengeschichtliche Linie typisch soziologischer Makrotheorien (Marx, Durkheim, Parsons, Luhmann). Das Verhalten wird in diesen Theorien als von den sozialen Strukturen determiniert betrachtet. Von ihm aus sind deshalb keine Rückwirkungen auf die Strukturen vorgesehen.

Die Grundidee moderner Soziologie

Die Idee des Mikro-Makro-Link stellt eine Alternative der Erklärung dar. Demnach besteht eine sozialwissenschaftliche Erklärung der Entstehung sozialer Ereignisse oder sozialer Institutionen aus der Lösung dreier Probleme, die zugleich das Verhältnis von Aggregat- und Individualebene bzw. System- und Akteursebene recht gut verdeutlichen:

Der Makro-Mikro-Makro-Link

* das Problem der Situation (Wie beeinflussen soziale Bedingungen die Wahrnehmungen und Ziele der Akteure?)
* das Problem der Selektion (Nach welchen Kriterien wählen Akteure zwischen Handlungsalternativen aus?) und
* das Problem der Aggregation (Welche kollektiven Effekte ergeben sich aus den individuellen Handlungsfolgen?).[9]

Eine solche Erklärung von Aggregatereignissen wird auch Tiefenerklärung genannt, weil kollektives soziales Geschehen (Aggregatebene) mit Hilfe individuellen Verhaltens (Akteursebene) erklärt werden soll. Die Abbildung 1 enthält die berühmte „Badewanne Colemans" und verdeutlicht die sozialwissenschaftliche Erklärung als Abfolge von Problemlösungen. Darin wird auch

---

9   Coleman 1991, Kapitel 1, Esser 1993, S.91-102, Lüdemann und Ohlemacher 2002, S.17-24, Diekmann und Voss 2004, Abschnitt 4.

erkennbar, dass in der Soziologie das Verhalten als Mittel für Erklärungen dient. Dieser Zusammenhang wird in Abbildung 1 anhand des Prototyps dieser Erklärung, der Protestantismusthese von Max Weber skizziert. Diese Art des Vorgehens, ein Ereignis auf der Aggregatebene unter Einbeziehung individuellen Handelns zu erklären, findet man in Webers berühmten Aufsatz *Die protestantische Ethik und der „Geist" des Kapitalismus* (Weber 1994), ohne dass dieses Prinzip bereits explizit so genannt wird.

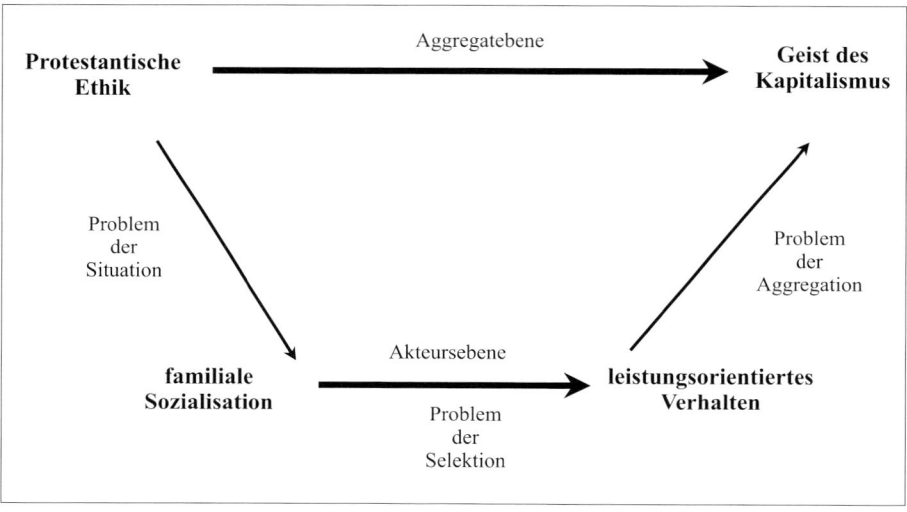

Abb. 1: Max Webers Protestantismusthese als Makro-Mikro-Makro-Link

Zusammenfassung

1. Die Soziologie ist eine Sozialwissenschaft, weil im Unterschied zu einer Verhaltenswissenschaft ihr Zweck darin besteht, Wissen über die Entstehung sozialer Ereignisse und sozialer Institutionen zu erbringen. Für diesen Zweck stellen Verhaltenstheorien ein unentbehrliches Hilfsmittel dar. Sie tragen zur Mikrofundierung sozialwissenschaftlicher Erklärung bei.
2. Die Soziologie ist eine Sozialwissenschaft, weil im Unterschied zu einer Geisteswissenschaft ihr Gegenstand nicht direkt aus den Absichten oder der psychischen Verfasstheit der Akteure abgeleitet werden kann, sondern als Produkt spontaner Aggregation individueller Verhaltensfolgen anzusehen ist, die indirekt etwas mit den Absichten der Individuen zu tun haben.

Zwei Fragen, den Gegenstand der Soziologie betreffend   **1.3**

Worauf richtet sich das Forschungsinteresse in der Soziologie? Statt einer differenzierten Gegenstandsauseinandersetzung werden hier wiederum zwei Fragen formuliert, deren Beantwortung einer generellen Orientierung dienen soll. Selbstverständlich gibt es in jeder Disziplin Meinungsverschiedenheiten über den Gegenstand, so auch in der Soziologie. Deshalb sind die folgenden Ausführungen nicht als ein Faktum zu verstehen, sondern als eine Positionierung, die ein Teil der Soziologen vertritt und die für das Verständnis dieses Lehrbuchs hilfreich ist.

Gegenstand der Soziologie ist die Erklärung des Auftretens sozialer Ereignisse und der Entstehung sozialer Institutionen. Das Wort Institution ist auch im Alltagssprachgebrauch verbreitet. Dort repräsentiert es alles Beständige mit der Tendenz, vor allem Organisationen als Institutionen zu bezeichnen. So werden z. B. die Telekom, die Deutsche Bahn, die Polizei, die Justiz und viele andere mehr als Institutionen bezeichnet. Allgemeiner betrachtet, und dies ist für den wissenschaftlichen Sprachgebrauch wichtig, kann man auch generell von sozialen Normen sprechen. Normen sichern Beständigkeit und bewahren Erreichtes. Sie tun das nicht selbst, sondern sind Instrumente zur Erhaltung von Festlegungen des Verhaltens. In dieser Allgemeinheit kann man nun auch sagen, dass Organisationen letztendlich aus einem Gerüst von Normen bestehen. Diese Normen, in Satzungen zusammengefasst, regeln die Koordination, Kompetenz, Hierarchie und Aufgabenbereiche der in Organisationen tätigen Akteure. Man kann auch sagen, Organisationen bestehen aus aufeinander abgestimmten Normen. Das führt dazu, dass Organisationen ihre Wirkungsweise auch bei vollständigem Austausch der zu ihrem Betrieb erforderlichen Personen bewahren. Vanberg bemerkt dazu, dass der Begriff der Institution in der Soziologie in zweierlei Bedeutungen Verwendung findet, als *korporative Gebilde* und bzw. oder als *normative Muster* (Vanberg 1983, S. 55). In diesem Lehrbuch werden aus dem dargelegten Grund unter Institutionen vorzugsweise soziale Normen verstanden.

Zwei generelle Forschungsfragen lassen sich aus dem Gesagten ableiten:

* Wie entstehen soziale Institutionen?
* Wie beeinflussen soziale Institutionen das Verhalten der Menschen?

Gegenstand der
Soziologie

Erklärung

Strukturen:
In der Literatur liest man häufig auch von sozialen Strukturen als allgemeinem Gegenstand der Soziologie. Auch hier handelt es sich um ein beständiges Muster, durch welches die Beziehungen zwischen Menschen oder sozialen Gruppen geprägt werden und die sich ihrerseits durch das Handeln von Menschen wandeln. Diese Art der Beständigkeit repräsentiert keine explizite Normativität, obgleich auch in Strukturen das Wirken von Normen anzutreffen ist. Generell bezeichnet der Strukturbegriff eine unintendierte soziale Anordnung beliebiger Elemente, welche als Folge der Wirkung komplexer sozialer Ursachen angesehen werden kann. Deshalb wird der Begriff Struktur oftmals auch auf einer Geltungsebene mit dem Begriff der Institution verwendet.

Zwei Herangehensweisen: Die Systemebene

Zur Erläuterung der beiden Fragen bedarf es der Explikation einer weiteren Positionierung. In der Soziologie werden zwei generelle Standpunkte zur Entstehung von Institutionen vertreten. Zum einen lässt sich ein makrotheoretischer Standpunkt fixieren. Vertreter von Makrotheorien suchen nach gesetzmäßigen Invarianzen in den sozialen Strukturen. Solche Invarianzen werden als ursächlich für die Entstehung und Veränderung von Institutionen und Strukturen angesehen. Die strukturfunktionalistische Theorie von Talcott Parsons kann für ein solches Vorgehen als typisch angesehen werden.

Das Zusammenspiel von System- und Akteursebene

Zum anderen spricht man, wie im vorigen Abschnitt bereits angedeutet, von einem Makro-Mikro-Makro-Link. Diese Idee wurde in den 1980er Jahren des vorigen Jahrhunderts wiederentdeckt. Demnach setzt sich Gesellschaft aus zwei Ebenen zusammen: einer Systemebene und einer Akteursebene. Während in Makrotheorien Annahmen auf der Systemebene sowie zur Determination des Verhaltens durch die Systemebene formuliert werden, wird mit dem Makro-Mikro-Makro-Link versucht, die Entstehung und Veränderung auf der Systemebene aus der Aggregation individueller Handlungsfolgen zu erklären.

Zwei Postulate spielen bei der Auseinandersetzung zwischen diesen Auffassungen eine besondere Rolle:

* Zum Ersten das Postulat der Irreduzibilität des Sozialen auf Individuelles: System- und Akteursebene sind qualitativ verschieden.
* Zum Zweiten das Postulat der Nichterklärbarkeit des Sozialen durch Individuelles: Ereignisse und Prozesse auf der Systemebene können nicht durch Ereignisse auf der Akteursebene erklärt werden.

Während dem ersten Postulat uneingeschränkt zugestimmt werden kann, entzündet sich am zweiten ein Streit. Mit der Idee des Mikro-Makro-Link wird die Vorstellung verbunden, dass soziale Ereignisse und Prozesse eine Aggregation individueller Handlungsfolgen darstellen. Das darf natürlich nicht mit der Intentionalität individuellen Handelns gleichgesetzt werden. Natürlich verfolgen Menschen mit ihrem Handeln Absichten, aber die kollektiven Folgen sind oftmals ganz andere. Denn erstens sind schon die individuellen Handlungsfolgen nicht zwingend kongruent mit den individuellen Absichten und zweitens verändern sich Handlungsfolgen durch Aggregation, weil die Handlungsfolgen einer Vielzahl von Akteuren ineinandergreifen.

Die Modellierung solcher Aggregationen ist außerordentlich schwierig. Adam Smith, der diesen Zusammenhang am Beispiel des Marktes als einer sozialen Ordnung entdeckte, bildete die Metapher der unsichtbaren Hand. Diese unsichtbare Hand verbindet die intendierten individuellen Handlungszwecke der Bäcker, Klempner, Fleischer (die darin besteht, Geld zu verdienen) zu einer unintendierten Marktordnung, in der sie ihre Waren tauschen können. Heute reicht diese Metapher nicht mehr aus. In der modernen Soziologie wird versucht, das Problem der Aggregation theoretisch zu lösen. Dabei kommen verschiedene Arten von Aggregationsmethoden zur Anwendung: Z. B. mathematisch-statistische (Scheidungsrate oder Sterbeziffer), Organisationsregeln, z. B. als Regeln für das Zustandekommen von Wahlergebnissen oder partielle Situationsdefinitionen, welche theoretische Annahmen über die Art und Weise der Verbindung individueller Handlungsfolgen zu kollektiven Effekten darstellen (Esser 1999, S. 405 ff, Raub und Voss 1981). Wenngleich für die Entstehung sozialer Institutionen und Ereignisse das Problem der Aggregation unmittelbar vorgelagert ist, so ist diese Erklärung als Zusammenhang der Lösung aller drei Probleme zu betrachten.

Aggregationsregeln

Mit dem Problem der Situation verbindet sich die zweite der vorangestellten Fragen dieses Abschnittes, nämlich wie Institutionen/Strukturen auf Akteure wirken. Sozialisationstheoretisch betrachtet geht es darum herauszufinden, auf welche Weise die Wahrnehmung einer Situation und die Entstehung und Festigung individueller Ziele durch Sozialisation beeinflusst werden. Mit Sozialisationsannahmen verbindet sich die Erwartung, einen Beitrag zur Lösung des Problems der Situation zu leisten. Hinsichtlich des Problems der Selektion verbindet sich die Frage, ob Sozialisation die Wahl zwischen Alternativen beeinflusst. Davon kann ausgegangen werden, wenn nachweisbar ist, dass Sozialisa-

Sozialisation als Bestandteil der Lösung des Problems der Situation

tionsprozesse die Zielsetzung individueller Akteure nachhaltig beeinflusst. Wir haben damit eine Verortung der Sozialisationsinteressen von Soziologen vorgenommen und die Bedingungen fixiert, unter denen dieses Interesse auftritt.

Öffentliche Präferenzen als soziale Wirkungsgröße

Dies tangiert eine weitere Meinungsverschiedenheit um den Gegenstand der Soziologie. Sollen sich Soziologen mit Einstellungen beschäftigen? Einstellungen sind in erster Linie Gegenstand der Sozialpsychologie. Die Herausbildung und Festigung von Einstellungen bezeichnet einen Effekt der Sozialisation. Dies ist insofern bedeutsam, weil angenommen wird, dass Einstellungen handlungswirksam sind. Darüber hinaus gibt es aber einen weiteren Grund. Einstellungen sind nicht nur Konstrukte, mit denen man unmittelbar beobachtbares Handeln zu erklären versucht. Einstellungen können selbst zu Aggregatereignissen werden. Die Aggregation von einstellungsbedingten Meinungen kann zu kollektiven Präferenzen führen, die auch als öffentliche Präferenzen bezeichnet werden (Kuran 1997). Das sind öffentlich geäußerte Werte und Einstellungen, aus denen eine zweifache Wirkung in Form eines sozialen Drucks hervorgeht: erstens auf z. B. politische Institutionen und deren Entscheidungen sowie zweitens auf die Präferenzen und das Verhalten individueller Akteure. Die öffentliche Meinung entsteht aus aggregierten Äußerungen individueller Meinungen im Zusammenspiel mit den Zielen korporativer Akteure. Sie ist nicht lediglich ein „softes" Beiwerk sozialer Prozesse, sondern, wie Durkheim dies bezeichnete, eine soziale Tatsache.[10]

Beispiel

Eine öffentliche Präferenz kann in einer Vorrangstellung der Erhöhung öffentlicher Sicherheit bestehen. Eine Möglichkeit dieser Präferenz zu entsprechen besteht z. B. darin, das Strafrecht gegenüber jugendlichen Straftätern zu verschärfen. Das ist nicht nur eine Meinung, sondern eine aggregierte soziale Wirkungsgröße. Je nachdem, wie sie durch Medien oder informelle Ströme verbreitet und aufbereitet wird, kann sie Druck auf verschiedene Organisationen in der Politik oder in anderen gesellschaftlichen Bereichen ausüben. In den USA werden geradezu permanent Bevölkerungsmeinungen zu aktuellen politischen Fragen gemessen und in politischen Entscheidungen berücksichtigt. Das ist ein Vorgang, der auch in der Bundesrepublik zugenommen hat.

---

[10]   Das politische Gewicht öffentlicher Meinung wird von Habermas versucht, theoretisch umfassend auszuarbeiten (1990 [1964]).

Zusammenfassung

1. Das Forschungsinteresse (analytisches Primat) der Soziologie richtet sich auf die Erklärung von Institutionen (sozialen Normen) und sozialen Ereignissen.
2. Die Entstehung und der Wandel sozialer Institutionen können nicht ohne das Handeln individueller Akteure erklärt werden.
3. Das Handeln der Akteure wiederum setzt Annahmen darüber voraus, welche Einstellungen ihrem Handeln zugrunde liegen und aufgrund welcher Kriterien sie zwischen Handlungsalternativen entscheiden.
4. Vom Standpunkt moderner soziologischer Erklärung ausgehend, tragen Sozialisationsannahmen zur Lösung des Problems der Situation bei, also wie individuelle Akteure soziale Situationen, in denen sie handeln, wahrnehmen und welche Ziele sie verfolgen.

Sollte man psychologische und soziologische Sozialisationstheorien zusammenfügen?   1.4

Das Verhältnis von Soziologie und Psychologie ist insofern wichtig, als beide Disziplinen, wenn auch aus unterschiedlicher Perspektive, sich mit menschlichem Verhalten beschäftigen. Dies wiederum legt den Gedanken nahe, beide Disziplinen unter dem Dach einer Sozialisationstheorie zusammenzufügen.

Im vorangegangenen Abschnitt wurde herausgearbeitet, dass sich das analytische Primat der Soziologie auf die Aggregatebene bezieht und deshalb das Forschungsinteresse der Soziologie am Verhalten ein methodisches ist.

Analytisches Primat der Soziologie

Erklärung

Methodogischer Individualismus:
In der sozialwissenschaftlichen Literatur ist auch vom Methodologischen Individualismus die Rede, wenn gekennzeichnet werden soll, dass Verhalten diesen instrumentellen Stellenwert hat und nicht das Erklärungsobjekt ist. Damit grenzt sich der Methodologische Individualismus von Makrotheorien ab, in denen die Annahme vertreten wird, dass mit Hilfe von verhaltenstheoretischen Annahmen keine Aggregatereignisse erklärt werden können. Stattdessen sollen Stabilität und Wandel sozialer Ordnung aus Strukturgesetzen oder kollektiven Zusammenhängen wie Gesellschaften, Klassen, Gruppen erklärt werden. Der Methodologische Individualismus unterscheidet sich aber auch von den Mikrotheorien, die mit ihren theoretischen Aussagen auf der Akteursebene verbleiben.

Analytisches
Primat der
Psychologie

Das analytische Primat der Psychologie dagegen befindet sich auf der Akteursebene (vgl. Abbildung 1). Während Soziologen bestrebt sind, Erklärungen für die Entstehung und Wirkung von sozialen Institutionen und Ereignissen zu finden, suchen Psychologen nach Erklärungen für die Herausbildung der Persönlichkeit und ihrer Struktur in Wechselwirkung mit den individuellen Lebensbedingungen. Das sind zwei unbestritten unterschiedliche Objektqualitäten, die man nicht wechselseitig reduzieren oder integrieren kann.[11] Mit anderen Worten, der Zweck wissenschaftlicher Erklärung in beiden Disziplinen richtet sich auf qualitativ verschiedene Objekte.

Diesen Unterschied wollen wir nun exemplarisch anhand der Entstehung des Sozialisationsgedankens betrachten. Der Ursprung der Sozialisationstheorien verweist auf eben zwei disziplinäre Quellen: Sigmund Freud (1856-1939) für die Psychologie und Emile Durkheim (1858-1917) für die Soziologie. Als Vertreter ihrer Disziplinen verfolgten sie unterschiedliche Forschungsfragen.

Der Sozialisations-
gedanke bei
Sigmund Freud

Sigmund Freud gilt als Entdecker des Unbewussten. Er erforschte den Zusammenhang zwischen dem infantilen Sexualverlangen und der Entstehung von Neurosen. Die Problemkonstellation, in der sich die Jungen in der frühen Kindheitsphase befinden, bezeichnet Freud als Ödipuskomplex. Die Bewältigung des Problems erfolgt unter dem Druck der Kastrationsangst. Die Angst, als Strafe für das Verlangen nach der Mutter den Penis zu verlieren, bringt das Kind dazu, sich mit dem bedrohlichen Vater zu identifizieren. Das bedeutet, dessen wahrgenommenes Ego wird zur eigenen, später unbewussten Disposition, um den Sexualwunsch gegenüber der Mutter zu unterdrücken. Dieser sozialisatorische Prozess kann je nach seinem Verlauf in Form von verdrängten Schuldgefühlen krankheitsrelevant sein (Neurosen) oder aber lediglich eine Etappe auf dem Weg der Herausbildung einer psychisch gesunden Persönlichkeit darstellen.

Erst der Schweizer Psychologe und ehemalige Schüler Freuds Carl Gustav Jung korrigierte die doch sehr patriarchalische Vorstellung Freuds durch das Hinzufügen des Elektrakomplexes, der die Mädchen hinsichtlich Neurosenursachen theoretisch emanzipierte.

---

[11]   Dieses Problem wird z. B. im Streit um das Emergenzproblem zwischen Vertretern von Makrotheorien und jenen des Methodologischen Individualismus deutlich. Dabei wird das Prinzip der Nichtreduzierbarkeit von allen Streitenden anerkannt, nicht jedoch jenes der Nichterklärbarkeit.

Durkheim verfolgt ein anderes Forschungsinteresse. Seine Aufmerksamkeit gilt jener gesellschaftlichen Zeit des Umbruchs, in welcher sich die westlichen Gesellschaften beim Übergang von einer feudal geprägten Ständegesellschaft mit Gemeinschaftscharakter zu einer individualistisch geprägten modernen Gesellschaft befanden. In den Worten Durkheims ist dies der Übergang von mechanischer zu organischer Solidarität. Diesbezüglich geht es Durkheim darum, herauszufinden, wie sich eine neue Moral in der sich auf Individualität, Konkurrenz und Vertrag gegründeten modernen Gesellschaft herausbildet. Jede Gesellschaft oder Kultur basiert demnach auf der Akzeptanz einer kollektiven Moral. Sie steht für das Gleichgewicht, in dem sich eine stabile soziale Ordnung befinden muss. Eine kollektive Moral entsteht nach Durkheim spontan durch menschliches Handeln und objektiviert sich gegenüber den handelnden Subjekten. Er arbeitet eine theoretische Begründung für eine sozialstrukturell differenzierte Begrenzung der Bedürfnisse der Menschen heraus. Sozialisation ist so betrachtet ein Prozess, über den die Grundlagen der Erhaltung eines gesellschaftlichen Gleichgewichts verbreitet werden, indem sich Menschen am jeweils für sie Erreichbaren orientieren.

Der Sozialisationsgedanke bei Emilie Durkheim

In *Zukunft einer Illusion* oder *Totem und Tabu*, in beiden Werken beschäftigt sich Freud mit der Entstehung von kulturellen Normen, können gesellschaftliche Prozesse nicht schlüssig mit der Wirkung von Sozialisation in Zusammenhang gebracht werden. Das liegt natürlich nicht an Freud, sondern daran, dass die Disziplinspezifik der Psychologie keine theoretischen Grundlagen für die Erklärung gesellschaftlicher Prozesse bereitstellen kann. Dessen ungeachtet sind die Grundzüge der Persönlichkeitstheorie Freuds in den meisten soziologischen Grundrichtungen mehr oder weniger explizit anzutreffen. Genau darin kommt das Verhältnis zwischen Erklärungsinteresse und methodischem Interesse zum Ausdruck. In unserem Beispiel geht es einerseits um die Erklärung der Entstehung psychischer Erkrankungen oder Persönlichkeitsstörungen und andererseits um die Entstehung und Wirkung einer kollektiven Moral. Die Grundzüge der so gewonnen Erkenntnisse können aber methodisch zugleich für das jeweils andere analytische Primat verwendet werden. Worum es hier also geht, ist, dass die verschiedenen analytischen Primate nicht zusammengefügt werden sollten, denn sie orientieren die Disziplinen.

Unterscheidung Erklärungsinteresse und methodisches Interesse

Die Unterscheidung zwischen analytischem Primat und methodischem Interesse liegt in der Unterschiedlichkeit der Art der Theorien, welche in diesen einzelwissenschaftlichen Disziplinen verwendet werden sowie ihrem Zweck, begründet. Auf der einen Seite

Zusammenhang Erklärungsobjekt und Theorie

werden Theorien auf soziale Strukturen und Institutionen fokussiert und auf der anderen Seite auf latente psychische Prozesse und Strukturen. Daraus ergeben sich Unterschiede in der Komplexität der Informationen, die man über Verhalten benötigt und Differenzen hinsichtlich der Möglichkeit, kollektive Ereignisse zu erklären. Deshalb kann man die verwendeten Theorien zwischen diesen Disziplinen nicht einfach austauschen oder zusammenfügen.

Exkurs

Zusammenhang Erklärungsobjekt und Theorie

Besonders deutlich hat diesen Unterschied George Homans (1910-1989) zu spüren bekommen (vgl. Opp und Wippler 1999). Homans' ehrgeiziger Anspruch bestand darin, eine soziologische Austauschtheorie auszuarbeiten, mit der man die Entstehung sozialer Institutionen erklären kann. Er ging von dem modernen Standpunkt der Sozialwissenschaften aus, dass Institutionen aus der Aggregation individueller Verhaltensfolgen entstehen. Deshalb benötigte er eine zuverlässige, d.h., gut geprüfte Verhaltenstheorie. Eine solche Verhaltenstheorie fand er in der Psychologie, die behavioristische Lerntheorie, wie sie von Burrhas Skinner (1904-1990) vertreten wurde.[12] Für Psychologen, welche hauptsächlich in Laborexperimenten Verhaltensregelmäßigkeiten herausfinden und Vorhersagen aufgrund ihrer so gewonnenen Hypothesen treffen, war es kein Problem, über die erforderlichen Informationen zum Verhalten der jeweiligen Akteure zu verfügen. Die Vor-

hersagen, welche die Behavioristen für Kleingruppenprozesse aufgrund ihrer Hypothesen treffen, sind recht zuverlässig. Für Soziologen aber, die große aggregierte Zusammenhänge erklären wollen, stellt sowohl die Datenmenge als auch deren Aggregation zu einem sozialen Ereignis ein unüberwindliches Problem dar. Esser bezeichnete das erforderliche Wissen über die an einem Prozess beteiligten Akteure als deren Lernbiografie. Man muss demnach die Lernbiografie aller Akteure eines Interaktionszusammenhangs kennen, um vorherzusagen, wie sie sich verhalten werden. Es gilt also herauszufinden, wie das Verhalten eines Menschen in einem hinreichend großen zurückliegenden Zeitraum durch das Verhalten ihrer Interaktionspartner verstärkt[13] wurde. Homans hat später die behavioristische Verhaltenstheorie zugunsten einer formalisierten, aus der ökonomischen Theorie gewonnenen Rationalitätsannahme aufgegeben (Homans 1972).

---

[12] In diesem Zusammenhang stellt Homans die Forderung auf, die Hypothesen der behavioristischen Verhaltenspsychologie als allgemeine erklärende Hypothesen nicht nur der Soziologie, sondern aller Sozialwissenschaften zu verwenden (Homans 1974, S. 82).

[13] Die Erklärung des hier angesprochenen theoretischen Zusammenhangs erfolgt in Abschnitt 3.4.

Wenn man dennoch eine Theorieintegration herbeiführen will, dann müsste zuerst herausgefunden werden, was das neue, integrierte Erklärungsobjekt sein soll. Dies scheint in Anbetracht der Verschiedenheit der Objekte von Psychologie und Soziologie recht schwierig, wenn Psychologen nicht als Soziologen und Soziologen nicht als Psychologen tätig werden wollen. Es ist dagegen etwas anderes, wenn man beide Disziplinen als in einem arbeitsteiligen Verhältnis stehend betrachtet. Das bedeutet, dass eine psychologische Theorie eine instrumentelle Bedeutung für die Erklärung soziologischer Objekte haben kann und umgekehrt.

Zusammenfassung

1. Psychologische Sozialisationstheorien liefern Erklärungen für Prozesse der Identitätsbildung. Sie konzentrieren sich auf die unmittelbare mikrosoziale Interaktion und die aktive Auseinandersetzung des Menschen mit seinen Lebensbedingungen. Dabei spielt die Entstehung und Wirkung der Persönlichkeitsstruktur eine wichtige Rolle.
2. Das ist eine Voraussetzung für die Bildung soziologischer Sozialisationstheorien, bei denen es z. B. um den Stellenwert sozialer Identität für den Ablauf sozialer Prozesse, d.h., der Konstituierung kollektiver Effekte geht.
3. Daraus leiten sich für die Soziologie folgende Fragen ab: Wirken Institutionen und soziale Bedingungen in ihrer Gesamtheit nachhaltig auf die Dispositionen und durch die Dispositionen von Menschen auf deren Verhalten?
4. Welche über das Handeln vermittelte Bedeutung hat Sozialisation für die Entstehung und Stabilität sozialer Institutionen?
5. Deshalb sind psychologische Sozialisationstheorien für soziologische Erklärungszwecke nur insofern geeignet, als sie im Zusammenhang mit der Erklärung der Entstehung und Wirkung von Institutionen sowie die Entstehung aggregierter Ereignisse Verwendung finden können.

Zum Verhältnis von Sozialisation und Verhalten   1.5

Im vorangegangenen Abschnitt haben wir gesehen, dass Wissenschaftsdisziplinen, in denen man sich mit Sozialisationstheorien beschäftigt, dennoch unterschiedliche Forschungsinteressen aufweisen. Nun soll der theoretische Bezug zum Verhalten näher betrachtet werden.

Es soll hier noch nicht näher auf die Definition des Gegenstandes von Sozialisation eingegangen werden. Es genügt zunächst darauf zu verweisen, dass sich das Interesse an Sozialisationsprozessen auf die Annahme gründet, derzufolge das Verhalten nachhaltig von Sozialisationsfolgen beeinflusst wird. Um nun diese generelle Annahme der Verhaltensbeeinflussung mit dem allgemeinen Forschungsinteresse der Soziologie zu verbinden, wollen wir wieder auf den im Abschnitt 1.2 vorgestellten Makro-Mikro-Makro-Link als Form moderner sozialwissenschaftlicher Erklärung der Entstehung von Institutionen und sozialen Ereignissen zurückgreifen. In Abbildung 2 ist Sozialisation in den Makro-Mikro-Makro-Link eingefügt. Demnach können wir festhalten, dass Sozialisation einen Beitrag leisten kann, um das Problem der Situation zu lösen.

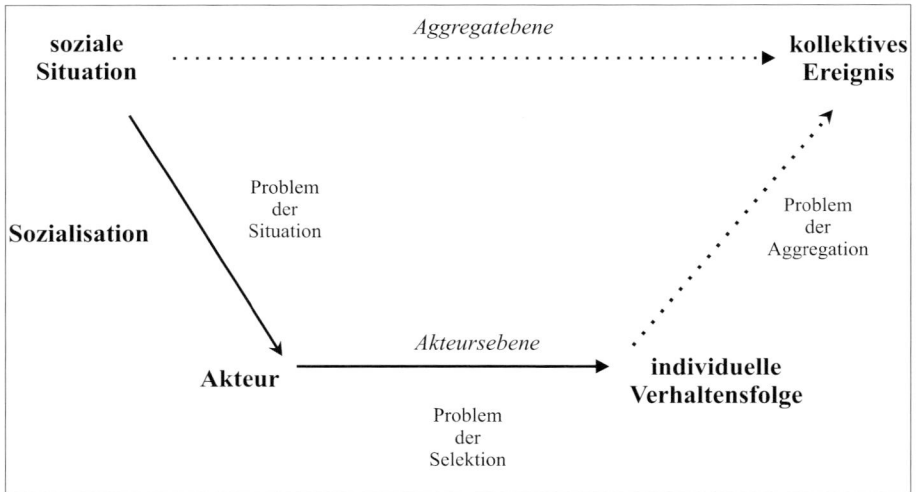

Abb. 2: Sozialisation im Makro-Mikro-Makro-Link

Worauf kommt es dabei an? Im Problem der Situation wird die Aggregatebene mit der Akteursebene verbunden. Das bedeutet, es verbinden sich die Bewertungen und Erwartungen des Akteurs mit den sozialen Bedingungen, unter denen er handelt. Das beinhaltet auch, dass die Art und Weise, wie Akteure eine Situation wahrnehmen, als kulturell vermittelt angesehen werden kann. Erwartungen, Bewertungen und Wahrnehmungen sind individuelle Leistungen, die erlernt werden müssen bzw. als Sozialisationsresultate gelten.

Das Thomas-Theorem   Eine der wohl markantesten Entdeckungen in diesem Zusammenhang gelang William und Dorothee Thomas. Das Thomas-Theorem besagt Folgendes: Wenn Menschen eine Situation als wirklich definieren, dann ist sie ihren Auswirkungen nach wirklich (Thomas 1965, S. 114). Was auf den ersten Blick wie ein Zauberkunststück anmutet, bildet die Grundlage der Einsicht, dass die soziale Welt durch den Kopf der Akteure geht und diese Subjektivität an der Konzeption ihres Verhaltens zumindest beteiligt ist. Mit anderen Worten, es wird angenommen, dass Menschen gar nicht in der Lage sind, objektiv wahrzunehmen und eine solche Objektivität deshalb auch gar nicht zum Ausgangspunkt ihres Verhaltens machen können. Im Abschnitt 1.2 war anhand eines Beispiels von Merton (Bankpleite) bereits erläutert worden, dass subjektive Dispositionen und Wahrnehmungen Einfluss auf das individuelle Handeln haben. Das folgende Beispiel soll diesen Grundzusammenhang illustrieren.

Beispiel

Was ist hier passiert? Ein Sozialisationsresultat (ohne hier bereits auf weitere Problematisierungen einzugehen) besteht in der Generierung von sozialen Erwartungen hinsichtlich geschlechtstypischen Verhaltens. Frauen sind demnach vorzugsweise weder gewalttätig noch kriminell, Banken überfallen sie schon gar nicht. In der vorliegenden Situation eines Banküberfalls sollten Frauen Geiseln sein. Genau dieses Musters hat sich der Bankräuber bedient, indem er sich als Frau verkleidete und die Polizisten „funktionierten" im Sinne dieser Erwartung und wählten ihr Verhalten auf-

Trickreicher Gangster

Plön (dpa). Ein Gaunerstück par excellence: Als Frau verkleidet und sozusagen „mit Polizeischutz" – so entkam der trickreiche Räuber, der am Donnerstag vergangener Woche bei einem Banküberfall im schleswig-holsteinischen Kreis Plön 150 000 Mark erbeutete. Der Gangster mischte sich in den Pulk der 13 Geiseln, als diese die Bank verließen und ließ sich mit ihnen in einem Streifenwagen zur Aussage in die Polizeistation fahren. Erst als die vermeintliche Geisel nicht von der Damentoilette im Revier wiederkam, wurde die Kripo mißtrauisch – aber da war der Täter schon weg.

grund ihrer subjektiven Definition, wonach Frauen typische Geiseln sind. Goffman berichtet sogar davon, dass die Stadt Detroit im Jahre 1958 in einer Verordnung über ungebührliches Benehmen Männern verbot, sich öffentlich in der Kleidung des anderen Geschlechts zu zeigen (Goffman S. 312). Aller Wahrscheinlichkeit nach ging es dabei auch um die Ausschaltung solcher sozialer Fallen, in denen das Handeln von Menschen manipuliert werden kann.

Das Problem der Situation ist auch deshalb im hier erörterten Zusammenhang wichtig, weil seine Lösung, wie sich anhand des kleinen Beispiels zeigte, Einfluss auf die Lösung des nächsten Problems, des der Selektion hat. Im Rahmen des Problems der Situation werden die Alternativen wahrgenommen, zwischen denen

Zusammenhang Situation und Selektion

ein Akteur hinsichtlich seines Verhaltens wählen kann. Wenn Sozialisation also die Erwartung, Bewertung und Wahrnehmung sozialer Situationen durch den Akteur nachhaltig beeinflusst, dann folgt daraus, dass damit auch Umfang und Art der wahrgenommenen Handlungsalternativen beeinflusst werden. Dies wiederum wirkt sich auf das Handeln aus und damit letztlich auf die Aggregation zu kollektiven Effekten. Damit schließt sich der Kreis.

Erklärung

Verallgemeinernd bezeichnet Sozialisation den Wirkungsgrad sozialer Institutionen und sozialer Bedingungen insgesamt auf das soziale Verhalten der Akteure.

Hinsichtlich dieser angenommenen Wirkung kommt den subjektiven Dispositionen und Kognitionen (Erwartungen, Bewertungen, Wahrnehmungen) eine besondere Bedeutung zu. Dabei geht es im Rahmen der soziologischen Forschung um typische Ausprägungen von Dispositionen mit dem Ziel, die Wahl zwischen sozial relevanten Handlungsalternativen abschätzen zu können.

Zusammenfassung

1. Sozialisationstheorien basieren auf der generellen Annahme, dass subjektive Dispositionen nachhaltig beeinflussbar und verhaltenswirksam sind.
2. Von dieser Voraussetzung ausgehend verbindet Sozialisation im Rahmen moderner sozialwissenschaftlicher Erklärung die Aggregatebene sozialer Ordnung mit den Erwartungen, Bewertungen und Wahrnehmungen der individuellen Akteure.
3. Soziale Institutionen und soziale Bedingungen insgesamt prägen die subjektiven Dispositionen und Wahrnehmungen der individuellen Akteure.
4. Sozialisation wirkt über die subjektiven Dispositionen auf die Wahl zwischen wahrgenommenen Handlungsalternativen und damit auch auf deren soziales Handeln.

1.6 Sozialisation und sozialer Wandel – Das theoretische Problem der individuellen Autonomie

Sozialisation als konservative Annahme Moderne Gesellschaften weisen ein hohes Wandlungstempo auf. Stärker als in zurückliegenden historischen Epochen stellt sich die Frage nach den Ursachen und der Richtung dieses Wandels. Demgegenüber begründen Sozialisationstheorien ein konservatives Element sozialer Ordnung. Wir hatten im vorangegangen

Abschnitt gesehen, dass mit Sozialisation im Rahmen des Problems der Situation gesellschaftliche Erwartungen und Bedingungen auf die dem Verhalten vorgelagerten Dispositionen individueller Akteure wirken. Es werden also u.a. institutionalisierte Erwartungen vermittelt. Dieses Erfordernis resultiert aus der Notwendigkeit von Begrenzung der freien Entscheidungen der individuellen Akteure zugunsten der Stabilität sozialer Ordnung. Sozialisation ist mit anderen Worten der theoretische Gegenspieler zum sozialen Wandel.

Wir finden bei Grundmann, einem renommierten Sozialisationstheoretiker, eine aufschlussreiche Feststellung zum Verhältnis von Sozialisation und Wandel. Grundmann weist auf ein, wie er es nennt, theoretisches Paradoxon hin: Sozialisation verursacht dauerhafte soziale Bindung und trägt dazu bei, dass sich soziale Verhältnisse ändern (Grundmann 2006, S. 22). Sozialisation wird demnach als zugleich (verhaltens)stabilisierend und (institutionen)flexibilisierend angesehen.

Das ist ein logischer Widerspruch. Widersprüche sind in einer Theorie unzulässig, denn die Wirkung einer Ursache kann nicht *gleichzeitig* auch ihre Gegenwirkung sein.[14] Aufgelöst werden Widersprüche durch Angabe eines theoretischen Kriteriums, wann die eine und wann die andere Wirkung eintritt. Das ist das Forschungsproblem der Sozialisationstheorien.

Bindung an die Gesellschaft zu betonen ist insofern problematisch, als damit sehr dezidiert Akteure bereits als Teil sozialer Aggregate gedacht werden. Dadurch sind Entscheidungsspielräume und Wahlfreiheit eliminiert. Diese Kritik geschieht nicht aus einer illusionären Freiheitsauffassung heraus, sondern aus dem empirischen Faktum, dass bei allem Eingebundensein der Akteure in soziale Zusammenhänge sie dennoch im Alltag vor Alternativen stehen, zwischen denen sie sich entscheiden müssen. Sozialisationstheorien sollten deshalb nicht von (Ein)Bindung ausgehen, sondern von einer bestimmten Wahrscheinlichkeit der Beeinflussung subjektiver Dispositionen und Kognitionen. Von diesen Dispositionen wiederum wird angenommen, dass sie ebenfalls nur mit einer bestimmten Wahrscheinlichkeit auf das individuelle Verhalten wirken.

Soziale Bindung und Wahlfreiheit

---

[14]   Solch eine Figur des Widerspruchs ist nur in dialektischen Theorien (Hegel, Marx, Frankfurter Schule) zulässig. Dort allerdings erfreut sie sich höchster Wertschätzung.

Erklärung

Das theoretische Problem besteht also darin zu erklären, unter welchen Bedingungen den Akteuren wie viel Entscheidungsspielraum trotz Sozialisation übrig bleibt. Die Frage ist also nicht, inwiefern Sozialisation Veränderung bewirkt, sondern wie theoretisch begründet wird, dass Sozialisation sozialen Wandel nicht verhindert.

Auf das Problem einer theoretischen Übersteigerung der Sozialisationswirkung macht eine ironische Bemerkung aufmerksam, die gern von Ökonomen verwendet wird: In der Ökonomie wird gelernt, wie man wählen muss und in der Soziologie, dass man nichts zu wählen hat.[15] Von Vertretern der neoklassischen Ökonomie kommt deshalb der Einwand, Sozialisationstheorien und sozialer Wandel würden überhaupt nicht zusammenpassen (z. B. Frey 1990, S. 83-96).

Exkurs

Entscheidungsspielraum trotz Sozialisation?

Wenn man sich mit Sozialisation beschäftigt, muss man sich immer auch im Klaren darüber sein, dass es eine theoretische Alternative zur Sozialisationsannahme in den Sozialwissenschaften gibt. Sozialisationsannahmen, gleich welcher Art, setzen mehr oder weniger explizit voraus, dass die subjektiven Dispositionen (Präferenzen) durch soziale Bedingungen und Zusammenhänge beeinflusst werden. Eine solche Herangehensweise verbindet sich mit der Modellvorstellung des homo sociologicus. Anders dagegen die Akteurskonzeption im ökonomischen Theorieprogramm. Das Verhalten des homo oeconomicus wird über seine verfügbaren Ressourcen und externe Bedingungen (Restriktio-

nen) erklärt. Restriktionen reichen von physikalischen Bedingungen bis zu juristischen Gesetzen und die verfügbaren Ressourcen von monetärem Kapital sowie sozialen Beziehungen über Wissen bis hin zu Ausbildungsgraden und Titeln. Dabei wird davon ausgegangen, dass die Präferenzen des Menschen stabil sind und aus seiner Natur folgen. Demnach kann man auch annehmen, dass im Prinzip alle Menschen nach den gleichen grundsätzlichen Zielen streben oder ganz allgemein ausgedrückt: Sie trachten danach, ihre eigene Situation zu verbessern, anstatt sie zu verschlechtern. Die beobachtbaren Unterschiede im Verhalten zwischen den Menschen werden somit durch Unterschiede ihrer

---

[15]   Diese Einschätzung betrifft vor allem die Situation, als das Sozialisationsargument in der Soziologie durch die strukturfunktionalistische Theorie Talcott Parsons bestimmt wurde (vgl. Kapitel 4.2).

konkreten Restriktionen erklärt und nicht durch Unterschiede in ihren Präferenzen. Es geht also um die Fähigkeiten, mit Restriktionen umzugehen und Ressourcen bestmöglich einzusetzen, um das zu erreichen, was man von Natur aus will. Das heißt nichts anderes, als dass unter diesem (ökonomischen) Blickwinkel Sozialisation im Grunde überflüssig ist, ebenso wie das Nachdenken über individuelle subjektive Dispositionen überhaupt.

In der modernen Sozialforschung wird davon ausgegangen, dass es sich lohnt, diese beiden Akteursmodelle miteinander zu verbinden. Dieser Akteur wird als RREEMM bezeichnet: resourceful, restricted (Elemente des homo oeconomicus), evaluating, expecting (Elemente des homo sociologicus) maximizing man (nomologischer Kern der Verbindung der Elemente)[16].

Nutzenmaximierung ist für viele Sozialisationstheoretiker das Unwort schlechthin. Es kommt aber auf den theoretischen Kontext an, indem Nutzenmaximierung auftritt. Erstens geht es um nichts andres, als dass Menschen sich um ihr Wohl kümmern. Zweitens wird im integrierten Akteursmodell erkennbar, dass sich Maximierung auf die soziologischen und ökonomischen Elemente bezieht. Drittens kann man schließlich von einer solchen Position aus auch nach Bedingungen suchen, unter denen Ausnahmen auftreten. Diese Ausnahmen werden als Rationalitätsanomalien bezeichnet (z. B. Esser (1999), S. 301-313).

Drei Positionen gilt es also zu unterscheiden:
Verhalten kann
* aus subjektiven Dispositionen (homo sociologicus),
* aus den Bedingungen (homo oeconomicus) oder
* mit einem Modell, das Dispositionen und Bedingungen zu verbinden versucht (RREEMM)[17]
erklärt werden.

Nur im Rahmen der ersten und der dritten Position werden Sozialisationsannahmen benötigt. Wenn im Folgenden vom ökonomischen Theorieprogramm die Rede ist, dann wird verkürzt auf die neoklassische Ökonomie Bezug genommen, in welcher die zweite Position der Verhaltenserklärung verfolgt wird. Diese Bezugnahme geschieht hier lediglich deshalb, um an eine theoretische Gegenposition zur Sozialisation im Schnittpunkt von Soziologie und Ökonomie zu erinnern.

---

[16] Theoretische Grundlagen sind enthalten z.B. in Lindenberg (1990b, 2001).
[17] Lösungen dieser Art bieten z.B. die Produktionsfaktorentheorie, die low-cost-Hypothese oder moderne Annahmen der Framing-Theorie.

Die Begründung der Autonomie des Akteurs als theoretisches Dilemma   Es stellt sich also die Frage, wie nachhaltig die Beeinflussung durch Sozialisation ist und was individuelle Akteure dem entgegenzusetzen haben. Genau darin besteht das Problem: Eine theoretisch transparente Begründung für die Grenzen der Sozialisationswirkung auszuarbeiten, die nicht nur deskriptiv ist, sondern auf Kausalzusammenhängen beruht. Insbesondere gehören dazu theoretische Annahmen über die wechselseitige Begrenzung von intendierten und unintendierten Sozialisationseffekten.

Zusammenfassung

1. Wenn sozialer Wandel durch aggregierte individuelle Verhaltensfolgen erklärt werden soll, dann müssen die Grenzen der sozialisatorischen Einflussnahme Bestandteil der Sozialisationstheorie sein.
2. Es ist theoretisch nicht hilfreich, sozialen Wandel aufgrund aggregierter individueller Verhaltensfolgen erklären zu wollen sowie zugleich davon auszugehen, dass die individuellen Akteure a priori sozial gebunden sind.
3. Die Vorwegannahme der Gemeinschaftlichkeit präjudiziert das Fehlen eines systematisch-theoretischen Kriteriums individueller Autonomie in Sozialisationstheorien.
4. Wenn ein solches Kriterium zugunsten einer vorgegebenen sozialen Bindung aufgegeben wird, dann kann abweichendes (nonkonformes) Verhalten nur als Folge misslungener oder unvollständiger Sozialisation definiert werden. Die theoretisch fatale Konsequenz daraus wäre, dass sozialer Wandel ein Nebenprodukt misslungener Sozialisation ist.
5. Sozialisationsannahmen in der Soziologie benötigen ein Akteursmodell, mit dem es möglich ist, Bedingungen sowohl für die nachhaltige Beeinflussung von subjektiven Dispositionen als auch für die verbleibende Autonomie der Akteure zu formulieren.

Literatur

Esser, Hartmut, *Soziologie. Bd. 1: Situationslogik und Handeln*, Frankfurt a.M., New York, 1999.
Meulemann, Heiner, *Soziologie von Anfang an*, Wiesbaden, 2006.
Metze, Regina, Kurt Mühler u. Karl-Dieter Opp (Hrsg.), *Normen und Institutionen: Entstehung und Wirkungen*, Leipzig, 2000.
Opp, Karl-Dieter, *Methodologie der Sozialwissenschaften*, Wiesbaden, 2005.
Popitz, Heinrich, *Soziale Normen*, hg. v. Friedrich Pohlmann u. Wolfgang Eßbach, Frankfurt a.M., 2006.
Popper, Karl R., *Auf der Suche nach einer besseren Welt: Vorträge und Aufsätze aus dreißig Jahren, München*, Zürich, 1995.
Weber, Max, *Wirtschaft und Gesellschaft*, (Erster Teil, Kapitel I), Tübingen, 1990.

Definitionen und theoretische Standpunkte zur Grundstruktur der Sozialisation

2.

Gemeinsamkeiten und Unterschiede in Sozialisationsdefinitionen 2.1

Sozialisationsdefinitionen gibt es, wie bei anderen grundlegenden Gegenständen auch, wie Sand am Meer. Tatsächliche Unterschiede zwischen ihnen sind dagegen eher gering. Exemplarisch sollen hier einige vorgestellt werden. Mit der Auswahl soll versucht werden, einige Nuancen zwischen den Definitionen aufzuspüren.

Im ersten Teil des Kapitels wurde deutlich, dass sich das soziologische Interesse an Gesellschaft insbesondere auf die Entstehung und Wirkung sozialer Institutionen, vor allem im Sinn sozialer Normen, richtet. Normen enthalten Informationen über das verbindlich erwartete Verhalten von Menschen, die in einer Gesellschaft leben. Bezüglich des Prozesses der Sozialisation sind Normen und Werte von besonderer Bedeutung, weil angenommen wird, dass beide Konstrukte die Intentionen und über sie das Verhalten individueller Akteure beeinflussen. Sozialisation ist also mehr als lediglich die Kenntnis geltender Normen. Sozialisationstheorien beschäftigen sich darüber hinaus mit Prozessen der Akzeptanz von Normen. Dafür ist insbesondere das zweite Konstrukt, soziale Werte, bedeutsam. Sozialisation ist dann als erfolgreich definiert, wenn die grundlegenden sozialen Normen und Werte einer Gesellschaft vom Akteur akzeptiert werden, d.h., in dessen eigene Überzeugungen übernommen sind. Mit Mechanismen, die einen solchen Prozess erklären können, werden wir uns im 3. Kapitel beschäftigen. Sozialisation hat ganz generell gesprochen den Abgleich gesellschaftlicher Erwartungen und individueller Absichten zum Gegenstand.

> Der allgemeine Gegenstand von Sozialisation

Sozialisation und
soziale Ordnung

Unbestritten ist, dass der neugeborene Mensch nicht zum Überleben in der Gesellschaft ausgestattet ist. Folglich muss er zum einen Fähigkeiten erlernen, in einer durch Institutionen festgelegten sozialen Ordnung handeln zu können. Zum anderen ist sein Handeln labil, weil es nicht durch angeborene Instinkte auf ein bestimmtes Handeln festgelegt ist. Darin besteht eine Gefahr für die Stabilität sozialer Ordnung. Bei Durkheim findet man folgende Feststellung: Der Mensch, den die Erziehung in uns verwirklichen muss, ist nicht der Mensch, den die Natur gemacht hat, sondern der Mensch, wie ihn die Gesellschaft haben will; und sie will ihn so haben, wie ihn ihre innere Ökonomie braucht (Durkheim 2004, S. 46). Gerade der Erziehungsfokus, unter den nicht selten Sozialisation insgesamt geraten kann, akzentuiert die intendierte Anpassung des Menschen an die geltenden normativen Erwartungen in einer Gesellschaft.

Sozialisation
Voraussetzung für
die Geltung von
Normen

Sozialisation ist also einerseits für den Menschen erforderlich, um an gesellschaftlichen Prozessen partizipieren zu können und andererseits, um die Stabilität sozialer Ordnung zu gewährleisten. Normen bilden den Kern der Stabilität sozialer Ordnung. Darauf gründet sich das Erfordernis, dass Normen von den Akteuren internalisiert werden müssen. Dadurch erlangen sie Geltung. Die Geltung von Normen wiederum hat zwei Seiten: die Verhaltensgeltung als freiwilliges Einhalten von Normen und die Sanktionsgeltung, der strafende Zwang im Falle entdeckter Nichteinhaltung einer Norm. Die Verhaltensgeltung von Normen ist eine Grundvoraussetzung für das soziale Zusammenleben der Menschen.

Eine erste Definition, die hier betrachtet werden soll, stammt von Klima:

Erklärung

Sozialisation bezeichnet demnach den Prozess, durch den das Individuum in eine soziale Gruppe eingegliedert wird, indem es die in der Gruppe geltenden sozialen Normen, insbesondere die an das Individuum als Inhaber bestimmter Positionen gerichteten Rollenerwartungen, die zur Erfüllung dieser Normen und Erwartungen erforderlichen Fähigkeiten und Fertigkeiten sowie die zur Kultur der Gruppe gehörenden Werte, Überzeugungen usw. erlernt und in sich aufnimmt (Klima 1988, Stichwort Sozialisation).

Diese Definition von Sozialisation ist auf eine funktionalistische Sichtweise gerichtet. Das Erlernen von Rollenerwartungen steht dabei im Mittelpunkt. Dieser Prozess konzentriert sich auf den Zusammenhang zwischen Akteur und (Klein-)Gruppe. Kleingruppen (seit Cooley auch Primärgruppen genannt) sind stets ein dominanter Bezugspunkt für Sozialisation. Insbesondere die Familie, Verwandtschaft, Kindergarten, Schule stehen für ein in Gruppen ablaufendes soziales Leben. Dies engt aber von vornherein den Blick auf eine pädagogische Auffassung ein. Zum einen sind, das kann nicht oft genug betont werden, Gesellschaften nicht einfach nur große Gruppen. Zum anderen sind Menschen nicht nur in soziale Gruppenbeziehungen involviert, sondern auch in darüber hinausgehenden Beziehungen, wie wir sie in sozialen Netzwerken antreffen. Das ist deshalb bedeutsam, weil sich die Art der Beziehungen unterscheidet und vor allem Netzwerkbeziehungen keinen normativen Gruppendruck ausüben. Erst dann aber, wenn wir das Zusammenwirken von Beziehungen in geschlossenen und offenen sozialen Zusammenhängen berücksichtigen, erhalten wir ein realistisches Bild von Sozialisationswirkungen. Darüber hinaus wird der problematische Eindruck vermittelt, es käme bei Sozialisation auf die Vielzahl von Gruppenkulturen an, die wir zweifellos auf der sozialen Mesoebene wie z. B. Familie oder Freizeitgruppen usw. antreffen. Sozialisiert wird aber für ein Leben in der Gesellschaft, also auch jenseits dieser partiellen Gruppenhorizonte. Das heißt nicht, dass z. B. die Familie keinen herausragenden Einfluss auf die Sozialisation hätte. Aber in ihr gelten auch weitestgehend allgemeine kulturelle Wertvorstellungen und Normen. Diese sollten vorrangig behandelt werden. Ein weiterer Punkt dieser Definition verdient Aufmerksamkeit. Erlernen und in sich Aufnehmen sind unspezifische Bezeichnungen für die in der Sozialisation ablaufenden Prozesses. Lernen kann auch bedeuten, es handelt sich um einen rein bewussten kognitiven Vorgang, so etwa, wie wir die Funktionsweise eines Otto-Motors lernen können. Das ist aber mit Lernen im sozialisatorischen Kontext nicht gemeint. Besser wird hier, wie Klima in der Erläuterung einfügt, von *internalisieren* gesprochen. Auf die Definition dieses Begriffs kommen wir noch zurück.

Eine zweite Definition stammt von Fend:

Erklärung

Sozialisation bezeichnet den Prozess, in dem der Mensch die Normen und Werte der Gruppen, denen er angehört, lernt (Fend 1973, S. 11).

Auch hier treffen wir den Verweis auf Mitgliedschaftsgruppen an, wobei offen bleibt, wie der an sich unscharfe Begriff der Gruppe zu verstehen ist. Ferner sehen wir wiederum den expliziten Verweis auf Normen und Werte sowie den Vorgang des Lernens. Im Prinzip wird dadurch die Konzentration auf einzelne Gruppen noch weiter vorangetrieben. Der Blick auf gesellschaftliche Sozialisationswirkungen wird letztlich ausgeblendet.

Die folgende Definition birgt einen weiteren interessanten Aspekt:

Erklärung

Sozialisation ist ein umfassender Begriff für den ganzen Prozess, in dem ein Individuum durch Umgang mit anderen seine spezifischen Ausprägungen eines sozial relevanten Verhaltens entwickelt (Child und Zigler, 1969, S. 474).

Auffällig an dieser ebenfalls knappen Definition ist, dass sowohl der Prozess der Sozialisation als auch dessen Ergebnis offener als in den beiden vorangegangenen Definitionen gehalten wird. Der Umgang mit anderen Akteuren ist insofern produktiv, als diese Bezeichnung sowohl intendierte als auch unintendierte Effekte einschließt. Im Umgang miteinander (dafür gibt es den Begriff Interaktion) treten Wirkungen auf, über die sich die Beteiligten teilweise nicht im Klaren sein müssen, also unbewusst eintreten. Der zweite offene Aspekt bezieht sich darauf, dass sozial relevantes Verhalten entwickelt wird. Hierbei bleibt offen, ob dieses sozial relevante Verhalten gesellschaftlich erwünscht oder unerwünscht ist. Zunächst aber geht es nicht um Normkonformität, sondern generell um die Entstehung von Verhaltensstabilität als Effekt zahlreicher sozialer Interaktionen, die ein Mensch eingeht.

Lediglich ein Moment fehlt noch: Es treten auch Kontexteffekte auf, also Effekte aus sozialen Milieus, welche von den Individuen bewusst oder unbewusst aufgenommen werden. Reinders unterscheidet diesbezüglich, gestützt auf Geulen, z. B. zwischen intentionaler und non-intentionaler Sozialisation (Reinders 2001, S. 48). Dieses umfassende Spektrum wird in der folgenden Definition von Geulen berücksichtigt:

Erklärung

Im Prozess der Sozialisation wird der Mensch durch die Gesellschaft und ihre jeweils historischen, materiellen, kulturellen und institutionellen Bedingungen konstituiert und geformt, und zwar in seinem eigensten Wesen als Subjekt (Geulen 1989, S. 11).

Einerseits zeigt sich hier, dass zur Sozialisation auch Prozesse zu rechnen sind, die sich aus konkret historischen Konstellationen der Bedingungen ergeben, dass es einen kulturellen Kontext der Sozialisationswirkung gibt und dass die gegebenen materiellen Bedingungen ebenfalls das Sozialisationsergebnis beeinflussen. Dadurch werden die ansonsten so zentral hervorgehobenen Normen einer Gesellschaft als institutionelle Bedingungen in ein weites sozial-historisches Spektrum eingeordnet. Wichtig daran, um es nochmals hervorzuheben, ist die Betonung unintendierter Effekte. Dadurch lässt sich das Interesse nichtpädagogischer Wissenschaftsdisziplinen am Sozialisationsprozess besser erkennen. Andererseits treffen wir hier eine auffällige Markierung der Wirkung von Sozialisation an, die ebenfalls weiterführend ist: Diese Definition macht sowohl darauf aufmerksam, dass individuelle Akteure das Objekt von Sozialisationsprozessen sind (sie werden konstituiert und geformt) als auch, dass sie in diesem Prozess die Fähigkeit erwerben Subjekt zu sein, d.h., Einfluss auf die soziale Welt zu nehmen, deren sie Teil sind.

Selbstverständlich gibt es eine Vielzahl weiterer Varianten. Aber insbesondere die letzte Definition macht auf die Komplexität des Sozialisationsprozesses aufmerksam und soll deshalb diesen Teil abschließen. Insgesamt sollte besonders beachtet werden, dass Sozialisation sich nicht in einer absichtsvollen und bewussten Einflussnahme auf individuelle Akteure erschöpft. Das ist insofern bedeutsam, als mitunter Sozialisation und Erziehung gleichgesetzt werden. Im Zusammenhang mit soziologischen Theorien ist aber eine Unterscheidung zwischen beiden Begriffen dringend geboten. Demzufolge bezeichnet Erziehung die intendierte Einflussnahme auf die Herausbildung der Persönlichkeit, während Sozialisation auch die unintendierten, spontanen Effekte einschließt.

Zusammenfassung

1. Die Ergebnisse der Sozialisation können aus zwei Perspektiven analysiert werden: aus der Perspektive der Sicherung sozialer Ordnung und aus der Perspektive der Herausbildung sozialer Handlungsfähigkeit individueller Akteure.
2. Erziehung bezeichnet den intendierten Aspekt der Sozialisation. Der Begriff Sozialisation umfasst aber auch einen unintendierten Aspekt. Dieser Aspekt ist in der Soziologie besonders bedeutsam.
3. Die Wirksamkeit von Sozialisation geschieht sowohl über personelle Interaktion als auch über unpersönliche, konkret historische und kulturelle Bedingungen.
4. Sozialisationseffekte basieren sowohl auf Prozessen bewusster als auch unbewusster Verarbeitung von Wahrnehmungen. Die bewusste Reflexion von Wahr-

nehmungen zur eigenen Person wird auch als Selbstsozialisation bezeichnet.
5. Die soziale Handlungsfähigkeit eines Akteurs ist gegeben, wenn er in seinen
individuell verfolgten Absichten geltende Normen berücksichtigt und Konsequenzen seines Handelns abzuschätzen in der Lage ist.
6. Mit Sozialisation verbindet sich die Annahme nachhaltiger Konstituierung
individueller Dispositionen im Zusammenhang mit geltenden Normen.

2.2   Grundphasen der Sozialisation

Sozialisation als lebenslanger Prozess

In den heutigen Sozialisationstheorien wird von einem lebenslangen
Sozialisationsprozess ausgegangen. Das war nicht immer so. Die
ursprüngliche theoretische Position unterschied zwischen Kindern
und Jugendlichen, die in die Gesellschaft hineinwachsen einerseits
und dem fertigen handlungsfähigen Erwachsenen andererseits. In
der ersten Lebensphase wird demzufolge gelernt, was in der zweiten
Phase angewendet wird. Heute ist von lebenslanger Sozialisation die
Rede. Anders ausgedrückt, der Mensch lernt nie aus. Das hat auch
Eingang in die Wissenschaft gefunden. Obwohl Sozialisation ihren
exklusiv auf Kindheit und Jugend bezogenen Charakter verloren hat,
nehmen die Ereignisse der frühen Lebensphase aber dennoch nach
wie vor eine besondere Stellung in den meisten Sozialisationstheorien ein. Zuerst sollen die Grundphasen der Sozialisation erläutert
werden. Im Anschluss daran werden theoretische Argumente für
eine unterschiedliche Gewichtung dieser Phasen erläutert.

Pimärsozialisation und Primärgruppe Familie

Die erste Sozialisationsphase im Lebenslauf wird als *Primärsozialisation* bezeichnet. Diese Bezeichnung stammt von Cooley. Sie
geht auf seine Unterscheidung zwischen Primär- und Sekundärgruppen zurück. Primärgruppen sind ihm zufolge intime Kleingruppen, insbesondere die Familie. Cooley schreibt: By primary
groups I mean those characterized by intimate face-to-face asso-
ciation and cooperation (Cooley 1909, S. 23). Generell können
auch andere Gruppen dazugerechnet werden, sofern es sich um
face-to-face-Gruppen handelt. Der unmittelbare Kontakt ist das
entscheidende Moment für den Ablauf wechselseitiger und nachhaltiger Einflussnahme zwischen den Gruppenmitgliedern. Aus
dieser Nähe entsteht eine Art Gruppenkultur oder Wir-Bewusstsein, mit dem sich das dazugehörige Individuum identifiziert. In
der Primärsozialisation findet die Sozialisation nahezu ausschließlich in der Primärgruppe Familie statt.

Sekundärgruppen sind nach Cooley soziale Organisationen wie Schule, Wirtschaftsunternehmen, aber auch Städte. Man kann diese Gruppen ebenso als formale, geplante und systematisch aufgebaute große Gruppen bezeichnen. In ihnen existieren neben der vorgegebenen Struktur auch formelle und informelle Kleingruppen, so z. B. in der Schule als Organisation die formelle Kleingruppe der Klasse und in ihr informelle Teilgruppen oder Cliquen. Diese informellen Teilgruppen können als Primärgruppen bezeichnet werden, obgleich ihr Organisationsrahmen als Sekundärgruppe vorgegeben ist. Übertragen auf das Sozialisationsgeschehen beginnt Sozialisation in der Primärgruppe Familie. Zwei Aspekte bestimmen den Status der Primärsozialisation: Sie ist der Beginn der Sozialisation im Lebenslauf und die Sozialbeziehungen sind sehr eng und emotional. Darauf wird noch näher eingegangen.

Sekundärgruppe nach Cooley

Das Eintreten in Sekundärgruppen markiert den Übergang in eine neue Sozialisationsphase, die *Sekundärsozialisation*. Dies können kulturbedingt Kinderkrippe oder Kindergarten, aber auch die Schule sein. Mit dieser Erweiterung der sozialen Beziehungen verändert sich auch der Charakter der Sozialisation. Berger und Luckmann erläutern dies folgendermaßen: Sekundäre Sozialisation ist jeder spätere Vorgang, der eine bereits sozialisierte Person in neue Abschnitte der objektiven Welt ihrer Gesellschaft einweist (Berger und Luckmann, 1991, S. 141). Diese Autoren machen darauf aufmerksam, dass in der Primärsozialisation eine erste kulturell geprägte Person entsteht. In der Sekundärsozialisation geschieht also eine Bezugnahme und Auseinandersetzung mit diesem frühen Sozialisationsergebnis (auch Grundpersönlichkeit genannt). Zur Kennzeichnung dieser Sozialisationsphase gehört auch, dass nun der zu sozialisierende Akteur Mitglied mehrerer Gruppen ist und deren Einflussstärke sich im Laufe dieser Phase verändert.

Sekundärsozialisation als Eintreten in Sekundärgruppen

Im Verlauf der Sekundärsozialisation sinkt der Einfluss der Familie merklich und jener von Peergroups steigt. Peergroups sind Gruppen von Gleichaltrigen. Bereits mit dem Kindergarten ist die Sozialisation auch in solche Gruppen eingebettet. Aber erst zu einem späteren Zeitpunkt, im Jugendalter, gewinnen sie einen dominanten Einfluss. Die besondere Attraktivität von Peers besteht darin, dass die Lebenserfahrungen und -probleme der Gruppenmitglieder sehr ähnlich sind. Das umfasst vor allem Probleme des Hineinwachsens in die Gesellschaft, die Auseinandersetzung mit den etablierten Erwachsenen und die Veränderung der Identität, welche durch Unsicherheit bzw. erlebte Geringschätzung

Die besondere Bedeutung von Peergroups

des eigenen sozialen Status gekennzeichnet ist. Durch die Ähnlichkeit der Lebenslage gewinnen Peers oft in dieser Sozialisationsphase die Gestalt einer sozialen Alternative gegenüber der
fremden Erwachsenenkultur von Eltern, Schule und anderen
Etablierten. Aber auch weitere Sozialisationseinflüsse gewinnen
an Bedeutung. Hier sind vor allem Medien zu nennen. Ungeachtet der zum Teil gegensätzlichen theoretischen Standpunkte
scheint dennoch sicher zu sein, dass Medien, insbesondere solche, die sich direkt an Jugendliche und Heranwachsende wenden,
Leitbilder vermitteln, welche auf Prozesse der Identitätsbildung
nachhaltig wirken können.

Die Tertiärsoziali-
sation
Als *Tertiärsozialisation* ist das Sozialisationsgeschehen im Erwachsenenalter gemeint. Markant daran ist, dass sich die Sozialisation in dieser Phase auf den Menschen als einem eigenverant-
wortlich handelnden Subjekt richtet und sich zweitens in
verschiedenen sozialen Zusammenhängen wie einer eigenen Familie, dem Beruf und der Freizeit, ereignet. Die sozialisatorisch
vermittelten Wirkungen betreffen die Erringung eines sozialen
Gesamtstatus und des Umgangs damit. Zugleich entstehen wichtige Interaktionen in der Familie und der Berufsausübung, die
zum Teil mit neuen Sozialisationswirkungen verbunden sind.
Dazu zählt z. B. die Übernahme spezifischer Verantwortung gegenüber Menschen und Prozessen.

Die Quartärsoziali-
sation
Auch eine vierte Phase fügt sich schlüssig in eine solche Konzeption ein: die *Quartärsozialisation*. Wiswede nennt dafür als
Grund die Verlängerung der Lebensphase nach der beruflichen
Arbeit, wodurch neue Gestaltungsmöglichkeiten entstehen (Wiswede 1991, S. 143). Das Stadium des Alters ist in modernen Gesellschaften nicht mehr das Warten auf den Tod, sondern enthält
Chancen für eine eigenständige Lebensgestaltung. Aus der Perspektive der Sozialisation ergibt sich aber nicht nur eine Gestal-
tungsmöglichkeit, sondern auch ein Anpassungsproblem. Das
Alter nach der Berufsausübung führt zu einem zum Teil beträchtlich sozialen Disengagement. Die individuellen Ressourcen, wie
Einkommen, die sozialen Interaktionen und der soziale Einfluss
insgesamt verringern sich für die meisten Menschen. Sozialisatorische Effekte bestehen darin, diese Verlagerung von beruflicher
Tätigkeit auf private, familiale und vielleicht sozial und vereinsbe-
zogene Tätigkeiten sowie die Verringerung sozialer Einflussnahme, wie Anerkennung und Einbettung in soziale Beziehungen zu
meistern. Die Problematik eines solchen Einschnittes in Form
einer völligen Veränderung des Lebensrhythmus, der nicht einfach nur mehr Freizeit bedeutet, macht auch ein medizinisches

Risiko deutlich. Es tritt auf, wenn sich Menschen nur ungenügend auf diese Lebensphase vorbereitet haben. In diesem Zusammenhang ist vom Pensionierungsschock oder sogar vom Pensionierungstod die Rede. Dies kann auch eine Folge problematischer Tertiärsozialisation sein, z. B. wenn Menschen nahezu ausschließlich in ihre Berufskarriere investieren bzw. ihre Identität in einer solchen Intensität an ihre berufliche Tätigkeit binden und alle anderen Lebensbereiche vernachlässigen. Pensionierung/Verrentung kann dann zu einer Lebenskrise führen.

Der Beginn der Quartärsozialisation ist eng an die Dauer und die Beendigung eines Normalarbeitsverhältnisses und dessen Terminierung im Lebenslauf gebunden. Es stellt sich aber heute die Frage, ob diese Sozialisationsphase nicht generell an das Ende der Berufsarbeit oder einer längeren Unterbrechung der Berufsarbeit, gleichgültig zu welchem Zeitpunkt dies im Lebenslauf geschieht, gebunden werden sollte. Ein Leben ohne Berufsarbeit oder der frühe Beginn einer solchen Phase im Lebenslauf würde zum einen die systematische Berücksichtigung sozialisatorischer Prozesse im Falle von Langzeitarbeitslosigkeit oder im Hinblick auf alternative Lebensstile ermöglichen. Damit würden Lebensprobleme, wie sinkende soziale Anerkennung, verminderte soziale Wirksamkeit, soziale Desintegration und Armut, unabhängig vom Lebensalter intensiver im Zusammenhang mit Sozialisationsvorgängen analysiert werden können.

Probleme in der Quartärsozialisation

Diese Einteilung in vier Phasen der Sozialisation veranschaulicht, dass sowohl ein verändertes Persönlichkeitspotenzial als auch verschiedene Arten sozialer Beziehungen und Bedingungen auftreten können.

Zusammenfassung

1. In modernen Sozialisationstheorien wird von lebenslanger Sozialisation ausgegangen.
2. Dennoch wird hinsichtlich der frühen oder Primärsozialisation eine besonders nachhaltige Wirkung für die Persönlichkeit angenommen.
3. In jeder der vier üblicherweise unterschiedenen Sozialisationsphasen treten spezifische Anpassungsprobleme auf, die durch einen unterschiedlichen Grad an sozialer Integration, sozialem Status und Gestaltbarkeit durch den individuellen Akteur gekennzeichnet sind.
4. In der Quartärsozialisation zeichnen sich wegen der verändernden Lebensbedingungen Differenzierungen in Abhängigkeit der Art und Weise des Lebenslaufs ab.

2.3 Die Auffassung von der Primärsozialisation als der grundlegenden Prägung des Menschen

Die besondere
Bedeutung der
Primärsozialisation

Worauf basiert die theoretische Vorstellung vom besonderen Gewicht der Primärsozialisation? Im Folgenden soll auf empirische Forschungen und theoretische Begründungen der Sonderstellung der Primärsozialisation eingegangen werden. Was ist daran soziologisch interessant? Die Beschäftigung mit der Primärsozialisation impliziert eine weitreichende soziale Konsequenz. Primärsozialisation findet – im Regelfall – ausschließlich in der Familie statt. Das Sozialisationsergebnis dieser Phase ist, wie bereits erwähnt die Herausbildung der Grundpersönlichkeit. Das bedeutet, dass andere soziale Einflüsse an der Konstituierung der Grundpersönlichkeit von untergeordneter Bedeutung sind. In der Primärsozialisation wird demnach entsprechend der familialen Ressourcen sowie der wertbezogenen und normativen Orientierungen eine ganz bestimmte Modifikation gesellschaftlicher Erwartungen und den Umgang damit vermittelt. Das geschieht sowohl als intendierter als auch als unintendierter Prozess. Im Rahmen der Annahme einer besonderen Bedeutung der Primärsozialisation für die Persönlichkeitsbildung entsteht die Konsequenz, dass die soziale Herkunft ein außerordentlich nachhaltiges und kaum beeinflussbares Gewicht erhält. Spätere Interventionen z. B. hinsichtlich der Herstellung von Chancengleichheit oder Chancengerechtigkeit durch staatliche Maßnahmen können demzufolge diese Sozialisationseffekte eher nur modifizieren. Im Zusammenhang mit Bourdieus Theorie werden wir darauf zurückkommen.

Primärsozialisation und Aggregatfolgen

Soziologisch von Interesse ist die Annahme der nachhaltigen Wirkung der Primärsozialisation vor allem aus einem Grund: wenn sich Aggregatfolgen einstellen, die mit den Konsequenzen eines bestimmten in der Primärsozialisation entstandenen Persönlichkeitstyps verbunden sind und dadurch Auswirkung auf das gesellschaftliche Geschehen nehmen. Daraus entsteht die Legitimation im Rahmen sozialwissenschaftlicher Forschung, sich mit dem Gewicht der Primärsozialisation zu beschäftigen.

Zunächst sollen jedoch einige Ausführungen zum Ursprung dieser theoretischen Annahme vorangestellt werden. Eine frühe, wenn nicht die erste theoretische Konstruktion, die darauf aufbaut, dass Ereignisse oder Konflikte im Verlauf der frühen Sozialisation eine Auswirkung auf die Ausbildung der Persönlichkeit haben, stammt von Freud. Zweifellos gehört diese Konstruktion zu den markanten Punkten der sozialisationstheoretischen Ideengeschichte. Ihr theoretischer Wert besteht darin, eine erste auf empirische Prüfbarkeit bezogene Annahme zu sein, die den Zusammenhang zwischen früher Sozialisation und der Ausbildung des Grundcharakters eines Menschen zum Gegenstand hat.[1] Freud bezeichnet diesen Effekt der Kindheitsbedingungen auf die Persönlichkeit auch als starr und zählebig. Eine explizite Antwort auf das Warum dieses langfristigen Effekts finden wir bei Freud allerdings nicht. Entscheidend für seine Auffassung ist die Überzeugung, dass sich alles menschliche Streben im Grunde auf sexuelles libidinöses Begehren zurückführen lässt. Die Gesamttheorie ist zu komplex, um sie detailgenau wiederzugeben. Hier soll es deshalb nur um den Zusammenhang von früher Entwicklungsphase und späterem Charakter einer Person gehen. In der Primär- und Sekundärsozialisation durchläuft der Mensch nach Freud aufeinander folgende Phasen (insgesamt fünf, von denen in der Tabelle 1 die beiden letzten Phasen „Latenz" und „Genital" nicht berücksichtigt sind). In diesen Phasen kommt es zu einer bestimmten Art des libidinösen Verlangens. Interessant sind hier die drei Phasen, die sich in der Primärsozialisation (bis ca. 5. Lebensjahr) ereignen. Die generelle Annahme ist nun, dass ein Konflikt in einer bestimmten Phase dazu führen kann, dass ein Kind in der Charakteristik dieser Phase lebenslang verharrt. Die Art und Weise der Konstitution des Charakters kann auf zweierlei Weise geschehen: entweder als Sublimierung des jeweilig libidinösen Verlangens oder als Reaktionsbildung.

Exkurs

Reaktionsbildung

Reaktion ist hier psychoanalytisch gemeint. In diesem Sinn ist Reaktionsbildung eine Methode, die den Abwehrmechanismen des Ich gegen die Grundängste zugerechnet wird. Bei der Reaktionsbildung wird der unerwünschte Impuls nicht nur einfach verdrängt, sondern die betreffende Person zeigt zusätzlich eine dem verdrängten Impuls entgegengesetzte Verhaltensweise. Z. B. wenn ein sich als aggressiv erlebender Mensch seinen Hass unterdrückt und vor Freundlichkeit überfließt (vgl. Schnell 1982, S. 72).

---

[1]   Diese Kategorisierung wird auch als psychoanalytische Charakterkunde bezeichnet.

Tabelle 1: Die drei ersten Phasen von Freuds Theorie zur Trieb- und Persönlichkeitsentwicklung (nach Zimbardo und Gerrig 2004, S. 616)

Phase	Alter (in Jahren)	Erogene Zone	Entwicklungs- aufgabe (Konfliktzone)	mögliche Charakteristika der späteren Persönlichkeit,
Oral	0-1	Mund, Lippen, Zunge	Entwöhnung	Passivität, Leichtgläubigkeit
Anal	2-3	Anus	Sauberkeitser- ziehung	Ordentlichkeit, Gründlichkeit, Sturheit – oder Reaktionsbil- dung
Phallisch	4-5	Genita- lien	Ödipuskom- plex	Eitelkeit, Rücksichtslosigkeit oder Reaktionsbildung

Wie kann man sich nun Aggregatereignisse überhaupt vorstellen, die durch die Annahme der nachhaltigen Wirkung der Primärsozialisation beeinflusst werden?

Primärsozialisa-
tion und die
Entstehung
autoritärer
Persönlichkeit

Ein klassisches Beispiel der Sozialforschung ist die Studie von Theodor Adorno (1903-1969) zur autoritären Persönlichkeit (Adorno et al. 1973). Die Forschungsfrage richtet sich auf ein Aggregatereignis: Welche unbewussten seelischen Mechanismen führten dazu, dass große Bevölkerungsteile in Deutschland für den Faschismus anfällig waren? Die Grundannahme besteht darin, dass Per-

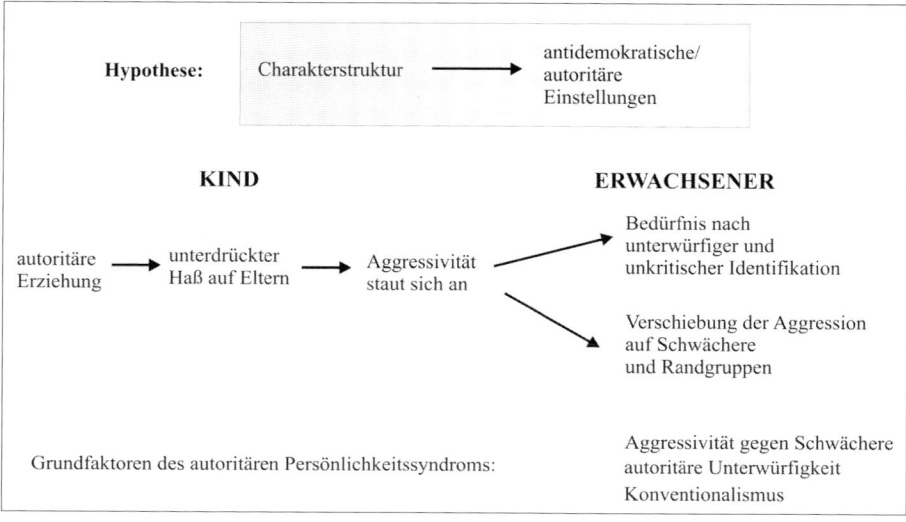

Abb. 3: Primärsozialisation und autoritäre Persönlichkeit

sonen mit einer Affinität zum Faschismus Gemeinsamkeiten in ihren Denkmustern aufweisen. Solche Denkmuster werden als im autoritären Charakter einer Persönlichkeit verwurzelt betrachtet. Die Primärsozialisation spielt dabei eine entscheidende Rolle.

Die Ausbildung einer autoritären Charakterstruktur geschieht demnach in früher Kindheit und ist durch den Erziehungsstil der Eltern bedingt. Der Erziehungsstil selbst ist den Eltern dabei nur partiell bewusst. Sie tun, was sie für richtig halten und vielleicht bereits von ihren Eltern her kennen. Also z. B., dass Ordnung, Sauberkeit und Disziplin Werte sind, die nicht in Zweifel gezogen werden dürfen, und dass der Vater die wichtigste Person im Leben der Kinder ist, dessen Urteil unanzweifelbar ist. Solch restriktive Erziehungsvorgaben entstehen nicht geplant, sondern ergeben sich aus dem Lebensprozess sowie einer bestimmten Klassen- oder Schichtkultur. In Adornos Studie wird versucht, einen Zu-sammenhang zwischen einem autoritären Erziehungsstil wäh-rend der Kindheit und der Entstehung eines bestimmten Charakters der Persönlichkeit nachzuweisen: das Bedürfnis nach Identifikation mit einem starken Führer und die Verschiebung von Aggression auf Randgruppen.

Ein zweites Beispiel aus der empirisch gestützten Forschung be-zieht sich auf die Annahme der Verstetigung einer vermeintlich spezifischen Mentalität der im Osten Deutschlands lebenden Men-schen. In diesem Zusammenhang wird versucht, Ereignisse auf dem Aggregatniveau, wie z. B. kriminelles Verhalten gegenüber Auslän-dern oder Gewalt in der Familie und im öffentlichen Raum (Hooli-gans, Neonazis) durch nachwirkende Sozialisationseffekte aus Zeiten der DDR zu erklären. Weil die Anzahl jener Personen, die in der DDR sozialisiert wurden im Laufe der Zeit sinkt, werden heute auch Auffassungen vertreten, denen zufolge eine mehrgenerative Über-tragung der typisch ostdeutschen Mentalität erfolgt. Das soll hier nicht kommentiert werden. Für eine Demonstration der theore-tischen Annahme der Nachhaltigkeit der Primärsozialisation und der primärsozialisatorischen Weitergabe ist das folgende Beispiel aber gut geeignet. Hopf gehört zu den Autoren, die bemüht sind, empirisch prüfbare Hypothesen zum Mechanismus solcher Aggre-gatereignisse auszuarbeiten. Auch wenn die Folgerungen für eine qualitative Studie zu weitreichend sind, wird die Annahme über den Grundzusammenhang zwischen Bedingungen des frühkindlichen Sozialisationsgeschehens und Folgen aus der so entstandenen Per-sönlichkeitsstruktur im Stadium der Heranwachsenden deutlich (Hopf, Silzer und Wernich 1999). Demnach sind es die Bedingungen und Bindungserlebnisse in der frühen Kindheit, durch welche eine

Primärsozialisati-on und die Entstehung regionaler Mentalität

Sozialer Kontext: Die hohe Berufstätigkeit der Mütter in der DDR erforderte, die Kinder bereits sehr früh in staatliche Erziehungsinstitutionen (Kinderkrippe) zu geben.

Hypothese: Jugendliche und junge Erwachsene, die in der DDR aufgewachsen sind, neigen im Vergleich zu den Jugendlichen und jungen Erwachsenen, die in der Bundesrepublik groß wurden, häufiger zu abwehrend-bagatellisierenden Bewältigungsstrategien.

Sozialisationsbedingungen ⟶ **Einstellung/ Mentalität** ⟶ **Verhalten**

Frühe Trennung von der Mutter — Ethnozentrismus — Bagatellisierung von NS-Verbrechen

Mangel an individueller Zuwendung — Geringeres individuelles Verantwortungsbewußtsein — (Dismissing - Deaktivierung bindungsbezogener Erfahrungen und von Gefühlen

Kritikunterdrückende Erziehung — Geringere Emotionalität

Kollektivistische Erziehung — Rechtsextreme Orientierungen — Gewalttätigkeit gegen Ausländer

Abb. 4: Soziale Bedingungen in der Primärsozialisation und rechtsextreme Einstellungen im Jugendalter

nachhaltige Persönlichkeitscharakteristik in Form von Verhaltenstendenzen bewirkt wird. Als entscheidend werden die Bindungserfahrungen angenommen. Störungen in den Bindungserfahrungen im frühen Kindesalter führen zu einer, wie dies von Hopf genannt wird, abwehrenden, bagatellisierenden Bewältigungsstrategie (Hopf, Silzer und Wernich 1999, S. 97 ff). Die Unterdrückung von Emotionalität kann der Hypothese zufolge zu gewalttätigen Verhaltensweisen führen.

Der Unterschied zur Studie Adornos besteht darin, dass auch Annahmen über die verursachenden Aggregatbedingungen, wie die hohe Berufstätigkeit der Frauen in der DDR und die Verbreitung von Kinderkrippen, getroffen werden. Eine soziologisch bedeutsame Anschlusshypothese wäre z. B.: Je mehr Frauen vollzeiterwerbstätig sind und je verbreiteter die Nutzung von Kinderkrippeneinrichtungen ist, desto verbreiteter ist das Auftreten von abwehrenden, bagatellisierenden Bewältigungsstrategien in der folgenden Jugendgeneration. Das Ergebnis wirkt verblüffend, wenn man es aus dem historischen DDR-Kontext herausnimmt und in einen, wie es für sozialwissenschaftliche Forschung üblich ist, tendenziell nomologischen Zusammenhang setzt, um eine Erklärung oder Prognose zu erstellen. Auch heute werden kontroverse Diskussionen in den skandinavischen Ländern, in Großbritannien ebenso wie in der Bundesrepublik zu den Folgen staatlicher Betreuung von Kleinkindern geführt.

Eine verallgemeinernde Aufarbeitung der empirischen Evidenz der nachhaltigen Wirkung der Primärsozialisation wird durch Zusammenfassung von Ergebnissen empirischer Bindungsforschungen von Hopf vorgenommen. Diese Forschungen münden in ein als inneres Arbeitsmodell bezeichnetes Konstrukt (vgl. Hopf 2005, 36 ff). Innere Arbeitsmodelle vermitteln demnach zwischen Interaktions- und Bindungserfahrungen einerseits und sozialer und emotionaler Bindung andererseits. Wir hatten die Auswirkungen solcher Erfahrungen auf das spätere Verhalten bereits im Zusammenhang mit der abwehrend bagatellisierenden Bewältigungsstrategie angetroffen. Im Kern ergibt sich Folgendes aus den empirischen Untersuchungen von Hopf:

* Im Verlauf ihres ersten Lebensjahres binden sich Kinder an die Personen, die für ihre Versorgung und Pflege primär zuständig sind. Diese Tendenz gilt als biologisch vorgegeben.
* Die Ausgestaltung dieser Bindung ist jedoch weitestgehend durch die konkreten sozialen Bedingungen beeinflusst.
* Die frühen Erfahrungen in den Bindungsbeziehungen zu den primären Personen wirken auf die weiteren Sozialisationsprozesse im Sinne der Sozialisierbarkeit, z. B. den Erwerb der Fähigkeit zur Perspektiven- und Rollenübernahme, der Fähigkeit zur Kommunikation der eigenen Wünsche, Gefühle und Sichtweisen. All diesen Fähigkeiten liegen spezifische Bindungserfahrungen zugrunde.
* Diese frühen Bindungserfahrungen können sich verstetigen, wenn keine gezielte Intervention eintritt: Therapie, alternative Bezugspersonen, entgegenwirkende soziale Kontexte in der weiteren Sozialisation (vgl. Hopf 2005, Kapitel 10).

Ergebnisse empirischer Bindungsforschung

Bisher haben wir theoretische Annahmen zum Auftreten der nachhaltigen Wirkung früher Sozialisationsereignisse auf die Prägung der Persönlichkeit kennen gelernt. Das ist aber noch keine Erklärung dessen, warum eine vielleicht lebenslange Wirkung eintreten kann. Mit anderen Worten, bisher wurde ein Entdeckungszusammenhang dargestellt und nun soll es um den Erklärungszusammenhang gehen. Ursprünglich wird von Cooley die *besondere Intimität* der Familie als Sozialisationsinstanz hervorgehoben, um die nachhaltige Wirkung dieser Sozialisationsphase zu begründen. An sich ist dies aber noch kein Argument für die angenommene auffällige Wirkungsdauer. Diese versuchen z. B. Berger und Luckmann theoretisch zu begründen. Sie stützen sich dabei begrifflich vor allem auf die Theorie der Identität von George H. Mead (1863-1931). Die Herausbildung der Grundpersönlichkeit in der Primärsozialisation ist demnach die Herausbildung

Berger und Luckmann – Die signifikanten Anderen als Identitätsstifter

einer ersten Identität (Mead 1995). Identität bezeichnet das Sich-Selbst-Gleichsein, die Gesamtheit des Sich-Selbst-Erlebens und die stabilen Reaktionen einer Person. Eine besondere Rolle bei der Herausbildung von Identität spielen die Interaktionen mit anderen Personen. Deshalb bezeichnet Cooley die Identität eines Menschen auch als Looking-Glass Self. Das ist die Grundidee, deren Prinzip sich über theoretische Modifikationen erhalten hat. Wir erkennen uns selbst als Folge der Interaktion und Kommunikation mit anderen Menschen und werden auf diese Weise zugleich auf eine bestimmte stabile soziale Qualität festgelegt, weil in diesen Interaktionen auch normative Erwartungen verinnerlicht werden. Dazu mehr im nächsten Abschnitt. Identität verleiht dem Menschen also Selbstsicherheit und die Grundüberzeugung eines richtigen Verhaltens. Bei Berger und Luckmann heißen die Interaktionspersonen, in Anlehnung an Mead, signifikante Andere. In der Primärsozialisation sind dies die Eltern. Sie beeinflussen die Herausbildung der ersten Identität im Leben eines Menschen. Also entsteht Identität durch die Identifikation mit einem signifikanten Anderen. Berger und Luckmann schreiben zur Besonderheit dieser Sozialisationsphase: Die Gesellschaft setzt dem Sozialisationskandidaten ein fertiges Ensemble von signifikanten Anderen vor, das er ohne die Möglichkeit, sich für ein anderes entscheiden zu können, hinnehmen muss (Berger und Luckmann 1991, S. 145). Sie führen weiter aus: Deshalb ist die Identifikation des Kindes mit diesen signifikanten Anderen *quasi-automatisch* und aus demselben Grund *quasi-unvermeidlich*. Da diese Welt eindeutig gegeben ist, fehlen jegliche Alternativen zu den signifikanten Anderen der Primärgruppe. Aus dieser Selbstverständlichkeit des Gegebenen folgt, dass sich die Welt, welche in der primären Sozialisation internalisiert wird, so viel fester im Bewusstsein verschanzt, als Welten, die auf dem Weg sekundärer Sozialisation internalisiert werden (ebenda). Es ist also die Alternativlosigkeit und die Konsistenz der ersten Identifikationsobjekte in Gestalt des Handelns der Eltern und engen Familienangehörigen, welche die nachhaltige Festigkeit der Grundpersönlichkeit verursacht. Zugleich tritt in dieser Sozialisationsphase eine sich im späteren Leben nie wieder erlangbare Gewissheit und Klarheit des zweifelsfrei Richtigen auf.

Unter Zuhilfenahme des Konstrukts Identität ist diese Argumentation konsistent. Gerade die Abgeschlossenheit in der Primärsozialisation sowie die Angewiesenheit auf die Interaktionspartner ergeben zusammen eine im Lebenslauf einzigartige Konstellation, welche zu einem in der Regel widerspruchsfreien

Bild von der sozialen Welt führt. Dies folgt aus der Asymmetrie der Lebenserfahrung zwischen Kleinkind und Erwachsenen. Eine solch geschlossene Identität führt folgerichtig zu einem hohen Niveau an Gewissheit. Berger und Luckmann sehen im Streben des Menschen nach Gewissheit überhaupt ein Grundmotiv des Daseins, das daraus folgt, dass der Mensch anthropologisch als ein verunsichertes Wesen (vgl. Gehlen) anzusehen ist.

Eine weitere Argumentation, welche die Annahme zur Primär-sozialisation stützen kann, versichert sich einer ganz anderen theoretischen Basis. In ihr wird auf die Entstehung von Kosten Bezug genommen. Zum einen gibt es aus der Psychologie und Sozialpsychologie empirische Hinweise auf auffällige Gedächt-niseffekte. So zeigt sich mit Regelmäßigkeit, dass beim Wieder-geben von Wortlisten aus dem Gedächtnis Positionseffekte auf-treten. Wonach sowohl die Worte, die zuerst, als auch jene, die zuletzt gelernt wurden, besonders präsent sind. Je nach Position werden diese Effekte für die ersten und die letzten Eindrücke Primacy- bzw. Recency-Effekt genannt (Zimbardo und Gerrig 2004, S. 312 ff, Bierhoff S. 218 f). Im übertragenen Sinn könnte man annehmen, dass es eine Analogie dieses empirisch gefunde-nen Fakts hinsichtlich sozialer Eindrücke und Erinnerungen gibt, die in der frühen Kindheit gewonnen wurden. Dies ist allerdings noch keine Erklärung, sondern erst einmal nur eine Analogie.

Primärsozialisati-on als Primacy-Effekt?

Wie kann man die Übertragung des Auftretens eines Primacy-Effekts theoretisch begründen? Dafür kann man die Dissonanz-theorie Leon Festingers (1919-1989) in Anspruch nehmen. Die Grundannahme besteht darin, dass der Mensch bestrebt ist, ko-gnitive Dissonanz zu vermeiden bzw. zu reduzieren. Dissonanzen, also Widersprüche zwischen Einstellungen und zwischen Einstel-lungen und Verhalten, verursachen Kosten. Anders ausgedrückt, sie rufen ein unangenehmes Gefühl hervor, so dass Menschen bestrebt sind, diese Widersprüche zu beseitigen. Diese Beunruhi-gung löst sowohl bewusste als auch unbewusste Prozesse der Dissonanzbewältigung aus. (Festinger 1957, Rezeptionen: Fischer und Wiswede, Frey und Irle 1993, Zimbardo und Gerrig 2004). Mit dieser Annahme kann man erklären, warum meist spätere Wahrnehmungen den vorangegangenen akzeptierten Wahrneh-mungen angepasst oder gänzlich gemieden werden (Bierhoff 2000, S. 218 f). Insbesondere die letzte Auffassung kommt jener Annahme nahe, derzufolge in den Sozialisationstheorien das be-sondere Gewicht der Primärsozialisation betont wird. Dennoch ist diese Erklärung letztlich ebenfalls ergänzungsbedürftig. Ein Kriterium dafür, warum frühe Informationen mehr Gewicht oder

Bedeutsamkeit der Primärsozialisati-on durch kognitive Dissonanzbewälti-gung?

Einfluss aufweisen als spätere, kann unterstützend auch mit einem Kosten-Nutzen-Argument erklärt werden. Demnach wird das Gewicht einer Information, oder hier besser einer Einstellung, (Wertorientierung, Überzeugung) mit den Kosten erklärt, welche aus einer Änderung einer Einstellung folgen würden. Wenn man die Werte- und normativen Überzeugungen eines Menschen als ein System auffasst, in welchem die verschiedenen Dispositionen miteinander durch das Bemühen um Konsistenz verbunden sind, dann wird deutlich, dass die Änderungskosten in dem Umfang steigen, in dem die Bedeutsamkeit einer Disposition, die geändert werden soll, zunimmt. Je umfangreicher die Änderungen sind, um vorhandene Dispositionen in einem neuen konsistenten Zustand anzupassen, desto wahrscheinlicher ist es, dass die ursprünglichen Einstellungen beibehalten und neue Wahrnehmungen diesen Einstellungen angepasst werden.

Bedeutsamkeit der Primärsozialisation durch Kosten-Nutzen-Abwägung

Solche Vorgänge sind jedoch nur bedingt als bewusster Vorgang aufzufassen. Menschen haben meist keinen direkten Zugriff auf ihre Einstellungen. Wenn Einstellungen willkürlich veränderbar wären, nach welchem Prinzip sollte dies erfolgen? Denkbar ist also, dass die Kostenabwägungen vorrangig affektiv ablaufen. Das würde bedeuten, dass durch die Änderung von Einstellungen negative Affekte mobilisiert werden. Je bedrohter eine grundlegende Einstellung wahrgenommen wird, desto stärker sind unangenehme Affekte zu erwarten. Unangenehme Affekte kann man als Kosten ansehen. Die Kostenargumentation ist in der Sozialisationsforschung allerdings nicht sehr beliebt. Dennoch lässt sich beobachten, dass in sozialpsychologischen Theorien der Einstellungsbildung und -veränderung, und dies gehört zum Kerngegenstand der Sozialisationsforschung, heute selbstverständlicherweise mit Kosten-Nutzen basierter Rationalität argumentiert wird. Das liegt vor allem daran, dass damit ein klares theoretisches Muster gegeben ist, mit dem zahlreiche empirische Fakten erklärbar sind (Mühler und Opp 2006, S. 169 ff).

Zusammenfassung

1. Die Annahme von der besonderen Nachhaltigkeit primärsozialisatorischer Effekte ist sozialwissenschaftlich bedeutsam, wenn dadurch das Auftreten aggregierter Ereignisse beeinflusst wird.
2. Die Nachhaltigkeit primärsozialisatorischer Wirkungen kann mit der Geschlossenheit und dem hohen Grad an Gewissheit erklärt werden, welche die erste Identität im Leben eines Menschen vermittelt. Diese Gewissheit entsteht durch Identifikation mit einer erwachsenen vertrauten Person.

3. Eine weitere Möglichkeit der Erklärung ergibt sich aus dem Auftreten von emotionalen Kosten. Diese Kosten entstehen, wenn eine Wahrnehmung unverträglich mit einer bestehenden Einstellung ist und deshalb eine Revision der bestehenden Einstellung erfordert. In Abhängigkeit von der Dauer und Wichtigkeit der bestehenden Einstellung erhöhen oder vermindern sich die Kosten ihrer Änderung. Je höher also die Kosten werden, desto unwahrscheinlicher ist eine Einstellungsänderung.

Literatur

Berger, Peter L., Thomas Luckmann, *Die gesellschaftliche Konstruktion der Wirklichkeit. Eine Theorie der Wissenssoziologie,* (Kapitel 3) Frankfurt a. M., 1994.

Geulen, Dieter und Hermann Veith (Hrsg.), *Sozialisationstheorie interdisziplinär: aktuelle Perspektiven,* Stuttgart, 2004.

Hopf, Christel, *Frühe Bindungen und Sozialisation,* Weinheim, München, 2005.

Hurrelmann, Klaus und Dieter Ulich (Hrsg.), *Handbuch der Sozialisationsforschung,* Weinheim, Basel, 1998.

3. Sozialisationsmechanismen

3.1 Definitionen des Begriffs Internalisierung

Die Bedeutung von Internalisierung für Sozialisationsmechanismen

Der Begriff der Internalisierung ist von wesentlicher Bedeutung für die Begründung von Sozialisationsmechanismen. Dabei geht es um einen Prozess, in dem sich, ganz allgemein ausgedrückt, externe Erwartungen zu internen nicht bezweifelten Überzeugungen umformen. Auf der Grundlage von Internalisierungen orientiert sich das individuelle Verhalten an ursprünglich externen Erwartungen. Dieser Vorgang trägt dazu bei, dass soziale Ordnung durch die individuellen Akteure bestätigt und erhalten werden kann.

Im 1. Kapitel wurde erläutert, dass Werte, Einstellungen sowie normative Überzeugungen im Rahmen von Sozialisationstheorien als verhaltensrelevant angesehen werden. Zur Erinnerung: In der alternativen theoretischen Auffassung vom homo oeconomicus werden solche latenten Konstrukte abgelehnt, weil sie nicht direkt beobachtbar sind. In jener Auffassung wird Verhalten aus den beobachtbaren Restriktionen (und verfügbaren Ressourcen) abgeleitet. Sozialisationstheorien vereint demnach die Annahme, dass über die Beeinflussung individueller Dispositionen auch nachhaltig auf das individuelle Verhalten Einfluss genommen wird. Zuerst werden einige Definitionen vorgestellt.

Eine erste Definition, die wir uns ansehen wollen, stammt von Klima:

Erklärung

Verinnerlichung bezeichnet die Eingliederung sozio-kultureller Muster (Werte, Normen) in die Persönlichkeitsstruktur. Das Kind lernt, die sozio-kulturellen Standards kognitiv, affektiv und motivational zu akzeptieren und zu bejahen. Verinnerlichung bedeutet bewirkt den Aufbau innerer Kontrollen des Verhaltens, wodurch sich äußere soziale Kontrolle weitgehend erübrigt (Klima 1978 Stichwort Verinnerlichung).

In dieser umfassenden Definition sind im Grunde alle für Internalisierung bedeutsamen Elemente idealtypisch vertreten: Es geht um Werte und Normen, deren habitualisierte Akzeptanz und schließlich um ihre Wirkung als interne Kontrolle. Wir sehen hier auch ein klares Plädoyer für die besondere Wirkung der Primärsozialisation. Darüber hinaus erfahren wir, dass Werte und Normen auf verschiedenen Wegen in die Persönlichkeitsstruktur eingehen können. Sie werden kognitiv gelernt, das ist der Wissensbezug. Das Individuum lernt Werte und Normen affektiv zu akzeptieren, was bedeutet, dass bei deren Erfüllung sich positive Affekte einstellen. Schließlich ist noch davon die Rede, dass sich akzeptierte Werte und Normen mit der erforderlichen Antriebsenergie zum entsprechenden Verhalten verbinden. Der entscheidende Punkt besteht darin, dass eine interne Kontrolle aufgebaut wird, die den Erwartungen der sozialen Ordnung entspricht, in welcher das sozialisierte Individuum lebt. Das ist eine idealtypische Vorstellung. Begriffe erfüllen so gesehen auch die Aufgabe, ein Objekt oder einen Prozess theoretisch so zu konstruieren, dass er befreit von aller empirischen Zufälligkeit und Mehrdeutigkeit ist (Weber 1990, S. 10). Das ist deshalb wichtig anzumerken, denn einen solchen Idealtypus kann man empirisch nicht antreffen.

Dass etwas in die Persönlichkeitsstruktur eingeht verweist darauf, dass die Werte und Normen Teil der Identität des Sozialisierten werden. Entscheidend dabei ist, dass die internalisierten Werte und Normen von der Person nicht mehr als etwas Fremdes wahrgenommen werden. Diese Annahme ist in der von Freud entworfenen Persönlichkeitstheorie enthalten. Derzufolge besteht die Struktur der Persönlichkeit aus den unbewussten Teilen Es, Über-Ich und Ich. Letzteres setzt sich aus einer unbewussten, vorbewussten und bewussten Region zusammen. Auch das Über-Ich, welches aus internalisierten Normen und Werten besteht, ist ein unbewusster Bereich der Persönlichkeit. Es entzieht sich also dem kontrollierten Zugriff des Ich. Mit der Konstruktion des Über-Ichs wird angenommen, dass internalisierte Werte und Normen einen steuernden Einfluss auf das individuelle Verhalten erhalten. Damit besteht eine Polarität zwischen dem Über-Ich, das aus Normen und Werten einer Kultur besteht, und dem Es, dem angeborenen Triebverlangen. Während das Über-Ich den Akteur dazu veranlassen „will", sein Verhalten an den Erwartungen der sozialen Ordnung zu orientieren, verlangt das Es nach unbedingter Triebbefriedigung.[1] Das Es ist Freud zufolge nach dem

Die idealtypischen Elemente der Internalisierung

Das Persönlichkeitskonstrukt nach Freud

---

[1] Das Verlangen des Es kann auch als Unlustvermeidung formuliert werden. Kulturelle Forderungen bestehen meist aus Unlust hervorbringenden Tätigkeiten.

Lustprinzip organisiert. Dieses Prinzip steht im Gegensatz zum Realitätsprinzip, dem das Ich und (kulturell) das Über-Ich folgen. In dieser Konfliktkonstellation ist das Ich (die persönliche Sicht auf die soziale Realität) der Vermittler. Das Ich muss demzufolge Kompromisse zwischen den Forderungen der Kultur und der Natur in der Person schließen. Die Stärke des zu bewältigenden Spannungsverhältnisses hängt von der Intensität der im Über-Ich internalisierten Werte und Normen ab. Erfolgreiche Internalisierung basiert auf dem Prozess der Habitualisierung. Im Rahmen der Habitualisierung werden externe Verhaltenserwartungen durch die Regelmäßigkeit der Ausführung allmählich zu nicht mehr bewusst kontrollierbaren internen Erwartungen. Durch Habitualisierung wird das Über-Ich zu einem eigenständigen Gegenspieler des Es. Zugleich wirkt es auf das Ich, sich stärker an den kulturellen Erwartungen zu orientieren.

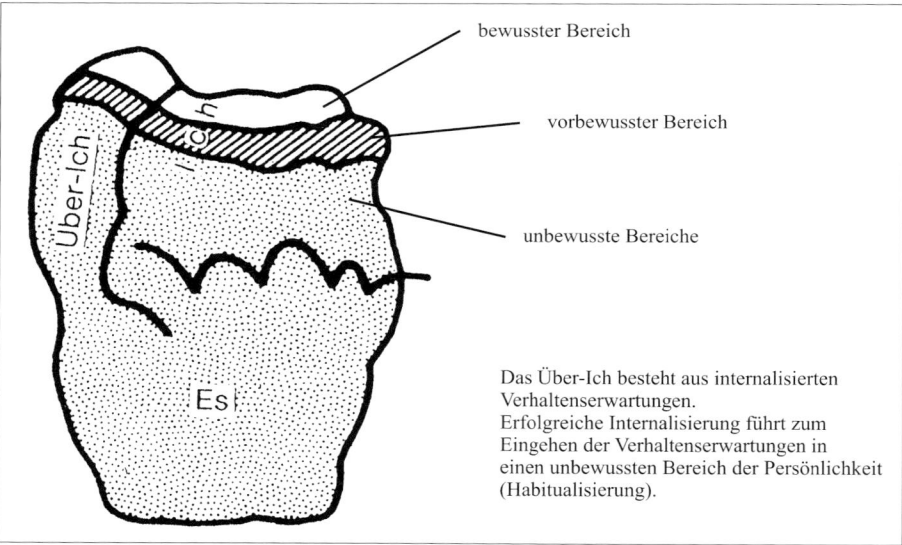

Abb. 5: Freuds Persönlichkeitsstruktur nach Schnell (1982, S. 57)

Aus den Internalisierungen generiert das Über-Ich eigenständige Forderungen an das Ich. Diese Forderungen des Über-Ichs, die aus den internalisierten Werten und Normen hervorgehen, sind der bewussten Modifizierbarkeit durch das Ich völlig entzogen. Das ist auch deshalb bedeutsam, weil die internalisierten Werte und Normen, in dem Maß, in dem sie im Handeln des Akteurs wirksam werden, zur Stabilität sozialer Ordnung beitragen. Das Ich ist dazu nicht hinreichend in der Lage, weil es sich an den Belangen der Person und nicht an jenen der sozialen Ordnung orientiert. Die Abbildung 5 verdeutlicht die unbewussten Bereiche der Persönlichkeit in ihrem Verhältnis zum Ich. Daraus geht hervor, dass sich das Ich nicht im Prozess der Sozialisation in den internalisierten gesellschaftlichen Erwartungen auflöst, sondern eigenständig bleibt. Daraus lassen sich theoretische Argumente für die Begründung einer partiellen Autonomie im Handlungsentwurf des Menschen entwickeln.[2] (Schnell 1982, S. 57)

Eine geringfügige Varianz zur ersten Definition findet man bei Hillmann und Herzog:

Erklärung

Internalisierung bezeichnet die Verinnerlichung soziokultureller Elemente (Werte, Normen, Rollenerwartungen, Verhaltensmuster, Sanktionen) der jeweiligen Umwelt durch den Sozialisanden. ... Im Zuge der Internalisierung werden äußere soziokulturelle Elemente vom Individuum so tiefgreifend gelernt, dass sie in die sich entfaltende Persönlichkeitsstruktur, insbesondere in die Motivationsstruktur und emotionalen Kapazitäten integriert werden (Hillmann 1994, Stichwort Internalisierung).

Auch hier begegnet uns der Verweis auf die Internalisierung standardisierter, legitimer und verhaltensbezogener Muster. Ferner wird indirekt die Nachhaltigkeit dieses Prozesses während der Primärsozialisation unterstrichen. Dem dient der Hinweis, demzufolge sich das Individuum in der Phase der sich entfaltenden, aufbauenden Persönlichkeitsstruktur befindet. Schließlich wird in dieser Definition auf die Bedeutsamkeit von Emotionen im Prozess der Internalisierung hingewiesen.

Erklärung

Eine dritte Definition zur Internalisierung:
Internalisierung bezeichnet den Prozess, in dessen Verlauf eine Person Einstellungen, Werte, Motive, Normen und Erwartungen anderer Personen (Eltern, Lehrer, Freunde etc.) bzw. über diese vermittelt gesellschaftliche Verhaltensmuster übernimmt, die dann Bestandteil der eigenen Persönlichkeit werden. Das Handeln richtet sich nicht an den für Abweichungen angedrohten Sanktionen aus, sondern es ist konform durch Überzeugung (Reinhold, Lamnek und Recker 2000, Stichwort Internalisierung).

---

[2]   Vgl. 2. Kapitel zum Problem der Autonomie der Persönlichkeit als Grundfrage der Sozialisationstheorie.

Zwei Aspekte sind hier bedeutsam. Erstens wird neben dem Auftreten des Abstraktums Gesellschaft die Aufmerksamkeit auf konkrete Interaktionspersonen gelenkt. Das ist deshalb wichtig, weil diese Personen gesellschaftliche Erwartungen nicht einfach nur weiterleiten, d.h., Agenten der Gesellschaft sind, sondern durch sie Modifikationen dieser Erwartungen zustande kommen. Diese Modifikationen stehen mit den Handlungsfreiräumen der Akteure in Beziehung. Zweitens wird darin zur Charakterisierung des Internalisierungsprozesses auf den Kontrast zum homo oeconomicus hingewiesen. Der homo oeconomicus ist im Grunde gegenüber den geltenden Normen konform, wenn es ihm nützt bzw. die Kosten einer Übertretung zu hoch sind. Kosten treten vor allem durch externe Sanktionen auf. Das ist der zentrale Unterschied zum sozialisierten Menschen. Bei ihm, so die theoretische Annahme, führt Nonkonformität gegenüber geltenden (internalisierten) Normen zu internen Sanktionen (schlechtes Gewissen, negative Emotionen).

Der Grundauffassung zur Sozialisation folgend, beginnt Internalisierung mit der Geburt. Mit der ersten Interaktion wirkt bereits die herrschende Kultur auf das Kind ein. Damit ist der Mensch faktisch nicht von seinen Internalisierungen trennbar.

Zusammenfassung

Fassen wir die Elemente der Internalisierung kurz zusammen:
1. Kulturell akzeptierte Werte und Verhaltensmuster
2. werden kognitiv und affektiv in die Persönlichkeitsstruktur integriert;
3. sie entziehen sich im Regelfall der bewussten Reflexion,
4. weshalb sie die bewussten Zielsetzungen kontrollieren oder in Konflikt zu ihnen treten können.
5. Damit können die internalisierten Werte und Normen das Verhalten des Menschen (mit)bestimmen.

3.2 Definitionen des Begriffs Interaktion

Unterscheidung zwischen bewussten und unbewussten Effekten von Interaktion

In den Definitionen zur Internalisierung wurde auf die besondere Bedeutung von Interaktionen hingewiesen. Daneben gibt es noch andere Quellen für Internalisierungen, wie Milieueffekte (städtisches Leben im Unterschied zu ländlichem Leben oder schichtbezogene Milieus) oder die Rezeption von Medien. Dennoch ist personale Interaktion eine entscheidende Bedingung für

Internalisierungsprozesse. Die Grundannahme besteht darin, dass Menschen, wenn sie miteinander interagieren, sich wechselseitig sowohl bewusst als auch unbewusst beeinflussen. Damit transportieren sie in ihren Beziehungen zueinander Erwartungen, in denen sozio-kulturelle Muster enthalten sind. Ganz zentral ist der Begriff der Interaktion für die Identitätsbildung. Im Zusammenhang mit der Erläuterung zur Primärsozialisation war von Cooleys Definition als Spiegelbild-Selbst die Rede. Demnach entsteht Identität durch Interaktion, indem man sich durch die Reaktionen der anderen sieht bzw. verstehen lernt. In den meisten Definitionen wird dieser Vorgang des wechselseitigen Orientierens in einer Interaktion als bewusster Vorgang bezeichnet. Ganz sicher wird Interaktion durch bewusste Orientierungen geleitet. Aber ebenso ergeben sich Interaktionen aus formal vorgegebenen Strukturen (z. B. Arbeit), die man sich nicht ohne weiteres aussuchen kann. Auch hier laufen Prozesse von Sympathie und Antipathie ab, die nur begrenzt beeinflusst werden können.

Es sollte also unterschieden werden zwischen der bewussten Orientierung an Interaktionspartnern und den bewussten und unbewussten Effekten von Interaktionen.

Erklärung

Hillmann definiert Interaktion wie folgt:
Interaktion liegt vor, wenn ein Handelnder (Individuum, Gruppe, Organisation) sich nicht nur am zufälligen oder gerade erkennbaren Verhalten eines anderen Handlungspartners, sondern auch und in erster Linie an dessen Erwartungen, positiven und negativen Einstellungen sowie Einschätzungen und Bewertungen der gemeinsamen Situation orientiert (Hillmann 1994, Stichwort Interaktion).

Hier findet man exemplarisch die bewusste Orientierung an Interaktionspartnern, welche eine gewisse intime Kenntnis (Erwartungen, Einstellungen, Bewertungen) der Interaktionspartner voraussetzt. Interaktion hat demnach bereits in der Vergangenheit geschehene Interaktion zur Voraussetzung, aus der jene Kenntnisse hervorgehen. Eine theoretische Begründung dieses Postulats ist nicht zu erkennen.

Die Handlungssubjekte, zu denen bei Hillmann auch Organisationen zählen, sind allerdings im Rahmen von Sozialisationsannahmen nicht von Interesse. Gleichwohl können natürliche

Stabile Interaktionen führen zu nachhaltigen Effekten auf die Identität

Akteure mit ihnen in Interaktion treten, nur entstehen bei korporativen Akteuren, wie sie Coleman nennt[3], dabei keine Sozialisationseffekte. Nicht zuletzt deshalb, weil korporative Akteure keine Einstellungen aufweisen, sondern einen definierten Zweck verfolgen.[4]

Personale Interaktionen, trifft man dagegen in Ehe und Familie, Arbeitsgruppen und Freizeitgruppen an. Gerade langjährige Partnerschaften bringen zahlreiche Annäherungen zwischen den Partnern hervor, die oftmals nur von Dritten wahrgenommen werden können. Aus dauerhaften, stabilen Interaktionen gehen nachhaltige Effekte auf die Identität der beteiligten Akteure hervor.

In Interaktionen treten intendierte und unintendierte Effekte auf

Von der bewussten Absicht, sich am Interaktionspartner zu orientieren und auf ihn einzuwirken, sind jedoch klar die eintretenden Wirkungen zu unterscheiden. Es entstehen sowohl intendierte als auch unintendierte Wirkungen. Eine soziologische Herangehensweise an Interaktion sollte von zielstrebigen und eigeninteressierten Akteuren ausgehen, um unintendierte und auch unerwünschte Effekte, die beim Aufeinandertreffen der Folgen ihres Handelns entstehen können, herauszufinden.

Ein in sozialisationstheoretischen Darstellungen eher nur am Rande beachteter Klassiker, der zum Begriff und dem Prozess der Interaktion einen beachtenswerten Beitrag geleistet hat, ist George Homans. Er behandelt Interaktion als einen aus intendierten und unintendierten Effekten bestehenden und empirisch prüfbaren Prozess.

Homans untersucht in seinem Werk „Theorie der sozialen Gruppe" (1970) gruppendynamische Prozesse anhand von Sekundärdaten aus verschiedenen empirischen Studien. Die Untersuchungen, die er zur Sekundäranalyse verwendete, stammen aus den 1930er und 1940er Jahren. Man kann sie zum Teil als Meilensteine in der empirischen Sozialforschung bezeichnen: Die Hawthorne-Studie, die Norton-Street-Gang (Whyte), die Tikopia-Familie (Stamm einer Südseeinsel), die Hilltown-Studie (Kleinstadt in Neuengland) und eine Studie, die in einer Elektrogerätefirma durchgeführt wurde.

Homans Annahme des Zusammenhangs von Aktivität, Interaktion und Gefühl

Homans formuliert drei Elemente des Verhaltens von Gruppenmitgliedern: *Aktivität, Interaktion und Gefühl* (Homans 1970, S. 109). Dabei stößt Homans auf eine Reihe von Alltagserfah-

---

3   Vgl. Abschnitt 2.6.
4   Zum sozialen Handeln von Aggregaten und den Erklärungsproblemen siehe Coleman (1986).

rungen, welche belegen, dass sich Menschen durch häufige Interaktionen einander in ihren Dispositionen, Werten und Gefühlen ähnlicher werden. Zunächst bildet er paarweise Hypothesen zwischen diesen Verhaltenselementen. Darin werden auch Wechselwirkungen zwischen den Verhaltenselementen berücksichtigt. Er stellt u.a. fest: Die Beziehung zwischen Umgang und Freundschaftlichkeit ist eine jener alltäglich beobachteten Tatsachen, von denen wir uns in praktischen Angelegenheiten ständig leiten lassen, die aber in der Soziologie nur selten eine explizite Hypothese abgeben (Homans 1970, S. 125). So lernen Menschen andere Menschen schätzen, mit denen sie häufig in Interaktion stehen und umgekehrt, sind sie bereit mit Menschen in eine Interaktion zu treten, die sie bereits mögen. Mit den von ihm gebildeten Hypothesen des Zusammenhangs der drei Verhaltenselemente versucht Homans die besondere Bedeutung von Interaktion für gruppendynamische und damit auch persönlichkeitsverändernde Prozesse zu erfassen. Aus der besonderen Bedeutung der Interaktion leitet er auch seine Definition der sozialen Kleingruppe als face-to-face-Gruppe ab. Damit positionierte er sich in dem Streit, bis zu wie vielen Mitgliedern man von einer Kleingruppe sprechen kann. Seine Antwort lautet, bis zu so vielen Mitgliedern, wie tatsächlich direkter Kontakt zwischen ihnen stattfinden kann.

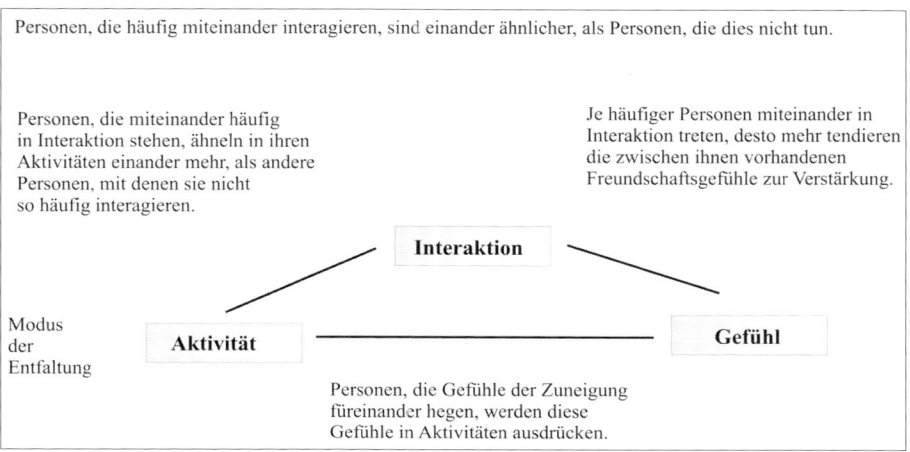

Abb. 6: Zusammenhang zwischen Interaktion, Gefühl und Aktivität bei Homans

Von diesem Kontakt geht die bewusste und spontane Entstehung von Gruppenstrukturen (Hierarchie und Kooperation) und Gruppenkultur (Wir-Bewusstsein) einerseits und die Orientierung der Gruppenmitglieder daran andererseits aus. Auch wenn damit noch nicht die Frage beantwortet wird worin der Mechanismus dieser beschriebenen Vorgänge besteht, werden doch in prägnanter Form Grundzusammenhänge zwischen einer Person und der kleinsten sozialen Aggregatform, der Gruppe deutlich. Diese Zusammenhänge sind in Abbildung 6 dargestellt.

Forschungen dieser Art sind bis heute wiederholt im Zusammenhang sozialpsychologischer Untersuchungen hinreichend bestätigt, wonach z. B. enge Freundschaften aufgrund lang andauernder Nähe zwischen den interagierenden Personen entstehen (Aronson, Wilson und Akert 2006, S. 359 ff).

Zusammenfassung

Folgendes lässt sich zum Begriff Interaktion zusammenfassen:

1. Als Interaktionspartner sollten ausschließlich Personen angesehen werden,
2. die absichtsvoll (formell oder informell) in Beziehung zueinander stehen,
3. was einschließt, dass sie ihr Tun an vermeintlichen Einstellungen, Erwartungen, wertbezogenen Dispositionen des oder der anderen orientieren und
4. in dessen Folge sich sowohl intendierte als auch unintendierte Effekte in den eigenen als auch jenen Dispositionen des Interaktionspartners einstellen.
5. Dies stellt zugleich die sozialisatorische Wirkung von Interaktion dar.

3.3 Bausteine für Sozialisationsmechanismen

3.3.1 Grundlagen

Antworten auf die Frage, worin im elementaren Sinn das menschliche Aktivitätspotenzial besteht, sind für die soziologische Sozialisationsannahme von entscheidender Bedeutung. Folgendes zeigte sich im 1. Kapitel: Wenn der Mensch nicht nur als Marionette sozialer Ordnung und ihrer Strukturen gelten soll, dann muss man theoretisch begründen und empirisch prüfen können, unter welchen Bedingungen, welche Wirkungen vom sozialen Handeln der Akteure auf die soziale Ordnung ausgehen können. Sozialisationsannahmen können diese Begründung verhindern, indem die Akteure nur Objekte sind, in die soziale Erwartungen eingegossen werden, so dass sie über keinerlei Autonomie mehr verfügen. Oder Sozialisationsannahmen können diese Begründung unterstützen, wenn mit ihnen Argumente verträglich sind, welche eine eigenständige Bedeutung des Handelns der Akteure zum Inhalt haben. Die Ausführungen zum Aktivitätspotenzial des Menschen folgen der Absicht Grundlagen darzustellen, die als implizite Annahmen in allgemeinen soziologischen Theorien Verwendung finden. Diese Theorien werden im 4. Kapitel dargestellt.

Zunächst einige Ausführungen zu dieser Problemkonstellation. Soziologen können der Versuchung unterliegen, die Determinationsmacht der Strukturen zu überschätzen. In diesem Fall würden die Akteure vollständig in ihrem Handeln durch die Strukturen determiniert. Sozialisationsannahmen können dabei eine exponierte Rolle spielen, indem mit ihnen die soziale Fixierung der Akteure begründet wird. Bei dieser Überdehnung der Sozialisationsannahme sind die Absichten der Akteure kongruent mit den gesellschaftlichen Erwartungen. Dieser völlige Verlust von Autonomie auf der Akteursebene führt dazu, dass sozialer Wandel aus den Struktur- und Funktionsgesetzen der Aggregatebene heraus erklärt werden muss. Das Handeln der Akteure ist in diesem Fall vom gesellschaftlichen Wandel abgekoppelt. Die theoretische Figur einer Makro-Mikro-Makro-Erklärung ist damit nicht vereinbar.

Der individuelle Akteur als Objekt struktureller Macht

Es werden aber auch Theorien vertreten, in denen Akteure formuliert sind, die ein hohes Maß an Selbstbestimmung, Selbstverwirklichung und Kreativität aufweisen. Diese Akteure sind vernünftig und Sozialisation verhilft ihnen zu neuen Einsichten und zur Möglichkeit, sich immer weiter zu entfalten. In diesem Fall betreiben die Akteure bewusst ihre Sozialisation, weil sie so vernünftig sind und sich kreativ für eine soziale Ordnung einsetzen wollen. Während im ersten Fall soziale Ordnung als übermächtige Restriktion auf den Akteur wirkt und seine Autonomie beseitigt, begegnet uns im zweiten Fall ein nahezu restriktionsfreier Akteur, dessen Autonomie überschätzt wird. Natürlich wäre das eine schöne neue Welt, in der unser Handeln durch vernünftige Absichten bestimmt wäre und unsere Mitmenschen nur unser Bestes wollen, wie auch umgekehrt. Zwischen diesen beiden theoretischen Standpunkten sollte also eine soziologisch akzeptable Lösung liegen.

Der individuelle Akteur als vernünftiger Gestalter sozialer Ordnung

Die theoretische Bestimmung des Umfangs an Selbstbestimmung und der Nachweis des individuellen Aktivitätspotenzials auf dem sie basiert, ist nicht Gegenstand soziologischer Forschung. Soziologische Theorien stützen sich auf Ergebnisse vor allem der Psychologie und der Neurowissenschaften.

Im ersten Schritt werden nun Basislösungen vorgestellt, die komplexen Anpassungsleistungen des Menschen an die sehr verschiedenen (physischen, sozialen, rechtlichen) Konstellationen von Umweltbedingungen zugrunde liegen. Solche Basislösungen stellen eine Art *Bausteine für Sozialisationsmechanismen* (im Folgenden auch kurz als *Bausteine* bezeichnet) dar, die weitestgehend unbewusst wirken. Sie sind unmittelbar mit der körperlichen und psychischen Organisation des Menschen verbunden.

Im zweiten Schritt werden diese Bausteine in *Sozialisationsmechanismen* eingesetzt, um zu zeigen, inwiefern das Wirken dieser Bausteine Bedeutung für die soziologische Perspektive der Sozialisation aufweist. In Abbildung 7 ist diese Vorgehensweise in Zusammenhang mit dem Makro-Mikro-Makro-Link dargestellt. Sozialisationsmechanismen und deren Bausteine, auf die hier Bezug genommen wird, werden in Wissenschaftsdisziplinen erforscht, deren analytisches Primat auf der Akteursebene liegt. Sie dringen tief in die innere Organisation des Menschen und seines Verhaltens ein. In soziologischen Theorien bleiben diese Erkenntnisse weitestgehend implizit oder fließen in abstrakter Form in Annahmen ein, weil das analytische Primat auf der Aggregatebene liegt. Je „tiefer" die Ergebnisse entsprechender Forschungen in der physischen und psychischen Organisation des Menschen liegen, desto weniger sind diese Ergebnisse in soziologischen An-

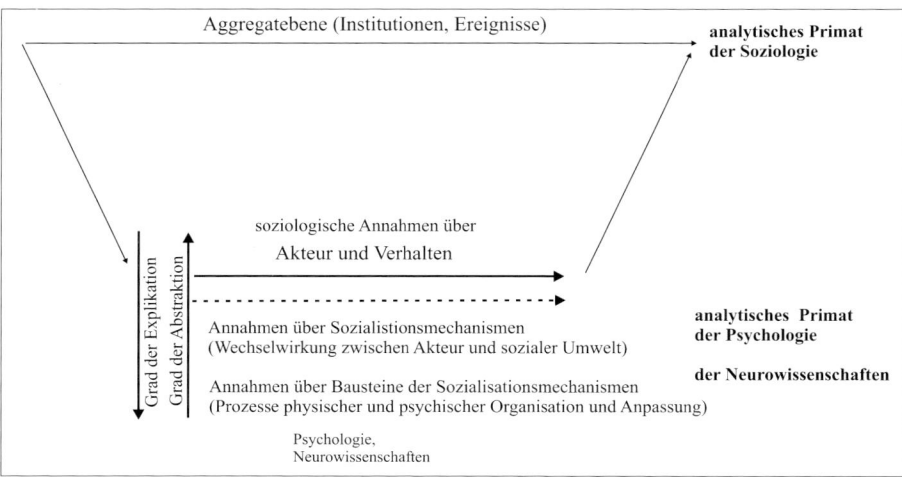

Abb. 7: Beziehung zwischen Sozialisationsmechanismen, ihren Bausteinen und dem Abstraktionsgrad soziologischer Annahmen zum Verhalten individueller Akteure

nahmen der Akteursebene ausdrücklich formuliert. Diese Vorgehensweise einer notwendigen Abstraktion theoretischer Annahmen in der Soziologie, welche das Verhalten von Akteuren
betreffen, sieht Wippler an einen Grundsatz gebunden: Diese
vereinfachenden Annahmen der Soziologen müssen mit den Theorien und Befunden psychologischer Untersuchungen vereinbar
sein (Wippler 1996, S. 141).

Das Wort Anpassung hat keinen guten Ruf in den Geistes- und
Erziehungswissenschaften. Anpassung wird nicht selten als etwas
Passives oder Unkreatives angesehen. Gelegentlich kommt eine
moralische Wertung hinzu, derzufolge Anpassung Unterordnung
bedeutet oder gar seine Meinung anzupassen, statt eine eigene
Meinung zu vertreten und ähnliches. Man kann den Menschen
aber auch aus einer anderen, nicht moralisierenden oder ideali-
sierenden Perspektive betrachten. Danach ist er ein Anpassungs-
wunder. Kaum ein anderer Makroorganismus ist in der Lage, in
einer so großen Varianz von Umgebungsbedingungen erfolgreich
zu leben. Auf die Sozialisationsannahme bezogen ist Anpassung
als Prozess deshalb so interessant, weil sie einen Schlüssel für das
Verständnis dafür liefert, dass äußere Bedingungen (gleichgültig,
ob natürliche oder soziale) zwar Druck auf den Menschen ausüben, sein Organismus aber in der Lage ist, diesen Druck in die
Stabilisierung seines Lebensprozesses umzuwandeln. Mit anderen Worten, Anpassung ist ein aktives körperliches und psy-
chisches Verhältnis des Menschen zu seiner Umwelt. Ein weiterer
Punkt ist dabei bedeutsam. Im Rahmen von Sozialisationstheorien bleibt oft unbeachtet, dass Mensch und soziale Ordnung in
einem potenziellen Konfliktverhältnis zueinander stehen. Über-
spitzt spricht Dahrendorf von der ärgerlichen Tatsache der Gesellschaft (1974, S. 18). Die Rede vom zoon politicon, derzufolge der
Mensch ein Bedürfnis nach Gesellschaft und ihren Werten hat
versperrt diese Perspektive. Eine solche Idealisierung eliminiert
vollständig den Blick darauf, was gesellschaftliche Erwartungen
(Institutionen) den Akteuren zumuten. Einige der spezialisierten
Sozialisationsforschungen ignorieren diese dunkle Seite der sozialen Ordnung völlig. Anpassung bedeutet deshalb auch, etwas
über die Stabilität im Handeln des Akteurs zu erfahren, obwohl
er dem Druck sozialer Ordnung ausgesetzt ist. Die im Folgenden
vorgestellten Bausteine wirken weitestgehend unbewusst als Suche nach besseren Lösungen für die körperliche und geistige Organisation eines Menschen. Dazu ist es theoretisch erforderlich,
das Wirken dieser Bausteine als eigeninteressiert anzunehmen.
Nicht im Sinn einer bewussten Zwecksetzung, sondern als (un-

Der Mensch – ein
Anpassungswun-
der

bewusste) Tendenz des Selbsterhalts. Dies muss hervorgehoben werden, weil in nicht wenigen Sozialisationstheorien das (bewusste) Eigeninteresse als der Erzfeind betrachtet wird. Das Eigeninteresse der Akteure aber kann nicht wegsozialisiert werden. Schon deshalb nicht, weil das Interesse am Selbst nicht nur einen bewussten, sondern eben auch einen unbewussten Aspekt aufweist. Die im Folgenden vorgestellten Bausteine betreffen überwiegend den unbewussten Aspekt. Ihre Auswahl erfolgte danach, ob sie als implizite Annahmen in soziologischen Theorien auftreten. Beispiele dafür werden im 4. Kapitel erläutert.

Erklärung

Sozialisation kann den Menschen weder unumkehrbar noch beliebig verändern, sondern nur einen Rahmen schaffen, der tendenziell soziale Ordnung sichert und den Menschen in Einklang mit dieser Ordnung zu bringen versucht. Das Verhältnis von Institution und Verhalten ist durch Wahrscheinlichkeitsbeziehungen bestimmt.

Die im Rahmen von Anpassungsprozessen darzustellenden Bausteine umfassen also sowohl
* die Anpassung der verhaltenssteuernden Elemente und Zusammenhänge an veränderte externe Bedingungen,
* die Beharrung auf den internen verhaltenssteuernden Elementen und Zusammenhängen trotz veränderter externer Bedingungen als auch
* das Herausfinden neuer interner verhaltenssteuernder Elemente und Zusammenhänge bei veränderten oder stabilen externen Bedingungen.

Einige solcher Bausteine sollen nun vorgestellt werden. Man kann sie z. B. danach ordnen, ob sie etwas Bewahrendes, etwas Innovatives oder Festigendes in der Auseinandersetzung zwischen Mensch und Umwelt bewirken. Die folgende Tabelle verdeutlicht dies.

Tabelle 2: Bausteine, die dem Aktivitätspotenzial der Akteure zugrunde liegen

bewahren/verteidigen	festigen/speichern	Neues herausfinden
kognitive Dissonanzbewältigung	Assoziation	
	Habitualisierung	Streben nach angenehmen Lebensumständen

Diese Prozesse sind Gegenstand vor allem psychologischer und sozialpsychologischer Forschungen. Sie bieten gute Anschlussmöglichkeiten zu soziologischen Forschungsinteressen, wenn sie in einen wechselwirkenden Zusammenhang mit sozialen Bedingungen gesetzt werden. Dazu dient nach ihrer Erläuterung die Darstellung von Sozialisationsmechanismen, deren Bausteine diese Prozesse sind.

Dissonanzreduktion   3.3.2

Die Tendenz der kognitiven Entlastung ist theoretisch gut ausgearbeitet und empirisch bestätigt. Menschen streben nach einem Gleichgewicht sowohl zwischen Kognitionen als auch zwischen Kognition und Verhalten. Das Auftreten von unausgewogenen Zuständen führt zu psychischen Kosten, weil diese einer Spannung gleichkommt, die sich u.a. emotional bemerkbar macht und zu verschiedenen Reaktionen des Unwohlseins führt. Konsistenz dagegen steht für Balanciertheit und angenehme Emotionen. Die wohl bekannteste und älteste theoretische Variante diesbezüglich ist jene von Leon Festinger (1957)[5]. Die Theorie der kognitiven Dissonanz hat inzwischen eine Vielzahl von Modifikationen und experimentellen Bestätigungen erfahren. Wir hatten diese Theorie bereits grob im Zusammenhang mit den Erläuterungen zur Primärsozialisation (vgl. 2.3) kennengelernt.

Das Streben nach einem kognitivem Gleichgewicht

Worum geht es dabei?

Das generelle Anliegen seiner Theorie beschreibt Festinger folgendermaßen: Kurzum ich stelle die These auf, dass Dissonanz, d.h., das Bestehen von nicht zueinander passenden Beziehungen zwischen Kognitionen, ein eigenständiger, motivierender Faktor ist (Festinger 1978, S. 17). Dissonanzbewältigung weist also eine eigenständige Tendenz in der Auseinandersetzung zwischen dem Menschen und seiner Umwelt auf, indem seine psychische Organisation eine bestimmte Tendenz (Erreichen einer Übereinstimmung zwischen Kognitionen oder zwischen Kognitionen und Verhalten) aufweist.

Die Theorie der kognitiven Dissonanz wurde zuerst im engen Zusammenhang der Erklärung von Entscheidungsfindung aus-

kognitive Dissonanz und Entscheidungsfindung

---

[5]   Es gibt zahlreiche Theorien, in welchen diese Idee des Gleichgewichts aufgenommen ist. Exemplarisch seien hier nur die Balancetheorie von Heider (1977 [1958]) und die weniger kognitive Elemente berücksichtigende Theorie mentaler Inkongruenzen (Tazelaar und Wippler 1982) genannt.

gearbeitet. Menschen müssen in ihrem Alltag häufig Entscheidungen treffen. Das ist oftmals schwierig, weil z. B. die materiellen Ressourcen nicht ausreichen, um sich für alle präferierten Alternativen entscheiden zu können. Manchmal ist es auch ein Zeitproblem. Wir können pro Zeiteinheit nur eine Handlung ausführen. Wenn man sich für etwas entscheidet, dann entscheidet man sich immer auch gegen etwas anderes, was man vielleicht auch gern getan hätte. Für Festinger geht es z. B. darum herauszufinden, wie die emotionale Beunruhigung des Ausschlusses einer auch präferierten Handlung entsteht und bewältigt wird. Dieser Prozess wird z. B. als Nachentscheidung bezeichnet, welche eine Attraktivitätserhöhung für die ausgewählte Handlung bewirkt. Damit stellt sich im Nachhinein die Zufriedenheit ein, die richtige Entscheidung getroffen zu haben.

Neutralisierungs-
techniken und
Bewahrung des
kognitiven
Gleichgewichts

Schlimmer noch, wenn wir uns dabei ertappen, in einer Situation nicht entsprechend unserer Überzeugung gehandelt zu haben. Das geschieht z. B., weil Verhalten nicht nur eine „Funktion" von subjektiven Dispositionen (Präferenzen) ist, sondern weil auch nicht beeinflussbare Bedingungen das Verhalten beeinflussen. Dabei kann es zu einem Gegensatz zwischen individuellen Dispositionen und den Bedingungen einer Situation kommen. Sykes und Matza haben in den 1950ern einen viel beachteten Aufsatz dazu geschrieben. Ausgangspunkt dieses Aufsatzes ist, dass in der Sozialisation erworbene Werte und Normen in Konflikt mit dem tatsächlichen wahrgenommenen Verhalten geraten können, ohne dass die internalisierten Werte und Normen aufgegeben werden. Diese Bewältigung der Dissonanz zwischen den Werten und Normen sowie dem Verhalten nennen die Autoren Neutralisierung. In ihrem Aufsatz erläutern sie eine Reihe von Neutralisierungstechniken (Sykes und Matza 1968). Dabei geht es ursprünglich um delinquentes Verhalten von Jugendlichen und die Frage, ob sie aus den Überzeugungen alternativer subkultureller Werte heraus delinquent handeln oder *trotz* Anerkennung geltender Werte und Normen einer Gesellschaft. Die Spannung, die zwischen der Überzeugung der Richtigkeit der Eigentumsnorm und dem delinquenten Verhalten, z. B. im Falle eines Diebstahls besteht, wird durch die Technik „Verneinung des Unrechts" bewältigt. Dabei entsteht eine Spannungsminderung durch die neutralisierende Meinung, derzufolge es (z. B. im Falle eines Kaufhausdiebstahls) keine Armen trifft und Diebstahl in gewissem Umfang ohnehin von diesen Unternehmen kalkuliert und auf die Preise aufgeschlagen wird. Tendenziell kann hier sogar das subjektive Bild entstehen, etwas Anerkennenswertes getan zu haben ohne die Überzeugung der Richtigkeit von der Norm „Du sollst nicht stehlen" anzuzweifeln.

Eine andere Technik ist die der Entpersonalisierung. Kaufhäuser oder andere Unternehmen werden durch deren Anwendung nicht mit natürlichen Personen in Beziehung gebracht. Schwind berichtet z. B. über das Bestreben, seitens solcher Unternehmen (hier Hotels) dieser Technik entgegenzuwirken. In Hotelzimmern findet man deshalb den Hinweis: Wenn nach Ihrer Abreise Handtücher fehlen, wird das Zimmermädchen dafür verantwortlich gemacht (Schwind 2003, S. 384). Nun fällt es schon schwerer, zu entpersonalisieren.

Eine andere Dissonanzbewältigung wird durch das Streben nach bestimmten Gütern, Handlungen oder Mitgliedschaften, die „objektiv" betrachtet eigentlich zu teuer sind, ausgelöst. Ein geradezu sündhaft teures Auto oder die Mitgliedschaft im Segelclub „Royal" können für viele Menschen schmerzhafte Einschnitte mit unterschiedlich langfristiger Wirkung in das Budget oder den Lebensalltag haben. Das ist eine Dissonanz. Im Alltag haben wir das Gefühl im Grunde etwas Unvernünftiges getan zu haben, es aber trotzdem tun zu müssen. Der Erfolg der Bewältigung dieser Dissonanz stellt sich ein, wenn das Gefühl entsteht, die Anstrengung habe sich gelohnt. Deshalb wird dieses Vorgehen auch Anstrengungsrechtfertigung genannt. Z. B. kann der subjektive Eindruck entstehen, dass die Kollegen viel aufmerksamer sind, seit sie wissen, dass die Person Mitglied des Segelclubs „Royal" ist. Wahrscheinlich ist auch jede Menge Neid im Spiel. Das tut dann wirklich gut.

Anstrengungsrechtfertigung als Dissonanzbewältigung

Ein weiteres Anwendungsfeld der Theorie der kognitiven Dissonanz betrifft die Suche nach Informationen. Wir nehmen täglich eine Vielzahl von Informationen auf. Bei allen Handlungen erhalten wir Rückmeldungen, jede neue Situation erfordert Orientierung, aber auch Routinen liefern manchmal neue Informationen. Ärgerlich ist es, wenn wir auf Informationen treffen, die unseren Grundüberzeugungen zuwiderlaufen. Es entsteht Dissonanz. Nehmen wir eine Person mit der Überzeugung an, derzufolge Politiker korruptionsbereite Dilettanten sind. Wird diese Person ein Forum besuchen, auf dem z. B. die Erfolge lokalpolitischer Bemühungen um die Schaffung von mehr Kindergartenplätzen in einer Stadt vorgestellt werden? Entweder meidet sie diese Veranstaltung, weil das ja doch nur Wahlpropaganda ist oder sie geht hin, um einmal ganz nah zu erleben, was für Tricks diese Politiker drauf haben. Dissonanz wird in erster Linie durch selektive Auswahl von Informationsquellen und Informationen ver-

Die Vermeidung unliebsamer Informationen

mieden oder vermindert. Das ist im weitesten Sinne ein präventives Verhalten zum Schutz von Grundüberzeugungen. Wer gerade eine Wohnung bezogen hat (oftmals muss man dabei von seiner Zehnerliste auf drei oder vier wichtige Merkmale der Wohnung verzichten), wird keinesfalls (es sei denn, masochistische Situationen dienen als eine Lustquelle) in der darauf folgenden Zeit den Wohnungsmarkt studieren. Was würde passieren, wenn er dort die Traumwohnung fände, nachdem er gerade auf der Grundlage von Kompromissen umgezogen ist? Auch bei der Frage, welchen Einfluss Medien auf Einstellungen haben, ist auch Dissonanzbewältigung im Spiel. Ist die Boulevardpresse schuld an der verzerrten Einschätzung der Kriminalität seitens ihrer Leser oder sind es die Leser, die in der Boulevardpresse nach Bestätigung ihrer Grundüberzeugung entfesselter Kriminalität suchen? Letzteres folgt der Vermeidung von Dissonanz, indem man nach jenen Informationsquellen sucht, von denen man vermutet, sie bestätigen die eigene Meinung.

Um es nochmals zu betonen: Die hier genannten Prozesse der Dissonanzbewältigung sind keineswegs bewusste Strategien, sondern eine Mischform zwischen bewusst, halbbewusst und unbewusst. Menschen sind nicht ohne weiteres dazu in der Lage solche Dissonanzen kalkuliert zu bewältigen. Oftmals bemerken wir z. B. unser selektives Vorgehen, das allmähliche Verändern der Bewertung eines Vorgangs nicht oder kaum. Dissonanzbewältigung ist ein sehr komplexer Prozess. Im Grunde stellen wir in unangenehmen Situationen vielfältige, manchmal zufällige Versuche an, wieder ein angenehmes Gefühl zu bekommen. Infolge dieses Bemühens laufen dann latent solche hier genannten psychischen Prozesse ab.

Zusammenfassung

Die vier klassischen Anwendungsfelder der Dissonanzbewältigung sind (ausführlicher: Irle und Möntmann 1978):

1. Dissonanzbewältigung zwischen ähnlich attraktiv erscheinenden Alternativen durch *nachträgliche Attraktivitätssteigerung der gewählten Alternative*,
2. Dissonanzbewältigung bei Inkongruenz zwischen Einstellung und Verhalten durch *Anpassung der Einstellung an das vollzogene Verhalten*,
3. Dissonanz zwischen einer hohen Anstrengung und der Erreichung eines Handlungsziels (z. B. Kauf eines teuren Computers, Erwerb einer aufwendigen Mitgliedschaft in einem exklusiven Club) durch *die Rechtfertigung der Anstrengung*,

4. Dissonanz zwischen subjektiven Dispositionen und möglichen abweichenden bzw. Suche nach bestätigenden Informationen durch *Auswahl der Informationsquellen.*

Assoziation 3.3.3

Forschungen zur Assoziationsfähigkeit als einem spontanen Grundprozess haben Erstaunliches zutage gefördert. Die Entdeckung der Assoziationsfähigkeit reicht bis in die Antike zurück. Bereits Aristoteles, der große Systematiker dieser Epoche unterschied zwischen drei Assoziationsarten:

* nach der Ähnlichkeit
* nach dem Gegensatz und
* nach der räumlichen oder zeitlichen Nähe (vgl. Neel 1986, S. 44 ff).

Auch Maximus Tyrus (um 155 n.u.Z.) wird in diesem Zusammenhang genannt. Ihm zufolge finden Vorgänge in uns statt, die sowohl allgegenwärtig als auch lebenssichernd sind und über die wir kaum bewusste Vorstellungen haben. Wir bemerken lediglich Konsequenzen und sind mehr oder weniger erstaunt darüber.

Erste Beobachtung des Auftretens von Assoziationen

Beispiel

Ein Alltagsbeispiel: Eine Person betritt ein Restaurant mit bürgerlicher deutscher Küche. Es verbreitet sich ein Geruch von herzhaftem Braten, Speck und grünen Klößen. Plötzlich hat unsere Person ein außerordentliches Wohlgefühl. Dieses ist nicht durch den Appetit verursacht, sondern durch eine gespeicherte Assoziation. Ursprünglich hat dieses angenehme Gefühl die Oma oder der Besuch bei ihr ausgelöst. Oma hat deftig gekocht, es hat hervorragend geschmeckt und beim Kochen saß unsere Beispielperson in der Küche und hat ihr zugesehen. Dabei hat sie allerlei interessante Geschichten erzählt oder Trost gespendet. Das ist 40 Jahre her, aber so intensiv, wie gestern erlebt. Das angenehme Gefühl beim Betreten des Restaurants kam scheinbar aus dem Nichts. Der Bratengeruch hat die Erinnerung an die schöne Zeit mit der Oma geweckt und die entsprechende Assoziation aktiviert.

Esser bezeichnet diese assoziativen Ergebnisse als ein Lernen von Präferenzen: „Daß jemand Karl Moik, die Beatles oder Michael Jackson mag oder nicht, hängt also nicht von unterschiedlichen genetischen Strukturen, von einer besonderen Begabung oder von

Esser: Das Lernen von Präferenzen

der aktuellen Situation ab, sondern davon, ob er mit Musik von Karl Moik, den Beatles oder Michel Jackson in Berührung gekommen ist – und dabei nachhaltig und oft genug good (or bad) vibrations gehabt hat" (Esser 1999, S. 366). Gefühle spielen bei der Ausbildung von Assoziationen eine ganz zentrale Rolle. Wenn bei einem Ereignis oder einer Handlung ein gutes oder ein schlechtes Gefühl auftritt, dann ist das ein entscheidender Ausgangspunkt für die Entstehung und Festigung einer solchen Präferenz. Demzufolge bilden Menschen, je nachdem, welchen Lebensweg sie zurückgelegt haben, ganz unterschiedliche Präferenzen aus. Besonders augenfällig ist dies angesichts der enormen Varianz z. B. von Nahrungspräferenzen. Was bei manchen Völkern, sozialen Schichten, regionalen Gegenden als Delikatesse gilt, kann in anderen sozialen Zusammenhängen ebenso als Abscheulichkeit angesehen werden. Zudem gibt es wohl nichts, was eine mehr oder weniger große Anzahl an Menschen nicht mit Genuss isst. Das bedeutet, der Verzehr stellt eine Lustquelle dar: frittierte Spinnen, die Augen von Krokodilen, das Hirn von Schweinen oder Hundekeulen. Die genussorientierten Nahrungspräferenzen (es geht hier nicht um Überlebenssicherung) variieren über alles Organische. Der Verzehr einer bestimmten Speise löst dann ein positives Gefühl aus. Es bildet sich eine Assoziation zwischen dem Verzehrten und einem positiven Gefühl.

Ein anderer Zusammenhang ergibt sich aus der Allgegenwart von Werbung. Durch Werbung werden zahlreiche Assoziationen ausgebildet und verbreitet. Tiere, Farben, semantische Ausdrücke, eine Melodie stehen für allerlei beworbene Produkte wie eine bestimmte Zigarettenmarke, einen Schokoladenhersteller oder eine Biersorte. Die Produkte selbst müssen gar nicht mehr gezeigt werden, so allgemein verbreitet sind manche Assoziationen. Die Präsentation solcher Hinweisreize bietet umfangreiche Möglichkeiten zur Konsumentenmanipulation. Werbung macht sich oft zunutze, dass Bilder wesentlich mehr Informationen aufweisen als Texte. Menschen sind „Augentiere". Wir nehmen ein hohes Maß an Informationen auf optischem Wege auf. Die Art und Weise unserer Bildverarbeitung bietet dabei besondere Möglichkeiten zur Vermittlung von Sachinformationen und Emotionen, welche die Sprachverarbeitung, die den Regeln der analytischen Logik folgt, nicht bietet (Kroeber-Riehl 1996, S. 68). Oft findet man in Werbebotschaften eine attraktive Person neben einem Produkt abgebildet. Die Eigenschaften des Produktes selbst können beliebig sein. Während der Verstand streikt und man vielleicht den Kopf darüber schüttelt, was die junge, halbnackte Frau (logisch) mit einem Teppich zu tun haben könnte, sind bereits Assoziationsprozesse ausgelöst, welche die Produktbeurteilung beeinflussen, denn die junge Frau ist durchaus reizvoll anzusehen. Es findet durch Assoziation eine Übertragung der emotionalen Reaktionen hinsichtlich der Person auf das Produkt statt. Gerade Emotionen ansprechende Bilder entziehen sich der rationalen Kontrolle. Ältere oder kranke Menschen findet man deshalb in der Werbung eher selten, es sei denn, es wird für karitative Zwecke oder für Medikamente geworben.

Exkurs

Werbung als Auslöser von Assoziationen

Werbung kann durch ihre Verbreitung recht starke Assoziationen bilden und auch verzweigen. Dabei werden verschiedene Zusammenhänge zu komplexen Schemata integriert. Diese Schemata bilden die Grundlage von kognitiven Wahrnehmungen und Urteilen. Kloss berichtet über ein Experiment, bei dem Studenten einer Fachhochschule in Stralsund aus einer Personenbeschreibung herausfinden sollten, welche Automarke die betreffende Person fährt. Einige Auszüge zur Personenbeschreibung sollen einen Eindruck zu den Assoziationen vermitteln, deren zentrale Verknüpfung auf die Automarke verweist: Er ist etwa 20 Jahre alt, männlich hat braune, kurze Haare ... . Er trägt einen Ohrring im linken Ohr und ein Kettchen um den Hals. Er ist ledig, hat ein unterdurchschnittliches Bildungsniveau und tut „cool". Er ist Handwerker in der Ausbildung. Seine Hobbies sind Disco, vorwiegend Techno, Fitness, Fußball und Autopflege, sein Auto ist natürlich getunt. Er trinkt Bier aus Dosen und liebt Fast Food. Seine Wochenenden verbringt er mit seinem Autoclub, in der Disco ... . Er Trägt Jeans, T-Shirt und Turnschuhe und weiße Tennissocken ... Er träumt vom Urlaub auf Mallorca ..., sein Schlagwort ist „Alter" ... (Kloss 1993, S. 52f). Die Experimentpersonen erkannten ohne Mühe den GTI-Fahrer. Solche Schemata sind kulturelle Prägungen und verändern sich auch. Dieses Anfang der 1990er Jahre durchgeführte Experiment müsste heute deshalb modifiziert werden.

Mit Hilfe von Assoziationen reagiert der Mensch auf (veränderte) Gegebenheiten in seiner Umgebung. Veränderungen in einer Umwelt oder der Auseinandersetzung mit ihr können zu neuen Assoziationen führen, während ein hohes Maß an Stabilität der sozialen Umwelt und des Verhaltens ausgebildete Assoziationen bestätigt. Das ist für Sozialisationsannahmen bedeutsam. Wie dies genau vor sich geht, muss mittels eines Sozialisationsmechanismus begründet werden.

Zusammenfassung

1. Bei sich wiederholenden Alltagsabläufen oder auch einzelnen markanten Ereignissen bilden sich Verknüpfungen zwischen Elementen aus.
2. Eine Schlüsselrolle spielen dabei positive oder negative Gefühle.
3. Die Bildung von Assoziationen geschieht ohne Kontrolle unseres Bewusstseins. Gleichsam sind Assoziationen die Grundlage unseres Denkens und Fühlens. Dadurch beeinflussen sie unsere Entscheidungen.
4. Die elementaren Assoziationen bilden sich oftmals zu sehr komplexen Vernetzungen aus, indem sie sich mit weiteren Assoziationen verbinden.
5. Die Art, die Verzweigung und Komplexität unserer Assoziationen bestimmt die Richtung unseres Denkens und Fühlens.

3.3.4 Habitualisierung

Habitualisierung als Festigung und Sicherung von Erfahrung

Habitualisierung ist ein Baustein der Festigung und Sicherung von Erfahrung. Er bezeichnet die Fähigkeit, komplexe Erfahrungen zu speichern. Habitualisierung ist nicht gleichzusetzen mit dem Einprägen von Wissensinhalten, sondern ein weitgehend unkontrollierbarer Lernprozess. Auf Habitualisierungen oder Habits, wie die Resultate auch genannt werden, ist man im Zusammenhang von verschiedenen Forschungen und Forschungsrichtungen aufmerksam geworden. Im Folgenden werden einige dieser Zusammenhänge vorgestellt.

Die Macht der Gewohnheit

Im Alltag begegnet man gelegentlich dem Urteil, der Mensch sei ein Gewohnheitstier. Es fällt Menschen schwer sich beliebig zu ändern, auch wenn sie sich mit allerlei guten Vorsätzen ausrüsten. Manchmal scheinen wir regelrecht machtlos gegenüber unseren Gewohnheiten zu sein.

Routinehafte Abläufe im Lebensalltag sind eine Grundlage für Habitualisierungsprozesse. Sozialisatorisch bedeutsam sind Habitualisierungen von

* Einstellungen (als interne Auslöser von Handlungen) in Verbindung mit
* Verhaltensweisen und
* Fähigkeiten/Fertigkeiten im Umgang mit Personen, Objekten oder Abläufen.

In Bezug auf Einstellungen soll hier nicht nochmals auf die Kontroverse um deren Status als Konstrukt sowie den empirischen Nachweis ihrer Verhaltenswirksamkeit eingegangen werden. Dies ist ein eigenständiger Problemgegenstand. Generell lässt sich

aber sagen, dass Verhalten eine Funktion sowohl von Einstellungen als auch von Restriktionen (äußeren Bedingungen) ist. Wann
eher Einstellungen und wann eher Restriktionen das Verhalten
bestimmen wird z. B. versucht in der low-cost-Hypothese zu lösen
(vgl. Diekmann und Preisendörfer, 1992 und 2000). In der low-
cost-Hypothese wird angenommen, dass Einstellungen umso
verhaltenswirksamer sind, je geringer (ganz allgemein ausgedrückt) die Kosten eines Verhaltens sind, auf das sich eine Einstellung richtet. Unter Kosten kann man sich aufgewendete Zeit
und Mühe, aber auch das Abweichen von Verhaltensgewohn-
heiten vorstellen. Umgekehrt wird angenommen: Je höher die
Kosten eines Verhaltens sind, umso eher wird ein Verhalten durch
Nutzenmaximierung bestimmt und umso geringer ist der Einfluss einer Einstellung.

In der psychologischen Literatur wird von der Herausbildung
einer automatischen Verhaltensauslösung gesprochen. Dabei gibt
es zum Verhältnis zwischen Einstellung und Habit etwas diffe-
rente Auffassungen. Generell besteht aber Einigkeit darüber, wonach die Häufigkeit eines Verhaltens einen Effekt auf die Wahrscheinlichkeit ausübt und dass dieses bestimmte Verhalten in
einer zukünftigen ähnlichen Situation wieder auftritt. Im Alltagshandeln bilden Menschen Routinen aus. Deshalb ist es nicht erforderlich immer wieder aufs Neue zu entscheiden, was man in
einer mehr oder weniger bekannten Situation tun sollte. In Ein-
stellungstheorien wird dies z. B. dahingehend diskutiert, ob solche entstehenden Habits (Routinen) als eigenständige Verhaltens-
auslöser betrachtet werden können oder nicht. Zum einen wird
angenommen, dass Habits schrittweise die verhaltensauslösende
Funktion von Einstellungen übernehmen. Demnach wird der Habit mit jeder erneut ausgeführten Verhaltensweise gestärkt. Zugleich verringert sich zum anderen der Einfluss der Einstellung
als bewusster kontrollierender Vorgang des Abwägens gegenüber
einem Verhalten. Man könnte sagen, ein Habit X ist eine Kopie
der Einstellung X. Ist er stark genug, dann kann er selbstständig
(unterbewusst) ein Verhalten auslösen. Der formale Ausdruck
dafür ist: $P_a = (w_h H + w_i I) * p * F$ (nach Bamberg S. 296 f). Die
Variable P repräsentiert die innere Erregung (Bereitschaft des
Akteurs), die Variable F umfasst die äußeren Bedingungen des
Verhaltens. Beide Variablen sind hier nicht von Interesse und nur
der Vollständigkeit halber genannt. Im Klammerausdruck ist die
Relation zwischen Habit ($w_h H$ bezeichnet das Gewicht des Habits
bezogen auf eine Verhaltensweise P_a) und der Einstellung oder
Intention ($w_i I$ bezeichnet das Gewicht der Intention in Bezug auf

Verhältnis
zwischen
Einstellung und
Habit nach
Bamberg

eine Verhaltensweise P_a) enthalten. Beide Gewichte zusammen bewegen sich im Intervall zwischen 0 und 1. Je größer also das Gewicht des Habits wird, desto kleiner wird das Gewicht der Intention. Die Gewichte und ihre Veränderungen sind dabei eine Funktion der Häufigkeit, mit der ein Verhalten P_a ausgeführt worden ist.

* nach Bargh   Andere Autoren, wie z. B. Bargh, vertreten die Auffassung, wonach der Habit X eine Einstellung (Intention) X auslöst und diese dann das Verhalten X. Demnach werden ebenfalls keine Abwägungsprozesse erforderlich, aber die Einstellung X ist an der Verhaltensauslösung immer mit beteiligt. Der Unterschied zur vorherigen Auffassung besteht darin, dass die Verhaltensauslösung trotz Habit bewusst geschieht (Bargh u.a.1999, 2001).

* nach Esser   Bei Esser werden Habits als eine Vereinfachung der Struktur der Mittel bezeichnet. Demnach können Habits als Bündel von Handlungen bzw. Handlungssequenzen verstanden werden, die der Akteur nach Maßgabe bestimmter Situationshinweise wählt: Handeln nach Daumenregeln, Routinen, Rezepten ohne nähere Nachprüfung (Esser 1991, S. 64 f).

* nach Schütz   Habitualisierungsprozesse sind aber nicht nur psychischer Art, sondern ihnen liegen sowohl psychische als auch körperliche Abläufe zugrunde. Beispiele dafür sind in der phänomenologischen Soziologie von Schütz enthalten. Dabei geht es um Habitualisierung von Fertigkeiten, Gebrauchswissen und Rezeptwissen, wie dies von Schütz bezeichnet wird (Schütz und Luckmann 1991, S. 139-145). Demzufolge handelt es sich um Inhalte, die erst problematisch waren und im Laufe eines Lernvorgangs unproblematisch (beherrschbar) wurden. Im späteren Stadium des Unproblematischen sind sie in einer Situation mit vorhanden, ohne (bewusst) thematisiert zu werden.

* Habitualisierung von Fertigkeiten   Daraus leitet Schütz das Relevanzparadoxon ab, d.h., eine Fertigkeit ist elementar wichtig, aber wir bemerken sie nicht mehr. Wer denkt schon beim Laufen daran, wie schwierig es war, selbiges zu erlernen. In der Lernphase musste die Bewegung jedes Muskels durch den Kopf. Später kann man mitunter nicht einmal sagen, auf welcher Straßenseite man eben noch gelaufen ist. Beim Erlernen des Autofahrens geht es vielen Menschen ebenso. Es sind habitualisierte Fähigkeiten geworden wie das Radfahren (verlernt man nicht). Mit anderen Worten, die komplexen Abläufe der Steuerung von komplizierten psychischen und motorischen Prozessen, die einer solchen Fähigkeit zugrunde liegen, haben sich fest in die körperliche und psychische Organisation eines Menschen eingeprägt.

Das ist auch beim Gebrauchswissen der Fall, wie z. B. dem Lesen. Dass Lesen schwierig ist, bemerken Erwachsene im Alltag normalerweise erst, wenn sie z. B. etwas Fremdartiges lesen, wie ein Rezept, das sie in einer Apotheke einlösen wollen. Man beginnt dann wieder, einzelne Buchstaben zu Silben zusammenzusetzen und dann weiter zusammenzuziehen. Das ist mühsam. Wer kennt nicht die Verzweiflung von ABC-Schützen beim Lesen lernen (ganz zu schweigen von der Nervenstärke, die Lehrer und Eltern dabei aufbringen müssen). Später können wir nicht mehr sagen, wie es uns gelingt einen Text flüssig zu lesen, wir können es einfach. Das bedarf allerdings auch gewisser Trainingsprozesse. Wer kaum noch liest, hat beim Neubeginn Schwierigkeiten, aber die Wiederbelebung des Gebrauchswissens wie der anderen Formen gelingt oftmals schnell.

Habitualisierung von Gebrauchs-wissen

Schließlich ist in der phänomenologischen Soziologie noch von Rezeptwissen die Rede. Für bestimmte typische Alltagssituationen lernen wir kognitive Schablonen zu entwickeln. Das kann außerordentlich bedeutsam sein, ohne dass wir es im Einzelnen kontrollieren können oder müssen. Nehmen wir z. B. einen Politiker, der nach einer Krisensitzung, die alles offen gelassen hat, vor die wartenden Journalisten tritt. Er darf noch nichts sagen, aber er muss auf die Fragen der Journalisten antworten, schließlich braucht er eine gute Presse. Wenn wir einen Vollblutpolitiker vor uns haben, dann antwortet er, wenn es sein muss, eine halbe Stunde lang auf Fragen, ohne irgendetwas Verbindliches oder Konkretes gesagt oder ausgeplaudert zu haben. Das geschieht automatisch, da muss nicht jeder Gedanke kognitive Kontrollen passieren, hier kommt habitualisierte Professionalität zur Wirkung. Aber auch beliebige Alltagssituationen meistern wir mit solchen Routinen (bzw. habitualisierten Lösungen): Professionelle Ehepartner bewältigen den Small-Talk mit der Schwiegermutter ohne Porzellan zu zerschlagen. Aber auch das will gelernt sein und gelingt meist nicht auf Anhieb. Wenn eine erfolgreiche Lösung habitualisiert ist, dann kann man sich zurücklehnen. Etwas ist, wie man im Alltag sagt, in Fleisch und Blut übergegangen.

Habitualisierung von Rezeptwissen

Einen anderen Zusammenhang stellt die Erforschung von Abhängigkeit dar. In der Suchtforschung wurden in den letzten Jahren Entdeckungen gemacht, die auch Habitualisierungsprozesse betreffen. Wenngleich eine Reihe suchtspezifischer Vorgänge beteiligt sind, so wird daran dennoch deutlich, dass regelmäßiges Verhalten psychische und körperliche Spuren hinterlässt, die nicht einfach wieder verschwinden. In der Suchtforschung spricht man deshalb vom Suchtgedächtnis. Besonders auffällig daran ist, dass bisher keine

Habitualisierung als Suchtverhalten

wirksamen Forschungsergebnisse dazu erbracht werden könnten, wie das Suchtgedächtnis wieder vergessen (gelöscht) werden kann. Da noch keine entsprechend langen Zeitreihen in der empirischen Forschung verfügbar sind, kann man gegenwärtig lediglich feststellen, dass selbst nach Jahren der Alkoholabstinenz das Suchtgedächtnis aktiv ist (Wrase, Beck und Heinz 2007). So kann etwa mit einem Bild auf dem ein volles Glas Bier zu sehen ist, mittels Kernspintomografie eine entsprechende Gehirnaktivität gemessen werden, wie bei einem aktiv Abhängigen. Die in der Sucht entstandenen neuronalen Verschaltungen sind also nach wie vor vorhanden. Einen solchen Habitualisierungsvorgang kann man aufgrund seiner Stärke und Irreversibilität auch als *hypostasierte Habitualisierung* bezeichnen.

Wodurch baut sich eine Sucht auf? Das ist ein sehr komplexer Vorgang. Dabei wirken anlagebedingte und soziale Faktoren zusammen. Die sozialen Faktoren können sowohl in personalen Interaktionen als auch in erhöhtem Stress bestehen. Aus Interaktionen folgen z. B. Belohnungen und Anerkennungen. Permanent Stress bewältigen zu müssen kann dazu führen, nach Wegen zu suchen, um Stressfolgen zu unterdrücken. Deshalb kann man generell sagen, dass entsprechende Ausgangseinstellungen den Habitualisierungsprozess entscheidend fördern können. Das heißt in unserem Zusammenhang, wenn Menschen eine Droge zu sich nehmen, um ein Lustgefühl zu erzeugen oder Unlust (Angst, Stress) zu unterdrücken, dann entsteht eine hohe Wahrscheinlichkeit der Habitualisierung des Drogengebrauchs. Man kann sagen, die Droge wird in diesem Fall instrumentell eingesetzt. Das Hirn reagiert auf Verhaltensweisen, die Glücksgefühle auslösen (z. B. werden Endorphine ausgeschüttet). Glücksgefühle sind wichtig für den Gesamtorganismus, deshalb werden sie nicht nur gespeichert, sondern auch mehr Rezeptoren bereitgestellt, um in Zukunft dieses positive Gefühl noch besser und umfangreicher aufnehmen zu können. Auf diese Weise prägen sich bestimmte, als vom Organismus besonders wichtig eingestufte Verhaltensweisen über entsprechende auch somatische Veränderungen im Hirn ein.

Exkurs

Habitualisierung und Emotionen

Man geht heute davon aus, dass evolutionsgeschichtlich in sehr alten Hirnarealen solche Speicherungen geschehen. Das ist ein effizienter Mechanismus, denn ursprünglich hat er sich zur Sicherung grundlegender überlebenswichtiger Verhaltensweisen herausgebildet.

Das Bestehen einer Fahrprüfung setzt z. B. Endorphine frei. Die Verhaltensweisen, die dabei unterstützt werden, sind: beharrliches Lernen und auch bei Rückschlägen aktiv sein Ziel verfolgen, Wissen auf alternative Weise sammeln, auch wenn die erste Prüfung daneben ging, noch einmal zur Prüfung antreten usw. Das ist insgesamt ein mühsamer Weg, der durch mehr oder weniger harte Arbeit bewältigt wurde. Wenn es dann geschafft ist, ereignet sich eine Art Glückssturm, es geht uns richtig gut. Das Auslösen solcher Gefühle wird von der Ausrichtung von Rezeptoren begleitet. Sie markieren sowohl unsere Empfänglichkeit für ein Verhalten als auch im Zusammenhang mit Sucht unser Bedürfnis nach einem bestimmten Verhalten. Das Besondere an Drogen ist, dass sie bewusst (einstellungsbedingt) eingesetzt werden können, um etwas, was evolutionär als ein Kriterium (höchste Belohnung) für unser Leben fungiert, auszulösen: Glücksgefühle. Oft ausgeführte Alltagshandlungen, die stark genug sind, um eine Ausschüttung von Endorphinen zu erzeugen, bilden eine Grundlage unseres Verhaltensrepertoires, das recht widerständig gegen Veränderungen in unserer sozialen Umwelt sein kann und die Macht des Willens stark begrenzt. Neuere Forschungen zeigen uns auch, dass Suchtbildungsprozesse nicht nur durch Drogen ausgelöst werden können. Längst hat sich das Verständnis darüber erweitert, was therapiewürdiges Verhalten ist. Dazu gehören Internetsucht, die Sucht, die sich mit Computerspielen verbindet, Sucht die mit dem Nahrungsumgang ausgebildet werden kann, Sexsucht, die das Sexualverlangen bedrohlich steigert, Sammelleidenschaften, exzessiv Sport treiben oder Arbeitssucht. Eine neuartige Sucht ist die des Bräunens. Zunehmend mehr Menschen verlieren die Kontrolle über dieses Verhalten, sie bemerken nicht die Schädigungen ihrer Haut und sie können nicht aufhören. Jede noch so schätzenswerte Verhaltensweise kann in ein Stadium der Suchtbildung gelangen. Das ist die dunkle Seite der Habitualisierung, hier als hypostasierte Habitualisierung bezeichnet. Auch hier zeigt sich, Verhalten hinterlässt körperliche und psychische Prägungen in unserem Organismus, die sich nach und nach der bewussten Kontrolle entziehen.

Sucht als hypostasierte Habitualisierung

Zusammenfassung

1. Habitualisierungen basieren auf vielfachen Wiederholungen einer Handlung. Dabei lässt sich keine formale Angabe darüber aufstellen, wie häufig Wiederholungen sein müssen, damit eine Habitualisierung eintritt bzw. ein Habit zur Verfügung steht. Beziehungen lassen sich annehmen zwischen der Komplexität der sich speichernden Verhaltensweise und der Anzahl der Wiederholungen

oder zwischen den individuellen Anlagen und der Anzahl der Wiederholungen.

2. Der Prozess der Habitualisierung ist kein bewusster Vorgang. Menschen können sich vornehmen, eine Erfahrung einzuprägen, das aber ist keine Habitualisierung. Der Vorsatz Herrn Meier künftig kein Geld mehr zu borgen, weil er es in der Vergangenheit nie zurückgezahlt hat, ist keine Habitualisierung, sondern eine bewusste Absicht, die eine bestimmte Wahrscheinlichkeit aufweist, die entsprechende Handlung zu kontrollieren.

3. Der Prozess der Habitualisierung erfasst unabhängig von unserem Willen sowohl die körperliche als auch die psychische Organisation. Unser Körper ist genauso merkfähig wie unsere Psyche. Routinehafte Alltagsabläufe hinterlassen in unserem gesamten Organismus Wirkungen.

4. Vollzogene Habitualisierungen sind kaum bewusst reflektierbar oder etwa willkürlich änderbar. Je nach Art einer Habitualisierung kann deren Nichtbeachtung auch zu Störungen unseres affektiven Gleichgewichts führen. Mit anderen Worten: Man fühlt sich unwohl. Das Höchstmaß an Habitualisierung ist die vollständige Nichtkontrollierbarkeit einer Verhaltensweise (Sucht).

3.3.5 Selbstbehauptung

Streben nach Selbstbehauptung

Das Streben nach angenehmen Lebensumständen umfasst einen recht großen Komplex impliziter Strebungen. Man könnte hierfür auch das Streben nach Lusterfüllung, nach einem positiven Selbstbild oder nach Anerkennung und Respekt nennen. Der Grund dafür, dass hier Streben statt Ziele oder Intentionen steht, besteht darin, dass es sich dabei ebenso um weitestgehend unbewusste Grundprozesse menschlicher Existenz handelt, wie bei jenen Prozessen der kognitiven Entlastung, der Assoziation oder Habitualisierung. Die Sonderstellung dieses Bausteins besteht allerdings in der allergrößten Aufmerksamkeit, welche ihm von Seiten der meisten Ethiken entgegengebracht wird. Sozialisation oder Erziehung als Teil der Sozialisation verbindet sich oftmals mit der Absicht, die auf das Selbst gerichteten Strebungen nachhaltig zu unterdrücken bzw. im Sinne kollektiver Absichten zu modifizieren. Dies wird als eine entscheidende Voraussetzung für die Eingliederung des Menschen in eine soziale Ordnung angesehen. Woher aber soll der Mensch seine Energie zum Handeln beziehen, wenn man ihm die Selbstliebe nimmt? Um kritischen Einwänden entgegenzuwirken sei vor allem darauf hingewiesen, dass

die wissenschaftlichen Erkenntnisse zur Wirksamkeit dieser Strebungen ebenfalls – wie die vorangegangenen – aus der Psychologie und Sozialpsychologie stammen und experimentell gut nachgewiesen sind.

Die Gedanken zu diesem Baustein reichen ebenfalls bis in die
Antike zurück. Epikur (341-271 v.u.Z.) war um die Formulierung
einer Ethik bemüht. Im Unterschied zu den Überlegungen im
Rahmen der damals dominierenden rationalistischen Ethik, die
durch Sokrates, Plato und Aristoteles formuliert wurde, verfolgte
Epikur eine auf Erfahrung beruhende Philosophie des Guten und
Richtigen für das Verhalten des Menschen. Während in der rationalistischen Ethik die aufgestellten *Prinzipien der Vernunft* ausschlaggebend sind, was einen gewissen höheren Standpunkt des
Begründers voraussetzt, bemühte sich Epikur darum, Feststellun-
gen, wie der Mensch gut und richtig handeln soll, aus *empirischen
Beobachtungen* zu gewinnen. Dass er zu gegensätzlichen Feststel-
lungen kam, muss nicht betont werden. Seine Ethik war boden-
ständig und frei davon, Menschen zu überfordern, d.h., sie einer
Permanenz der Erziehung zu unterwerfen. Die Epikureer bildeten
eine gemeinsame Schule, die dem Alltagsleben sehr zugewandt
war. So verwundert auch nicht die folgende Feststellung Epikurs:
„Daß die Lust das Lebensziel ist, wird dadurch bewiesen, daß die
Lebewesen von Geburt an Gefallen an ihr finden, dagegen dem
Schmerz von Natur und unbewusst sich widersetzen" (Epikur
1973, S, 347). Er schreibt weiter: „Ich wenigstens weiß nicht, was
ich mir als das Gute vorstellen soll, wenn ich die Lust des Geschmacks, die Lust der Liebe, die Lust des Gehörs und auch die
lustvollen Bewegungen beim Anblick einer schönen Gestalt bei-
seite lasse" (Epikur, 1973, S. 347). Ganz explizit wird hier, im geradezu behavioristischen Stil, eine anthropologische Konstante
entworfen, derzufolge der Mensch trotz individueller Strebung in
einer sozialen Ordnung Leben kann.

In einem anderen theoretischen Kontext zu einer viel späteren
Zeit (1759) schrieb Adam Smith (1723-1790) die Abhandlung der
Theory of Moral Sentiments. Auch hier geht es um die Grundfrage der Ethik, nämlich woher stammen die Kriterien bzw. woraus
kann man die Kriterien für moralisches Handeln gewinnen? Die
Grundkonstellation wurde, wie beschrieben, bereits im Altertum
formuliert: aus der Beobachtung (Erfahrung) oder aus der Vernunft (rationale Konstruktion). Nach Smith gehen Wünsche und
Leidenschaften, denen menschliches Handeln folgt, aus Lust und
Schmerz hervor. Selbstliebe und Selbstinteresse spielen dabei
eine grundlegende Rolle. Angeregt wurde Smith in seinen Über-

Die Natur des Menschen als Grundlage der Ethik Epikurs

Adam Smith' ethische Begründung des Selbstinteresses

legungen durch die Bienenfabel Mandevilles (1988 [1705]), in der dieser die Doppelbödigkeit öffentlicher Moral geißelte. In der Bienenfabel erfahren wir, dass die edlen Ergebnisse menschlichen Handelns nicht zur Voraussetzung haben, dass diese auch bewusst angestrebt werden müssen.

Eigeninteresse und soziale Ordnung sind miteinander vereinbar

Das war eine Entdeckung, die zwar literarischer Art war, aber von Smith aufgegriffen und theoretisch begründet wurde. Er ersetzte die privaten Laster durch Selbstliebe und Eigeninteresse. So bemerkt Smith sinngemäß, dass es nicht die Menschenliebe oder die Bekämpfung des Hungers in der Welt ist, die den Bäcker Brot backen lässt. Nicht vom Wohlwollen des Metzgers, Brauers und Bäckers erwarten wir das, was wir zum Essen oder Trinken benötigen, sondern davon, dass sie ihre eigenen Interessen wahrnehmen. Wir wenden uns nicht an ihre Menschen- sondern an ihre Eigenliebe und wir erwähnen nicht die eigenen Bedürfnisse, sondern sprechen von ihrem Vorteil (Smith 1978 [1776], S. 17). Darauf muss in knapper Form eingegangen werden. Egoismus ist im Moralkontext etwas Verwerfliches. Wissenschaft sollte aber im Rahmen ihrer Theorien und Forschung keine Wertungen zulassen (was selbstverständlich nicht für die Konsequenzen bzw. Ergebnisse einer Forschung gilt). Erstens sollte es nicht Sache der Sozialisationstheorie sein, Begriffe negativ zu bewerten. Wenn Egoismus als moralisch negativ gilt, darf das keine Auswirkungen auf eine Sozialisationsannahme haben. Forschung muss werturteilsfrei geschehen. Zweitens gerät der Begriff Egoismus wegen seiner moralisierenden Implikation schlichtweg zwangsläufig in ein tendenziöses Verständnis. Frey hat z. B. versucht, die Neutralität des Begriffes zu verdeutlichen, indem er ihn zwischen gutartig (anderen gern etwas Gutes tun) und bösartig (anderen gern etwas Böses zufügen) stellt (Frey 1990, S. 6). Die Assoziation von Egoismus mit Bösartigkeit, Rücksichtslosigkeit, Ignoranz und Gefühlskälte anderen gegenüber ist ein grundlegender Fehler, welcher durch Vermischung von Wissenschaft und Moral zustande kommt.

Smith hat in seinem Werk Wohlstand der Nationen Egoismus nicht zum Gegenstand einer moralischen Bewertung gemacht, sondern auf die Tendenz hingewiesen, dass jeder Mensch zunächst seiner eigenen Obsorge anempfohlen ist und es gut so ist, weil jeder Mensch tatsächlich eher imstande ist für sich selbst zu sorgen, als für irgendeinen anderen. Mehr noch würde ein Mensch, der sich um seine Gesundheit, sein Leben, sein Vermögen nicht kümmerte sogar als tadelnswert erscheinen (Eckstein S. LIX). Genau in diesem Sinn geht es bei diesem Baustein (Selbst-

behauptung) um die Berücksichtigung selbstbezogener Prozesse
bei der Konzipierung und dem Verhalten des Menschen.

Das soll als exemplarische Skizze zum frühen theoretischen
Denken über das individuelle Streben genügen. Heute sind diese
allgemeinen theoretischen Annahmen vor allem im Rahmen psychologischer und sozialpsychologischer Forschungen sehr differenziert zu einem theoretischen Komplex der Selbstbehauptung
ausgebaut und empirisch gut geprüft. Dabei ergeben sich zahlreiche Facetten, die den Menschen in seiner Selbstbehauptung
bestimmen. Zusammenfassend kann man einen solchen Komplex
als Tendenz zu selbstwertdienlichen Kognitionen und Handlungen bezeichnen. Diese Tendenz ereignet sich unabhängig von
der „tatsächlichen" Qualität, den Fähigkeiten usw. einer Person
(Fischer und Wiswede 2002, Kapitel 12, Aronson, Wilson und
Akert 2004, Kapitel 6, Zimbardo und Gerrig 2004, Kapitel 14).
Hier seien nur einige Theorien genannt, in denen dieses Prinzip
der Selbstbehauptung eine Rolle spielt: die Theorie der Selbst-
werterhaltung, Theorien der Abwehrmechanismen des Ich, Be-
dürfnistheorien sowie Annahmen zum Streben nach Anerkennung. In diesen Theorien geht es um starke vor allem präreflexive
Prozesse der Selbstbehauptung. Die Betonung des Unterbewuss-
ten soll noch einmal darauf hinweisen, dass es hier nicht um Abweichungen von moralischen Prinzipien geht, sondern um das
Konstatieren von wissenschaftlich nachgewiesenen Fakten des
menschlichen Daseins. Ein Beispiel zum Abschluss: Bedürfnisthe-
orien verweisen oftmals auf einen ähnlichen Pool von Grundbe-
dürfnissen. Bei Correll sind z. B. soziale Anerkennung, Sicherheit
und Geborgenheit, Vertrauen, Selbstachtung, Unabhängigkeit
und Verantwortung Grundbedürfnisse des Menschen (Correll
2005, S. 40). Dabei ist es unbedeutend, ob die Bedürfnisse in
einem hierarchischen Verhältnis zueinander stehen (wie z. B. bei
Maslow 1981) oder mehr oder minder gleichzeitig auftreten (wie
bei Correll). Bedeutsam ist hingegen, dass diese recht gut gesicher-
ten Grundbedürfnisse einen klaren Bezug zur Eigenaktivität der
Selbstbehauptung aufweisen. Ein Beispiel stellt das Streben nach
sozialer Anerkennung dar. Auf dieses Streben machte bereits
Smith aufmerksam. Als unterbewusstes Streben gilt es für alle
Menschen. Darüber hinaus kann soziale Anerkennung auch noch
als eine bewusste Zielsetzung bis hin zur psychischen Übersteigerung (Narzissmus) auftreten. Darum geht es hier nicht. Das Streben nach Anerkennung gilt nicht allein für menschliches Verhalten, man kann es als ein universelles Lebensprinzip auffassen. Im
tierischen Verhalten wird es als Wettbewerb um die Position in

Das Streben nach
sozialer Anerken-
nung

einer Hackordnung bezeichnet. Dabei geht es um das Erreichen der Alphaposition oder das Vermeiden der Omegaposition (z. B. Correll, S. 30). Statuswettbewerb ist nur eine Facette des Bedürfnisses nach sozialer Anerkennung, aber eine sehr auffällige (Randall und Strasser 1979, S. 282). Auch Statuswettbewerb darf man in dem hier anvisierten Kontext nicht auf moralische Bewertungen beziehen. Es ist schlechthin das Streben eines Menschen gemeint, entsprechend seiner Gesamtressourcen (Fähigkeiten, materielle und soziale Ressourcen) einen möglichst komfortablen Platz in der Gesellschaft zu finden bzw. durchzusetzen. Das ist eine starke Kraft, die sich nicht wegsozialisieren lässt und deshalb zum grundlegenden Aktivitätspotenzial eines Menschen zu zählen ist.

Zusammenfassung

1. Menschen gehen nicht in Sozialisation auf und es wird wahrscheinlich auch nie ihr stärkster Drang werden, einer Gesellschaft zu dienen. Im Gegenteil das grundlegende Streben nach Selbstbehauptung ist eine permanente Quelle menschlicher Aktivität und der Fähigkeit auch ein Gegenspieler sozialer Ordnung zu sein.
2. Die besondere Schwierigkeit im Zusammenhang mit Sozialisationstheorien besteht aber darin, dass in deren Rahmen vor allem nach normativen statt kausalen Lösungen gestrebt wird. Normative Antworten geben uns aber keine Auskunft über Ursachen, sondern formulieren lediglich Postulate.
3. Sozialisationstheorien sollten also nicht von dem Bestreben getragen sein, einen Nachweis für die Auflösung der starken individuellen Strebungen zu erbringen und zu zeigen, wie der gute Mensch entsteht. Es geht vielmehr um die theoretische Erfassung eines Arrangements zwischen Individuen und Institutionen. Soziale Ordnung ist nichts Starres und Individuen drängen sich nicht danach, kollektive Zielsetzungen in ihrem Verhalten zu verfolgen. Dass soziale Ordnung dennoch Bestand hat, bleibt deshalb eine theoretische Herausforderung für die Soziologie.

3.4 Die Vermittlung von institutionalisierter Welt und individuellen Orientierungen durch Sozialisationsmechanismen

3.4.1 Grundlagen

Weil Begriffe der Mechanik vor allem Bestandteil von Gesellschaftstheorien des 19. Jahrhunderts sind, die klassische marxistische Theorie ist ein Beispiel dafür, werden solche Bezeichnungen in der Theoriebildung des 20. Jahrhunderts eher gemieden. Seit einiger Zeit erfreut sich aber der Begriff des Mechanismus wieder einer gewissen Attraktivität.

Erklärung

Eine Definition des Mechanismus liefert z. B. Opp:

„Wenn eine Beziehung zwischen zwei Variablen vorliegt, und wenn mindestens eine intervenierende Variable spezifiziert wird, liegt eine Erklärung durch Mechanismen vor" (Opp 2004, S. 364).

Die etwas technische Sprache, in der von Variablen die Rede ist, gründet sich auf die methodologische Grundposition, wonach theoretische Annahmen empirisch zu prüfen sind. Für diejenigen, die mit diesem Gedanken nicht vertraut sind: Es ist demnach erforderlich die in Annahmen getroffenen Aussagen in empirisch beobachtbare Variablen umzuformen (zu operationalisieren).

Im hier behandelten Kontext geht es um ein Verständnis darüber, auf welchem Weg externe soziale Erwartungen oder Veränderungen in den Bedingungen (Restriktionen) zu einem Bestandteil der Persönlichkeit (Dispositionen, Präferenzen) werden und schließlich zu einem entsprechenden Verhalten führen können.

In den zu erläuternden Sozialisationsmechanismen werden die zuvor vorgestellten Bausteine miteinander kombiniert. Dabei geht es um das Wechselverhältnis zwischen Anpassung an gegebene Bedingungen und Erwartungen einerseits und Eigeninitiative der Akteure andererseits.

Bezieht man den Begriff Mechanismus auf den Gegenstand der Internalisierung, heißt das, dass es um theoretische Annahmen zu Variablen geht, die zwischen den externen Verhaltenserwartungen und dem Verhalten eines Menschen wirken. Es soll also theoretisch begründet werden, warum Menschen ihr Verhalten an normativen gesellschaftlichen Erwartungen orientieren. Ein solcher Zusammenhang bildet die Grundlage dafür, dass in der Soziologie mit einer gewissen Selbstverständlichkeit meist implizite, aber auch explizite Annahmen über Sozialisationseffekte aufgestellt werden. Die hier vorgestellten Sozialisationsmechanismen werden im 4. Kapitel aus soziologischen Theorien expliziert. Bei diesen Mechanismen handelt es sich um *instrumentelles* Wissen für soziologische Theorien und nicht um den Gegenstand soziologischer Forschung selbst. Im Folgenden werden drei solcher Sozialisationsmechanismen erläutert.

3.4.2 Die Begrenzung der Bedürfnisse – Emile Durkheim

In diesem Mechanismus spielt die Tendenz der kognitiven Entlastung eine zentrale Rolle.

Funktionalistische Theorie und gesellschaftliches Gleichgewicht

Emile Durkheim gilt als einer der Begründer der funktionalistischen Theorie in der Soziologie. Hier ist diese Bezugnahme nur wegen einer Perspektive wichtig: Die klassischen funktionalistischen Theorien (von Durkheim und Parsons) richten sich auf theoretische Fragen der Erhaltung eines Gleichgewichts der Gesellschaft. Deshalb findet man die für einen Sozialisationsmechanismus interessierenden Prozesse im Zusammenhang mit theoretischen Argumenten der Bewahrung eines solchen Gleichgewichts. Vor allem in zwei Arbeiten wendet sich Durkheim dieser Problematik zu: *Der Selbstmord* (1983, [1897]) und *Über die Teilung der sozialen Arbeit* (1977, [1893]). Der theoretisch zentrale Begriff, um den es dabei geht, heißt Anomie. Anomie wird allgemein als Zustand der Normlosigkeit oder Orientierungslosigkeit bezeichnet. Aber darauf soll hier nicht näher eingegangen werden. Durkheim bildete theoretische Annahmen über soziale Ursachen, die Gesellschaften oder Individuen (dann heißt es Anomia) in einen solchen Zustand der Verletzung des Gleichgewichts und damit zu einer Störung ihrer Funktionen führen.

Theoretischer Ausgangspunkt ist die Annahme Durkheims, wonach die Bedürfnisse des Menschen von Natur aus nicht begrenzt sind. Man spricht heute von Bedürfnisdynamik. Aus dieser Eigenart menschlicher Bedürfnisentwicklung folgt für Durkheim, dass, wenn man diese Tendenz sich selbst überlässt, die Menschen zum Unglück verdammt sind. Das begründet er wie folgt: Da nichts die Wünsche einschränkt, überschreiten sie immer und uferlos die Mittel, über die die Menschen verfügen (Durkheim 1966, S. 395). Man kann auch sagen, dauerhaft unbefriedigte Bedürfnisse führen zu Frustration. Für Durkheim besteht deshalb das Problem darin, dass soziale Ordnung nur durch Begrenzung der Bedürfnisse gesichert werden kann. Soziale Ordnung muss sich also gegen eine natürliche Tendenz des Menschen wenden. Begrenzung heißt, ein Gleichgewicht zwischen den Bedürfnissen der Menschen und ihren verfügbaren Mitteln (Ressourcen) herzustellen. In diesem Zusammenhang kommt soziale Ungleichheit ins Spiel. In einer Sozialstruktur sind die Mittel zur Erreichung individueller Bedürfnisse mehr oder weniger stark ungleich verteilt. Für Durkheim ist diese soziale Ungleichheit eine Folge der naturbedingten individuellen Ungleichheit. Menschen verfügen über sehr unterschiedliche Anlagen, die dazu führen, dass ihre Leistungen differieren. Dies hört sich aus heutiger Sicht recht konservativ an, wenngleich moderne Gesellschaften letztlich als leistungsbezogen betrachtet werden können. Durkheim schreibt: „Es bedarf also noch einer moralischen Disziplin, um die von Natur aus weniger Begünstigten ihre schlechte Ausgangssituation hinnehmen zu lassen. Soll man so weit gehen, für alle eine gleiche Teilhabe zu fordern, soll den nützlicheren und verdienteren Gliedern der Gesellschaft kein Vorteil gewährt werden?" (Durkheim 1966, S. 399). Die Tendenz dieser Feststellung soll hier nicht erörtert werden. Wichtig ist hier die Annahme eines sozialstrukturell verankerten Gleichgewichts zwischen Mitteln und Bedürfnisbegrenzung, das als Kern der moralischen Disziplin einer Gesellschaft betrachtet werden soll. Das ist hauptsächlich Aufgabe des Staats und seiner moralischen Autorität. Sozialisationstheoretisch bedeutsam ist, dass ein solches individuelles Gleichgewicht zwischen verfügbaren Ressourcen und individuellen Zielen, um mit Freud zu sprechen, in den unbewussten Bereich der Persönlichkeit eingeht. Nach Durkheim ist menschliches Glück in jeder sozialen Schicht erreichbar, indem es als Einsicht in das Unabänderliche zu verstehen ist.

Exkurs

Begrenzung der Bedürfnisse und Stabilität sozialer Ordnung

Das Phänomen, um das es hier geht, findet man in verschiedenen Wissenschaftsdisziplinen und Perspektiven verarbeitet. Eine der berühmtesten Formulierungen stammt ursprünglich von Hegel. Engels greift diese Formulierung auf und bezeichnet sie als die erste richtige Darstellung des Verhältnisses von Freiheit und Notwendigkeit: Freiheit ist die *Einsicht* in die Notwendigkeit. Aber auch in anderen Zusammenhängen findet man Verweise auf dieses Arrangement zwischen Zielen, Bedürfnissen und Lebensbedingungen. So enthält die Operette „Die Fledermaus" von Johann Strauß (jun.) den geflügelten Satz: Glücklich ist, wer vergisst, was nicht mehr zu ändern ist. Das meint Durkheim mit der Suche nach Glück.

Sich mit dem Erreichbaren abzufinden und darin eine Quelle des Glücks zu erschließen, ist das Resultat erfolgreicher Internalisierung gesellschaftlicher Erwartungen. Die Grundidee besteht also in einem lebenslangen Arrangement zwischen individuell verfügbaren Ressourcen und angestrebten Zielen. Dies führt zum Glück des Einzelnen und zur Stabilität der Gesellschaft. Offen bleibt jedoch, auf welche Weise sich ein solches Arrangement einstellt. Der Hinweis, wonach dies durch moralische Erziehung geschehen muss, ist noch keine Erklärung. Die Frage aus heutiger Sicht ist, ob sich ein solches Resultat der Anpassung nicht auch spontan einstellt. Damit würde dieser Prozess für eine soziologische Sozialisationstheorie attraktiver.

Eine theoretische Explikation der Idee der Bedürfnisbegrenzung

Ortmann (2000, S. 447 ff) hat den Versuch unternommen, theoretische Annahmen über einen diesem Anpassungsprozess zugrunde liegenden Mechanismus zu erarbeiten und diese empirisch geprüft. Wenngleich es sich um eine, wie Ortmann es selbst bezeichnet, Theorieskizze handelt, wird damit ein grundlegendes Sozialisationsphänomen aufgegriffen, das sich lohnt weiter zu verfolgen. Grundlegend ist das Streben nach einem Gleichgewicht. Dies gilt für gesellschaftliche Systeme wie für individuelle Akteure. Das bedeutet, die verhaltensbestimmenden Merkmale sind so aufeinander und auf die Lebensbedingungen abgestimmt, dass sie zueinander passen. Das muss man sich als einen asymptotischen Prozess vorstellen. Dies zu betonen ist wichtig, weil gerade in der Sozialisationsforschung gelegentlich die Auffassung anzutreffen ist, dass der Mensch daueraktiv und dauerkreativ sei. Aus diesem Grund wird auch jeder theoretische Versuch in Richtung von mehr Stabilität und Routine schnell als mechanistisch gedeutet. Berger und Luckmann haben den Menschen einmal zutreffend als notorischen Energiesparer bezeichnet (Berger und Luckmann 1991, S. 60 ff). Aus dieser Tendenz heraus ist er bestrebt Routinen aufzubauen, die seinen Alltag sichern. Das ist eine Idee, die im Grunde von Alfred Schütz vorgezeichnet ist. Gewöhnung oder Habitualisierung ist ein empirisches Faktum, was es zu erklären gilt. Mit der genannten Annahme von Ortmann kommen wir einer Erklärung näher, weil darin eine Antwort auf die Frage zu sehen ist, warum Gewöhnungsprozesse als Anpassung so tief im Verhalten verwurzelt sind. Demnach stellen sich im Laufe des Lebens Ereignisse ein oder können sich einstellen, wie z. B. Wohnortwechsel, Arbeitslosigkeit und der Tod nahe stehender Menschen, die ein gefundenes Gleichgewicht erheblich stören. In einem solchen Fall müssen die betroffenen Menschen nach einem neuen Gleichgewicht für ihr Alltagshandeln suchen. Dies geschieht sowohl bewusst als auch spontan, d.h., es stellen sich unintendiert Lösungen ein, die akzeptiert, also gelebt werden können (vgl. Abbildung 8).

Das Resultat ist nicht vorgezeichnet, sondern gleicht einer Lösungssuche für ein Lebensproblem. Hierin ist der individuelle Akteur zuerst sehr aktiv und im Zuge einer Lösung des Anpassungsproblems kann er auf immer mehr neue Routinen (Verhaltensmuster) zurückgreifen. Ein solcher Vorgang kann auch als neuralgischer Punkt im Sinne von Chance und Risiko eines Neuanfangs im Lebenslauf bezeichnet werden. Diese Dynamik lässt in dem Maß nach, in dem sich ein neues Gleichgewicht in den Alltagshandlungen einstellt (vgl. Abbildung 8).

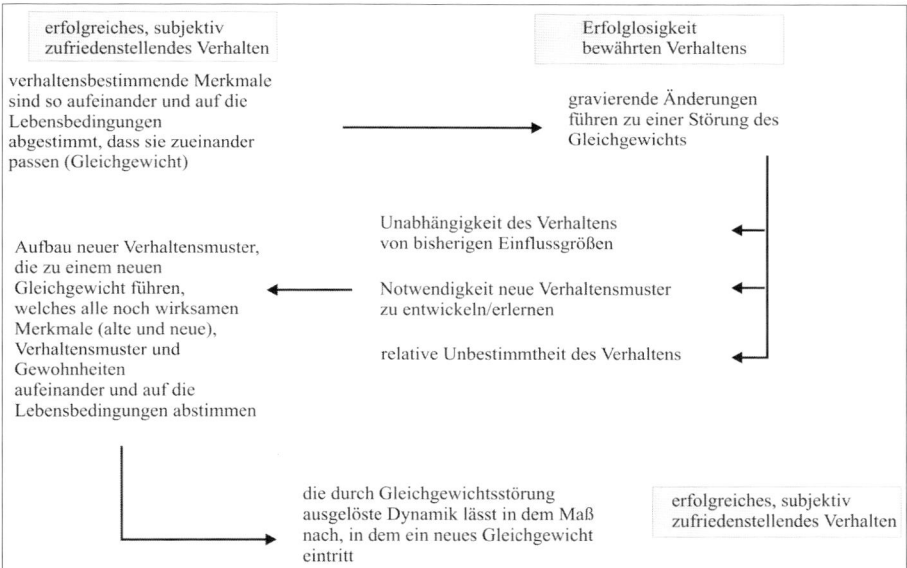

Abb. 8: Phasen zwischen altem und neuem Gleichgewicht in Anlehnung an Ortmann S. 447 ff.

Eine Möglichkeit, diesen Mechanismus auf einen beobachtbaren Prozess anzuwenden, bietet sich im Rahmen der Hellfeldkriminalität an. Zu den typischen Überrepräsentationen registrierter Kriminalität in den westlichen Ländern zählt das im Vergleich der Altersgruppen überproportional häufige Auftreten von Rechtsverletzungen durch Jugendliche und Heranwachsende. Die Alters-Kriminalitäts-Kurve (hier wie sie sich aus der Verurteiltenstatistik ergibt) zeigt, dass das registrierte Kriminalitätsaufkommen jenseits des 21. Lebensjahres deutlich sinkt (Abbildung 9).

> Die Hellfeldkriminalität als Beispiel für Anpassung zwischen Zielen und Mitteln

Dies ist eine Regelmäßigkeit im Lebenslauf, welche einen problematischen Umschlag in den Lebensbedingungen markiert. Folgende Annahme liegt einer solchen Betrachtung zugrunde.

Mit den Lebensjahren der Pubertät wird das in der Kindheit gefundene Gleichgewicht zwischen Lebensbedingungen – subjektiven Orientierungen – (zufrieden stellendem) Verhalten erheblich gestört. Die Dynamik der Suche nach einem neuen Gleichgewicht währt über das Jugendalter hinweg und ist oft von Devianz unterschiedlicher Schwere begleitet.[6] Wenn die Bedürfnisse sich schneller entwickeln, als die Lebensbedingungen und die mit ihnen gegebenen Ressourcen, dann besteht die Gefahr devianten Verhaltens. Erst mit dem Herausfinden des Umgangs mit den neuen Bedingungen des Erwachsenseins und den Möglichkeiten und Grenzen, die sich daraus ergeben, stellt sich ein neues Gleichgewicht zwischen diesen Lebensbedingungen, den Wertorientierungen (Bedürfnissen) und den dazu passenden Verhaltensmustern ein, womit dieses auffällige Verhalten meist wieder verschwindet (Ortmann 2000, Abschnitt 9.4).

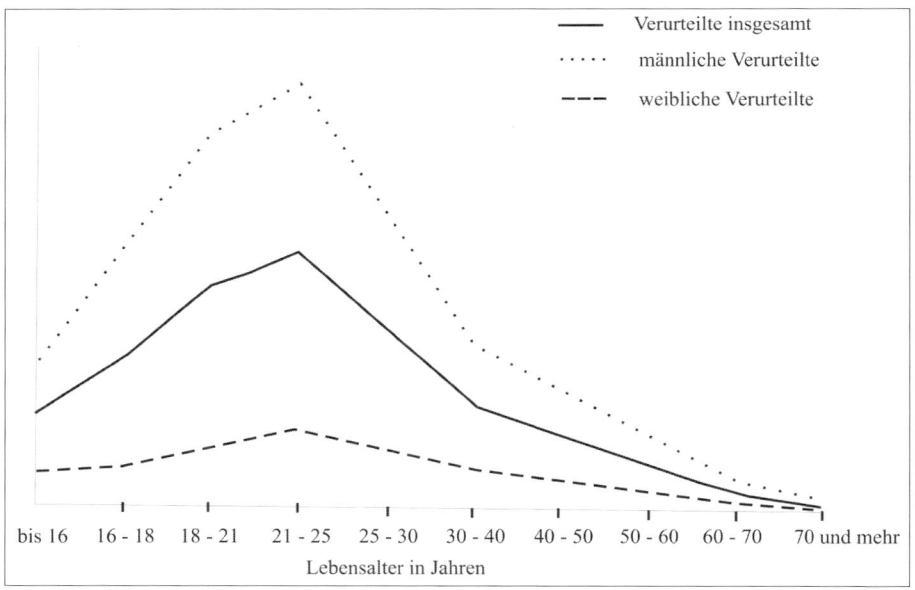

Abb. 9: Typische Verteilung von strafrechtlich Verurteilten nach Lebensalter (nach Eisenberg § 48)

Kognitive Dissonanzbewälti- gung und individuelles Gleichgewicht

Wie lässt sich nun der diesem empirisch beobachtbaren Prozess zugrunde liegende Mechanismus allgemein theoretisch fassen?

6   In diesem Zusammenhang wird auch von einer generellen Verbreitung (Ubiquität) von Kriminalität im Jugendalter gesprochen.

Hilfreich ist hier die Theorie der kognitiven Dissonanzbewältigung (wie sie unter 3.3.2 dargestellt wurde). Mit ihr lässt sich erklären, warum Menschen Dissonanzen, hier zwischen Verhaltensorientierung und Verhaltensergebnissen, zu vermeiden suchen. Ungleichgewichte z. B. zwischen Kognition und Verhalten lösen Unbehaglichkeit aus. Auch das psychische System des Menschen strebt ein Gleichgewicht an. Demzufolge entsteht der Wunsch nach Korrektur der inkongruenten Elemente. Aufgrund des zweifelsfreien empirischen Nachweises haben wir es hier mit einer Tatsache des Gleichgewichtsstrebens zu tun, das für Sozialisationstheorien außerordentlich bedeutsam ist.

Zusammenfassung

Fassen wir die Bausteine dieses Mechanismus zusammen:
Menschen streben ein Gleichgewicht an
1. zwischen ihren Wertorientierungen, Bedürfnissen, Verhaltensmustern und Lebensbedingungen,
2. um Unsicherheiten sowie Risiken in den Verhaltensfolgen zu reduzieren und
3. den Status erfolgreicher Verhaltensmuster zu bewahren.
4. Eine Veränderung der Lebensbedingungen stört dieses bewährte Gleichgewicht,
5. was zu negativen Verhaltensfolgen (Misserfolgen) führt,
6. so dass nach einer neuen Anpassung zwischen den Grundelementen (unter 1.) gesucht wird,
7. bis sich ein neues Gleichgewicht einstellt.

Lernen am Erfolg – Burrhas Skinner 3.4.3

In diesem Sozialisationsmechanismus, welcher der behavioristischen Lerntheorie entnommen ist, finden wir zwei der zuvor behandelten Bausteine: die Assoziationsfähigkeit und die Tendenz zur Selbstbehauptung (das Streben nach angenehmen Lebensumständen). Auch hier geht es nun darum, exemplarisch die Verwendbarkeit dieses Anpassungsprozesses in soziologisch relevanten Zusammenhängen darzustellen.

Bevor auf eine Übertragung des gefundenen Mechanismus der Verhaltensbeeinflussung auf soziale Zusammenhänge eingegangen wird, soll das von Thorndike entworfene Gesetz des Effekts erläutert werden. Behavioristen gehen davon aus, dass man die in Tierexperimenten gefundenen Zusammenhänge auch auf

Das Gesetz des Effekts

menschliches Verhalten übertragen kann. Deshalb bezeichneten sich bereits die ersten Behavioristen als Verhaltensingenieure. Ihre Kritiker bestreiten genau diese Übertragbarkeit bis heute. Sie nennen die Behavioristen deshalb gelegentlich auch Rattenpsychologen, um auf eine Nichtübertragbarkeit der Ergebnisse hinzuweisen.

Thorndike formulierte das Gesetz des Effekts, das er aus Experimenten mit Katzen gewann. Die Grunderkenntnis ist einfach: Organismen lernen ihr Verhalten anhand der Konsequenzen, die dadurch hervorgerufen werden zu steuern (Thorndike 1913). Was heißt das? Ein Verhalten, das in einer bestimmten Situation von einem befriedigenden Zustand begleitet oder gefolgt wurde, wird später in ähnlichen Situationen wieder auftreten (Frey & Greif 1983, S. 41). Dieses Gesetz greift Skinner auf und verwendet es in der Theorie des instrumentellen Lernens, die von der ursprünglichen behavioristischen Theorie, dem klassischen Konditionieren, zu unterscheiden ist.

Hinweis

Die Theorie des instrumentellen Lernens:

John Watson (1878-1958) gilt als Begründer der behavioristischen Lerntheorie. Diese Theorie, die experimentelle Ergebnisse Pawlows weiterführt, erklärt, wie gelernt wird, auf Reize zu reagieren. Dies wird als klassisches Konditionieren bezeichnet. Im Unterschied dazu wird in Skinners Theorie des instrumentellen Lernens versucht nachzuweisen, wie gelernt wird, Verhaltensweisen aufgrund ihrer Konsequenzen zu präferieren. Leider wird von manchem Kritikern dieser Unterschied zwischen Watsons und Skinners theoretischer Grundorientierung ignoriert.

Das Neue (im Unterschied zur ursprünglichen behavioristischen Lerntheorie) besteht also darin, dass Organismen als aktive Reiz-*sucher* aufgefasst werden können. Dadurch wird es möglich, theoretische Annahmen über die Wahl eines Verhaltens durch einen Organismus zu begründen. Organismen verhalten sich in einem gewissen Umfang willkürlich. Die sich einstellenden Konsequenzen können bedeutsam oder auch bedeutungslos für einen Organismus sein. Wenn eine Konsequenz bedeutsam ist, dann spricht man von einer (verhaltens)verstärkenden Konsequenz. Konsequenzen können generell in belohnende, bestrafende und neutrale unterteilt werden. Gelernt wird also an den Konsequenzen des Verhaltens, je nach dem, ob diese Konsequenzen wohltuend sind oder nicht. Menschen lernen, wie andere Organismen auch, ein bestimmtes Verhalten öfter auszuführen oder es zu meiden. Dabei ist es gleichgültig, ob dies aus der Widerspenstigkeit materieller Bedingungen (z. B. der Unüberwindlichkeit physikalischer Gesetze) oder den Reaktionen menschlicher Interaktionspartner (z. B. deren unnachgiebigen Erwartungen) gelernt wird.

Dieser Standpunkt wird häufig kritisiert. Geulen z. B. merkt dies als eine theoretische Schwäche an. Er weist aber nicht nach, worin ein Wirkungsunterschied zwischen materiellen und sozialen Bedingungen auf das Verhalten besteht. So würde im Behaviorismus kein Unterschied zwischen einem Spielautomaten und einem anderen Menschen gemacht (Geulen 2005, S. 179 f). Das ist richtig, aber worin besteht letztlich der Wirkungsunterschied zwischen einer Alltagstheorie darüber, warum der Automat so oft gewinnt und einer Alltagstheorie darüber, warum der Ehepartner schon wieder seine Socken hat liegen lassen? Die Gesetze der Wahrscheinlichkeit erscheinen dem Alltagsbewusstsein genauso tückisch wie manches Verhalten ihrer Mitmenschen. Es ist wenig hilfreich, beständig auf die Besonderheit des Menschen hinzuweisen und hier lediglich mit dem Qualitätsunterschied zwischen Spielautomat und Mensch zu argumentieren. Diese Reize (als Folge des Verhaltens) können ein operantes Verhalten verstärken oder vermindern (Strafreiz oder aversiver Stimulus). Ein Verhalten wird gelöscht (Extinktion), wenn über einen bestimmten Zeitraum[7] keinerlei Verstärkung auftrat oder aversive Stimuli dem Verhalten folgen.[8] Dadurch entsteht eine Assoziation zwischen dem Verhalten und der wahrgenommenen Konsequenz.

Homans als Soziologe hat später die von Skinner entwickelten Verhaltensregelmäßigkeiten in soziale Interaktionszusammenhänge überführt. Im Grunde ging es Homans um die Erklärung der Entstehung von Institutionen (Normen) als Folge menschlichen Verhaltens. Die von Skinner aufgestellten Verhaltenshypothesen schienen Homans eine zuverlässige Grundlage für die Erklärung von Verhalten zu sein. Homans arbeitete auf dieser Grundlage eine der ersten soziologischen Austauschtheorien aus.

Homans'
Austauschtheorie

---

7 Dieser Zeitraum hängt davon ab, wie die zeitliche Struktur des Lernens ablief (vgl. Opp 1972, Kapitel III).

8 Aversive Stimuli führen nicht zwangsläufig zur Extinktion. Die Problematik dazu ist bei Correll gut aufbereitet (Correll 1993, S. 34 ff).

Diese Hypothesen sind:

* Die Erfolgshypothese: Je häufiger eine Aktivität belohnt wird, mit um so größerer Wahrscheinlichkeit wird sie ausgeführt.
* Die Reizhypothese: Wenn in der Vergangenheit ein bestimmter Reiz eine Aktivität begleitet hat und belohnt worden ist, dann wird eine Person um so eher diese oder eine ähnliche Aktivität ausführen, je ähnlicher die gegenwärtigen Reize dem Vergangenen sind.
* Die Werthypothese: Je wertvoller die Belohnung einer Aktivität für eine Person ist, desto eher wird sie die Aktivität weiter ausführen.
* Die Entbehrungs-Sättigungs-Hypothese: Je öfter eine Person in der nahen Vergangenheit eine bestimmte Belohnung erhalten hat, desto weniger wertvoll wird für sie jede zusätzliche Belohnungseinheit.
* Die Frustrations-Aggressions-Hypothese: Wenn die Aktivität einer Person nicht wie erwartet belohnt oder unerwartet bestraft wird, wird die Person ärgerlich, und im Ärger sind die Ergebnisse aggressiven Verhaltens belohnend (Homans 1972b, S. 61 ff).

Später fügt Homans noch eine Rationalitätshypothese hinzu, welche eine Brücke zum ökonomischen Theorieprogramm schlägt. Im Grunde ist diese Hypothese eine Vorwegnahme der Subjective Expected Utility (SEU)-Theorie: Wenn eine Person zwischen alternativen Handlungen wählt, wird sie diejenige Handlung auswählen, für welche der von der Person wahrgenommene Wert der Handlungskonsequenzen multipliziert mit der geschätzten Wahrscheinlichkeit ihres Eintretens größer ist.

Lernen von Techniken der Verhaltensregulation

Akteure in einem Interaktionszusammenhang tauschen Reize aus. Diese Reize, die für den Interaktionspartner als Konsequenzen seines Verhaltens wahrgenommen werden, folgen aus dem Verhalten des jeweiligen reizgebenden Interaktionspartners. Ohne hier näher auf die konkreten Zusammenhänge einzugehen[9], kann generell folgendes festgestellt werden: Diese Hypothesen erlauben Tendenzen des Verhaltens theoretisch zu erfassen. In ihnen sind grundlegende Bausteine der Interaktion zwischen Individuum und sozialer Umwelt enthalten, wie

* Generalisierung und Diskrimination (Reizhypothese),
* Lernen (Verstärkung) und
* Verlernen (Extinktion) von sozialen Verhaltensweisen (Erfolgshypothese),

---

[9]   Ausführlich zur behavioristischen Lerntheorie: Opp (1972), Esser (1999), Münch (2002).

* Abwägen von Opportunitätskosten (Werthypothese),
* Häufigkeitsregulation nach Grenznutzenerfahrung (Entbehrungs-Sättigungs-Hypothese) und
* das Lernen mit Affekten umzugehen (Frustrations-Aggressions-Hypothese).

Dies sind Bausteine einer komplexen Regulation des individuellen Sozialverhaltens.

Die sozialwissenschaftliche Tauglichkeit dieser Hypothesen im   Lernbiografie als
Sinne der Erklärung der Entstehung sozialer Normen muss heute   Barriere für die
allerdings in Frage gestellt werden. Der wohl entscheidende Nach- Erklärung
teil liegt nach Esser in der notwendigen Kenntnis über die indivi- aggregierter
duellen Lernbiografien jener Akteure, deren Verhalten erklärt bzw. Ereignisse
vorhergesagt werden soll. Für Massenprozesse ist es schlechthin
eine nicht erfüllbare Voraussetzung z. B. die in der Reizhypothese
geforderten Daten über den Ablauf individueller Verstärkererleb-
nisse zu erheben. Im hier verwandten Sinne jedoch verweist dieser
Mechanismus auf die spontane Entstehung und Erhaltung von
Interaktionsgleichgewichten im Alltag, welche aus der Abglei-
chung individueller Interessen und den Gegebenheiten im sozialen Mikromilieu individueller Akteure entstehen. Dies ermöglicht
sowohl das individuelle Aktivitätspotenzial (kreative Suche nach
besten Konsequenzen) als auch den Erhalt bewährten Sozialverhaltens hinreichend zu erklären (vgl. Abbildung 10).

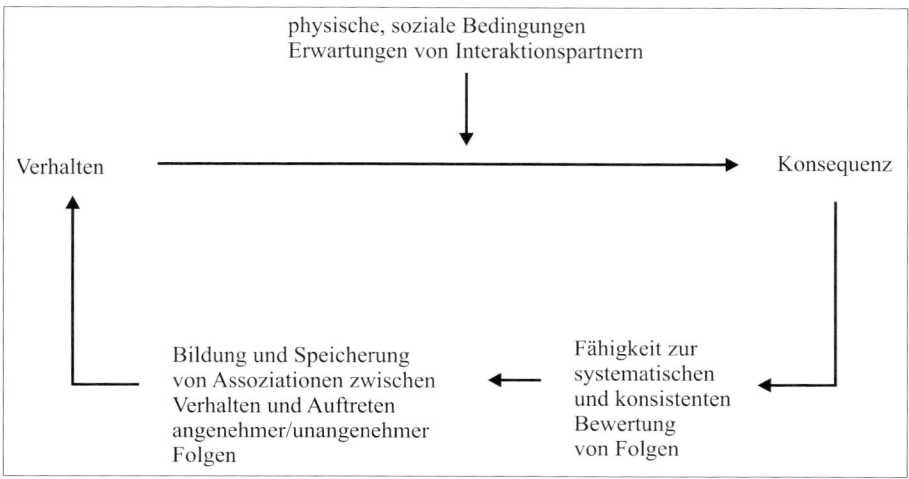

Abb. 10: Lernen am Erfolg

Ein Beispiel aus der Kriminologie soll den dargestellten Mechanismus verdeutlichen. Burgess und Akers knüpften in einer kritischen Auseinandersetzung an die Theorie der differenziellen Kontakte von Sutherland (1968) an. Dessen Hypothesen waren, so die Hauptkritik, nicht empirisch prüfbar. Trotz des Einwands bleibt festzuhalten, dass Sutherland eine innovative Auffassung in die Kriminologie brachte: Kriminalität ist erlernt. Dies richtete sich hauptsächlich gegen die ursprünglichen (und heute wieder anklingenden) theoretischen Erklärungen abweichenden Verhaltens als Folge von Vererbung. Burgess und Akers (1966, S. 146) überführten die Annahmen Sutherlands in einen operanten Lernmechanismus.

* Kriminelles Verhalten wird gemäß den Prinzipien des operanten Konditionierens gelernt.
* Kriminelles Verhalten wird gelernt sowohl in nichtsozialen Situationen, die verstärkend oder differenzierend wirken, als auch in sozialer Interaktion, in der das Verhalten anderer Personen verstärkend oder differenzierend für kriminelles Verhalten wirkt.
* Der größte Teil des Lernens kriminellen Verhaltens findet in denjenigen Gruppen statt, in denen das Individuum seine Hauptquelle für Verstärkungen hat.
* Das Lernen kriminellen Verhaltens, inklusive bestimmter Techniken, Einstellungen und Vermeidungsstrategien, ist eine Funktion der wirksamen und vorhandenen Verstärker sowie der gegebenen Möglichkeiten der Verstärkung.
* Die bestimmte Klasse der Verhaltensweisen, die gelernt werden, und die Häufigkeit ihres Auftretens sind eine Funktion derjenigen Verstärker, die wirksam und verfügbar sind, sowie der Regeln oder Normen gemäß derer diese Verstärker angewandt werden.
* Kriminelles Verhalten ist eine Funktion solcher Normen, die differenzierend für kriminelles Verhalten wirken. Letzteres wird dann gelernt, wenn ein solches Verhalten in höherem Maße verstärkt wird als nicht-kriminelles Verhalten.
* Die Stärke kriminellen Verhaltens ist eine direkte Funktion der Menge, Häufigkeit und Wahrscheinlichkeit seiner Verstärkung.

Kriminelles Verhalten entsteht diesen Annahmen zufolge in erster Linie aus Interaktionen. Wenn in Gruppen oder Gesamtinteraktionen eine positive Bewertung von kriminellen Handlungen dominiert, dann wird eine gegenläufige Wertauffassung nicht auf Anerkennung (Belohnung) stoßen. Die Vorhersage ist, dass ein

Akteur die dominante Werthaltung internalisiert, weil er dadurch Anerkennung (positive Verstärkung) erhalten kann.

Zusammenfassung

Zusammenfassend lassen sich folgende Charakteristika dieses Sozialisationsmechanismus benennen:

1. Akteure verlieren ihr Eigeninteresse nicht, aber sie arrangieren sich mit den sozialen Gegebenheiten in denen sie leben. Durch eine umgebungsspezifische Modifikation ihres Verhaltens bleibt die Verfolgung ihrer Interessen gewahrt.
2. Als Verhaltenstendenz wird angenommen, dass sich individuelle Akteure in ihren Bestrebungen gleichen, demzufolge sie angenehme, lebensverbessernde Zustände gegenüber lebensverschlechternden vorziehen.
3. In diesem Sinne wird erfolgreiches Verhalten durch Generalisierung und Diskriminierung hinsichtlich der vorgefundenen Bedingungen bestimmt und als Assoziation gespeichert. Daraus baut sich ein in einer bestimmten Umwelt aktiv erworbenes Verhaltensrepertoire auf.
4. Zugleich erhalten soziale Umwelten (materielle, soziale, personale) einen prägenden Einfluss auf das individuelle Verhalten.
5. Es kann theoretisch begründet und empirisch nachgewiesen werden, dass sich die Verhaltensweisen eines Akteurs verändernden sozialen Zusammenhängen anpassen: Das Spektrum der Verhaltensaktivität folgt dabei dem Spektrum der Verstärkung.

Selbstbelohnung als Folge der Verbindung von Wert, Norm und Affekt – Talcott Parsons   3.4.4

Als theoretische Voraussetzung des von Parsons ausgearbeiteten Sozialisationsmechanismus werden drei Orientierungsebenen des Menschen unterschieden: eine affektive, eine kognitive und eine normativ-evaluierende. Die beiden ersten Ebenen organisieren sich spontan. In einer ersten Entwicklungsphase entsteht über die Aktivität und Neugier des Kleinkindes ein spontaner Prozess der Erkundung der Umgebung. Dabei kommt es zu einer Kategorisierung der erfahrenen Welt bzw. kategorialer Unterscheidung zwischen Objekten in dieser Welt. Objekte bekommen eine interne Semantik, aufgrund derer sie sicher unterschieden werden können. Die in einer Kultur üblichen Bezeichnungen dafür werden erst später erlernt. Demnach können der Küchenherd, die Quietschpuppe, Nachbars Hund und die Narzissen im Garten als eigenständige Objekte unterschieden werden. Dies ist unmittel-

Die drei individuellen Orientierungsebenen nach Parsons

bar mit einem zweiten Prozess verbunden: dem Auftreten von Affekten. Objekte geraten in die Aufmerksamkeit, wenn sie für das erkundende Subjekt mit wahrnehmbaren Konsequenzen verbunden werden können. Der Küchenherd war heiß und der Schmerz noch eine Weile spürbar. Die Quietschpuppe verschafft besondere Aufmerksamkeit bei den Erwachsenen. Nachbars Hund hat unser erkundendes Kleinkind mit der Schnauze umgestoßen und roch übel, ganz im Gegensatz zu den hübschen Blumen im Garten. In der erfahrbaren Welt gibt es also nach eigenem Kontakt freundliche und unfreundliche Objekte. Mit anderen Worten, auf der Grundlage von wahrnehmbaren Konsequenzen dieser Objekte bilden sich Assoziationen mit positiven oder negativen Affekten (objektorientierte Affekte). Das ist ein spontaner Prozess, der von außen allerdings einen lenkenden Einfluss durch (im Regelfall) die Mutter und andere sozialisierende/erziehende Personen erfährt. Sie versuchen in die Entstehung spontaner Assoziation einzugreifen, je nachdem wie sehr diese Assoziationen im Resultat von ihren (internalisierten) Vorstellungen des Richtigen abweichen oder übereinstimmen. Demnach greifen sie mit Belohnungen oder deren Entzug/Bestrafung ein.

Die Gratifikations-Deprivations-Balance

Parsons nennt dies die Gratifikations-Deprivations-Balance. Diese Balance ist im Grunde ein lerntheoretischer Mechanismus oder anders ausgedrückt, auf das operante Verhalten des Kleinkindes wird im Sinne der normativen Überzeugungen der Erwachsenen eingewirkt. Das folgende Beispiel mag etwas plakativ erscheinen, ist aber recht gut zur Demonstration geeignet.

Beispiel

Ein kleines Mädchen hat sich einige Male fast an einer heißen Herdplatte verbrannt. Mit dem Herd wird nun spontan ein massives Angstgefühl assoziiert. Das kleine Mädchen möchte von nun an in Rollenspielen mit Gleichaltrigen und auch sonst überhaupt nichts mit einem Herd zu tun haben. D.h., Kochen wird sich ganz sicher nicht zu einer Leidenschaft entwickeln, wenn nun nicht frühzeitig eingegriffen wird. Die Mutter beobachtet das Verhalten und die Vermeidung expliziter Küchentätigkeit im Spiel und auch sonst. Sie ist von der Richtigkeit dessen überzeugt, dass Frauen sich in erster Linie um die Familie kümmern sollten und dazu gehört ganz zentral das Kochen. Sie wird nun versuchen, sofern dies ihren eigenen Grundüberzeugungen entspricht, mit Hilfe von Belohnungen und Ermunterungen, dieses beobachtete Vermeideverhalten ihrer Tochter zu verändern.

Neben der Tatsache, derzufolge Objekte (gegenständliche oder Personen) selbst spontan eine Lust- oder Unlustquelle darstellen können, ist die Mutter sowie auch andere Erwachsene ebenfalls eine solche Quelle, die jedoch gezielt Lust- oder Unlust über Belohnung und Bestrafung generiert. Die Richtigkeitsüberzeugungen der Erwachsenen sind ebenfalls nicht ohne deren Sozialisation zu verstehen. Sie haben normative Erwartungen des Richtigen internalisiert und so ist ihr Urteil und ihr Eingreifen nicht willkürlich, sondern sozial mitverursacht. Parsons schreibt deshalb der Mutter zu, dass sie als erste dominante Instanz des kulturellen Systems fungiert (Parsons 1999, 25 ff), indem sie durch gerichtete Frustrierung ein verallgemeinertes Regelmuster im Kind formt. Unser Beispielkind lernt nun, dass seine Zuwendung zum Herd Belohnungen der Mutter auslösen kann. Auf diese Weise wird die Assoziation Herd – positives Gefühl/Belohnung verstärkt. Die entstandene Ambivalenz zwischen Belohnung durch die Mutter und „Bestrafung" durch den heißen Herd, wird sich nun über den Baustein *kognitive Dissonanzbewältigung* lösen.

Die Mutter als erste dominante Instanz der Internalisierung

Aus der Darstellung eines zweiten Bausteins, der *Selbstbehauptung* wissen wir, dass Verhalten die Tendenz aufweist, angenehme Zustände zu erhalten und unangenehme zu vermeiden. Im Sozialisationsmechanismus *Lernen am Erfolg* wird diese Tendenz direkt theoretisch angewendet. Im Sozialisationsmechanismus, den Parsons entworfen hat, finden wir einen etwas anderen Bezug zum Lernen am Erfolg. Parsons hält die lerntheoretische Interaktion für die Ausbildung stabilen Verhaltens für unzureichend. Wenn nämlich Belohnungen ausbleiben, dann ist ein gelerntes Verhalten von Löschung bedroht. Nach Parsons sind externe Belohnungsquellen immer unsicher, weil Menschen keine Automaten sind. Belohnungen können also erwartungsgemäß erfolgen oder auch ausbleiben. Aus der Sicht der Lerntheorie ist das kein Problem, denn unregelmäßige Belohnungen festigen das Verhalten mehr als regelmäßige Belohnungen („Löschungsresistenz"). Aber ganz ohne Verstärkung geht es auch nicht. Das ist für Parsons, der über die Sozialisationsannahme die Stabilität sozialer Ordnung erklären will (vgl. 4.2), zu unzuverlässig.

Deshalb finden wir in seinen Arbeiten eine zweite Stufe, die mehr Sicherheit und Stabilität liefern soll. In dieser Stufe generiert das Kind aus den einzelnen gratifikatorischen Akten einen allgemeinen Sinn, eine Regelmäßigkeit. Auch hier gibt es experimentell gut geprüfte Prozesse der Differenzierung und Generalisierung. Damit ist gemeint, dass aus Reaktionen (Konsequenzen), die auf ein Verhalten folgen, im Zeitablauf über Differenzierung und Generalisierung immer genauer vom Akteur abgeschätzt

Die Entstehung einer inneren Belohnungsquelle

werden kann, wann diese Folgen auftreten *sollten* und worin ihre Gemeinsamkeiten und Unterschiede bestehen. Um ein simples Beispiel Berger und Luckmanns zu verwenden: Das Kleinkind generiert aus der normativen Forderung der Mutter, *du* darfst deine Suppe nicht verschütten im Laufe der Zeit (Wiederholungen), *man* darf seine Suppe nicht verschütten. Aus den Einzelaufforderungen ist ein generelles Normverstehen hervorgegangen. Die Entdeckung der in den Gratifikationen und Deprivationen enthaltenen latenten Norm (Regelmäßigkeit) führt dazu, dass sich nun eine neue dominante Assoziation ausbildet, nämlich zwischen dieser Norm und positiven Affekten. Mit anderen Worten, die Affekte werden im Sinne der normativ evaluativen Ebene organisiert. Die Assoziation zwischen Norm und Affekt führt zur Entstehung einer *inneren Belohnungsquelle*. Das hat für die Stabilität des Verhaltens eine grundlegende Bedeutung. Die Einhaltung einer akzeptierten Norm, wie sie sich aus dem gratifizierenden Prozess ergibt, löst nun ein positives Gefühl aus. Anders ausgedrückt, Normkonformität im Verhalten führt zu einer sicheren (inneren) Belohnung, indem ein positives Gefühl ausgelöst wird. Dadurch wird normkonforme Verhaltensstabilität von externen Kontrollen und Belohnungen weitestgehend unabhängig (Abbildung 11).

Die Assoziation
von Norm, Wert
und Gefühl

Nonkonformes Verhalten gegenüber einer internalisierten Norm führt dementsprechend zur Auslösung negativer Gefühle, man spricht hier auch von psychischen Kosten, die entstehen. Jeder kennt das schlechte Gewissen, das sich einstellt, wenn man gegen seine Überzeugungen gehandelt hat: eine unruhige Nacht, Druck in der Magengegend, Nervosität, Schwitzen. Jeder Mensch reagiert auf seine Weise. Die Assoziation Norm, Wert und Gefühl ist eine mächtige innere Kraft, die das Verhalten beeinflusst, weil sich die einstellenden Affekte nicht einfach abschalten oder bewusst steuern lassen.

Dieser von Parsons entworfene Mechanismus stellt eine (idealisierte) konsequente theoretische Umsetzung der Grundforderung in der Internalisierungsdefinition dar (3.1), derzufolge bei erfolgreicher Internalisierung externer Erwartungen externe Kontrollen (der Tendenz nach) überflüssig werden. Wir sehen, wie sozial erwünschtes Verhalten sich der Tendenz nach zunehmend ohne Fremdkontrolle stabilisiert.

Die Unterordnung
der Kognitionen
unter Normen und
Affekte

Aber noch eine zweite Konsequenz können wir in diesem Zusammenhang beobachten. Die Assoziation zwischen Norm und Affekt dominiert die kognitive Ebene der Orientierungen. Verhalten wird demnach in erster Linie nicht spontan durch Kognitionen

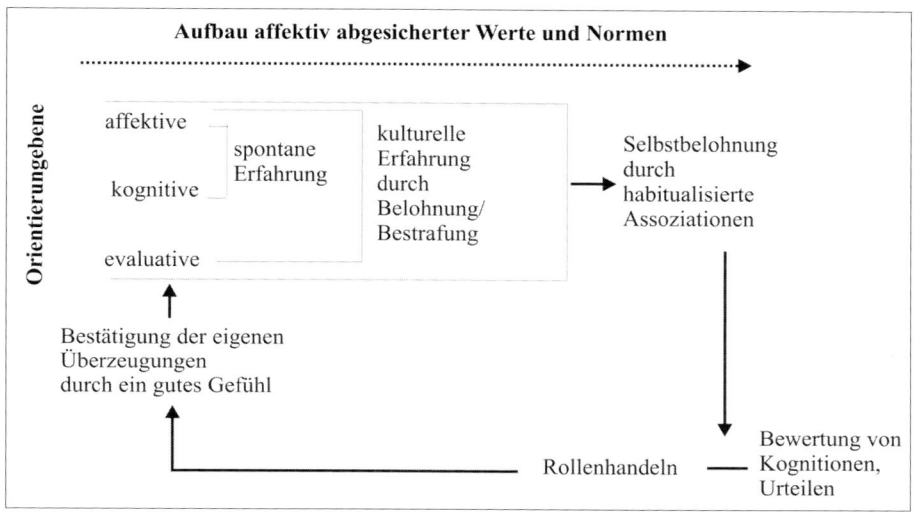

Abb. 11: Die Internalisierung kultureller Werte und Normen

gesteuert, wie dies anfangs der Fall war, sondern die Kognitionen ordnen sich nun der neu gebildeten Assoziation zwischen Wert/ Norm und Affekt unter. Auf diese Weise verringert sich auch die Gefahr durch Kognitionen ausgelöstes Zweifeln an der Richtigkeit eines normkonformen Verhaltens (bei Parsons als Rollenhandeln bezeichnet). Im Alltag können wir gelegentlich die Beobachtung machen, wonach Menschen, die stark normativ überzeugt sind, durch Gegenargumente, wenn sie diese überhaupt an sich heranlassen, nicht verunsichert werden können. Wie immer hat solch eine Erscheinung zwei Seiten.

Zum einen werden wir vor permanenten Zweifeln an der Richtigkeit unseres Verhaltens geschützt. Zum anderen entsteht aber auch eine gewisse Blindheit gegenüber anderen Perspektiven unseres Verhaltens und unserer Meinung. Ein Beispiel soll dies verdeutlichen. Aristoteles gehört zu den großen Gelehrten des Altertums. Man kann mit Recht sagen, dass er das Wissen seiner Zeit systematisiert hat und die geistige Welt mit seinen Gedanken teilweise noch heute beeinflusst. Dieser Gelehrte hatte auch die folgende Auffassung, die er für unbezweifelbar hielt: Es ist also klar, dass es von Natur Freie und Sklaven gibt und dass das Dienen für diese zuträglich und gerecht ist. ... Desgleichen ist das Verhältnis des Männlichen zum Weiblichen von Natur so, dass das eine

Vorurteile als Folge beherrschter Kognitionen:

besser, das andere geringer ist, und das eine regiert und das andere regiert wird (Aristoteles 1254b).

In diesem Beispiel geht es nicht um die Person des Aristoteles, sondern darum, wie internalisierte Grundüberzeugungen und Werte die Kognitionen selbst eines sehr klugen Menschen beherrschen können. Dass diese Urteile auch im damaligen Verständnis bezweifelt werden konnten, davon zeugen andere Philosophen jener Epoche, nämlich die Sophisten. Diese hatten andere Grundüberzeugungen, welche für Kognitionen der Gleichheit zwischen Freien und Unfreien oder Männern und Frauen offen waren. Durch Affekte abgesicherte Grundüberzeugungen schützen vor also unliebsamen Erkenntnissen. Weiterführend sind solche Prozesse im Zusammenhang mit dem Framing untersucht.[10]

Zusammenfassung

Bei Parsons findet man also einen komplexen zweistufigen Sozialisationsmechanismus, der zudem stark auf Werten und Normen basiert (vgl. 4.2). Bemerkenswert ist zudem, dass diese theoretische Ausarbeitung für einen soziologischen Theoriekontext ungewöhnlich explizit und umfangreich ist. Das hat mit dem zentralen Platz zu tun, den die Sozialisationstheorie in Parsons allgemeiner Theorie von der Gesellschaft aufweist.

1. Aus der Verhaltensaktivität heraus ergeben sich spontane Erfahrungen mit einer sozialen Umwelt. Diese Erfahrung generiert sich als Assoziation zwischen einem unterscheidbaren Objekt und seiner Konsequenz für das sich verhaltende Subjekt. Dadurch entsteht der Tendenz nach eine Dichotomie von angenehmen und unangenehmen Objekten.
2. Auf diese spontanen Erfahrungen nehmen Personen in einer sozialen Umwelt im Sinne ihrer Wertüberzeugungen durch Gratifikation und Deprivation Einfluss, indem kulturellen Erwartungen widersprechende Erfahrungen mit Deprivation und nicht widersprechende mit Gratifikation bedacht werden.
3. Die Unsicherheit der Gratifikationsvergabe und die Generierung des Regelcharakters von Gratifikation und Deprivation führen zu einer internen Assoziation zwischen der generalisierten Norm und positiven Affekten. Dadurch entsteht bei normkonformen Verhalten eine sichere innere Belohnungsquelle in Form eines guten Gefühls.
4. Ein weiterer Effekt dieser Organisation ist die Absicherung gegen verunsichernde Kognitionen. Die Assoziation zwischen Wert/Norm und Affekt beherrscht die kognitiven Prozesse eines Akteurs. Perfekte Internalisierung verhindert wertfreies Urteilen. Diese Folge schützt vor Zweifel und hohen psychischen Kosten und verhindert die Zugänglichkeit alternativer Wahrnehmungen.

---

[10]   Grundlagen dazu kann man in verschiedenen theoretischen Kontexten finden: Esser (1991), Goffman (1989 [1974]), Lindenberg (1981) behandelt.

Der sozialisierte Mensch in der Soziologie   3.5

Den drei vorgestellten Sozialisationsmechanismen liegen verschiedene elementare Bausteine zugrunde, mittels derer ein aktives Arrangement individueller Akteure mit ihrer sozialen Umgebung geschieht. Dieses Arrangement umfasst sowohl bewusste als auch unbewusste Vorgänge. Die soziologische Perspektive der Sozialisationsannahme präferiert dabei die Wirkung von sozialen Institutionen auf den Akteur. Die Frage dabei ist, in welcher Weise der individuelle Akteur theoretisch als aktiv angesehen werden kann bzw. in welchem Grad er über Autonomie verfügt. Das ist bedeutsam, um nicht der Versuchung zu erliegen, einen in Harmonie mit der Gesellschaft lebenden Menschen als Ziel zu setzen. Individuum und Gesellschaft sind nicht nur im Sinne der Theorie unterschiedliche Qualitäten, sie sind und bleiben es auch in der sozialen Wirklichkeit. Das bedeutet, dass Gesellschaft auf Seiten des Individuums immer auch als Verzicht auf individuelle Interessen und Intentionen gesehen werden muss. Gesellschaft und Individuum bergen eine dauerhafte Spannung. Das heißt nichts anderes, als dass nicht davon ausgegangen werden sollte, dass sich das Individuum durch Sozialisation in der Gesellschaft auflöst und seine Interessen kongruent mit kollektiven Interessen werden. Gerade in dieser Spannung zwischen gesellschaftlichen Institutionen und einem relativ autonomen Handlungspotenzial individueller Akteure liegt die Quelle gesellschaftlichen Wandels. Institutionelle Zwecke und individuelle Interessen lassen sich nicht in eine Kongruenz zwingen. Weil das so ist, wandelt sich Gesellschaft. Wo anders soll der Motor dafür zu finden sein, als beim Individuum. Also muss Sozialisation etwas von dieser Aktivität und dem Anderssein gegenüber Gesellschaft systematisch berücksichtigen. Dabei ist noch ein zweiter Umstand von Belang. Die Aktivität der individuellen Akteure reduziert sich nicht auf deren Willen. Das Gesamtpotenzial besteht aus körperlichen und psychischen Komponenten. Auch der Einfluss des Aktivitätspotenzials auf den Wandel von sozialen Institutionen ist nicht in erster Linie den Absichten der Akteure zuzurechnen. Dieser Einfluss entsteht spontan aus den Aggregationsprozessen der Handlungsfolgen der Gesamtheit individueller Akteure. Mithin wird die sozialwissenschaftliche Relevanz des bewussten Willens in expliziten Sozialisationstheorien gelegentlich überschätzt. Die soziologische Sozialisationsannahme folgt also einer Gradwanderung der theoretischen Bestimmung zwischen Autonomie und Festlegung des menschlichen Handelns. Die drei vorgestellten

Sozialisationsmechanismen sind Teil einer solchen Bestimmung, die berücksichtigt, dass der Mensch zwar in der Lage ist subjektive Dispositionen auszubilden und zu verfolgen, aber das Handeln der Akteure nicht allein durch Dispositionen verursacht wird. Deshalb muss zugleich auch die Wirkung externer Restriktionen Berücksichtigung finden, auch wenn diese durch Sozialisation nicht beeinflusst werden können.

Schließlich sollte die Soziologie eine andere Perspektive auf den Menschen haben als z. B. die Psychologie oder die Pädagogik. Dies folgt aus der Differenz des jeweiligen analytischen Primats dieser Disziplinen. Infolgedessen geht es auch um andere Aspekte des sozialisierten Menschen, wenn dieser im Rahmen soziologischer Theorien behandelt wird. Er ist Teil von Massenprozessen und es gilt herauszufinden, in welcher Weise Menschen als ein Teil von Massenprozessen Einfluss auf die Veränderung ihrer eigenen sozialen Bedingungen haben, ohne dass sie dies direkt beabsichtigt haben.

Zusammenfassung

Im folgenden Kapitel wird eine Auswahl soziologischer Theorien vorgestellt, in denen auf unterschiedliche Weise Annahmen zur Sozialisation mit den hier noch einmal kurz zusammengefassten Charakteristika der Soziologie in Zusammenhang stehen.
1. Das analytische Primat der Soziologie richtet sich auf die Aggregatebene, d.h., soziale Ereignisse (von aggregierten Einstellungen der öffentlichen Meinung bis zu Demonstrationen) und die Entstehung von Institutionen (im Sinne von Normen und Organisationen).
2. Annahmen zum Verhalten und zur Wirkung von Sozialisation sind deshalb meist allgemein gehalten und
3. implizit, d.h., dem Wirken von aggregierten Prozessen untergeordnet.

Literatur

Fischer, Lorenz und Günter Wiswede, *Grundlagen der Sozialpsychologie*, München, Wien, 2002.
Gugutzer, Robert (Hrsg.), *Body turn. Perspektiven der Soziologie des Körpers und des Sports*, Bielefeld, 2006 (darin: Michael Meuser, Anke Abraham, Stefan Beier, Elk Franke).
Münch, Richard, *Soziologische Theorie*, Bd. 2: Handlungstheorie, Frankfurt a. M., New York, 2002.
Parsons, Talcott, *Sozialstruktur und Persönlichkeit*, (Teil I) Frankfurt a. M., 1999.
Rüegg, Caspar J., *Gehirn, Psyche und Körper. Neurobiologie von Psychosomatik und Psychotherapie*, Stuttgart, New York, 2007.
Schiepek, Günter, *Neurobiologie der Psychotherapie*, Stuttgart, New York, 2004.

Sozialisationsannahmen in Grund-   4.
richtungen der Soziologie

Generationen: Sozialisation als kollektive Prägung durch konkret-historische Zusammenhänge   4.1

Generationenfolge und sozialer Wandel   4.1.1

Die Idee der Generation ist wahrscheinlich so alt wie die Menschheit, aber die systematische Beschäftigung mit der Generation
fällt erst in das 19. Jahrhundert. Als Klassiker der modernen Auffassung von der Generation gelten Wilhelm Dilthey (1833-1911),
Karl Mannheim (1893-1947) und Smuhel Eisenstadt (geb. 1923).
Sie haben in unterschiedlichen Epochen gearbeitet und jeweils
ihre zeitgenössische Sicht auf diesen Begriff verarbeitet. Zwei
Assoziationen mit Generation sind besonders verbreitet: die Vorstellung des Konflikts zwischen der alten und jungen Generation
und die soziale Vererbung von Generation zu Generation.

Generationenidee in der Wissenschaft seit dem 19. Jahrhundert

Bereits in den frühen schriftlichen Überlieferungen der grie-
chischen Philosophie begegnet man dem Lamento der Alten über
den sorglosen und unverantwortlichen Lebensstil der Jungen. So
schrieb Platon in seinem Werk *Der Staat*, dass die Schüler Lehrer
und Erzieher gering achten. Überhaupt, die Jüngeren stellen sich
den Älteren gleich und treten gegen sie auf in Wort und Tat. Und
natürlich sind die Folgen einer solchen Geringschätzung etablier-
ter Autorität auch damals schon stereotyp abgeschätzt worden,

Generationenkonflikt zwischen Jung und Alt

etwa von Aristoteles: Ich habe überhaupt keine Hoffnung mehr in die Zukunft des Landes, wenn einmal unsere Jugend die Männer von morgen stellt. Unsere Jugend ist unerträglich, unverantwortlich und entsetzlich anzusehen. Die Auffassung eines Konflikts zwischen der älteren und der jüngeren Generation erwächst aus der wahrgenommenen Differenz zwischen etablierten Lebensauffassungen und -gewohnheiten einerseits und alternativen Lebensauffassungen andererseits. Comte beschwört diese Differenz als einen immer während en Gegensatz zwischen konservativem Alter und innovativer Jugend herauf (vgl. Mannheim 1928, S. 159).

Jugend und gesellschaftliche Probleme

Zweifellos ist eine solche Konstellation zwischen den Generationen sozial bedeutsam. Aktuelle Auseinandersetzungen um Maßnahmen zur Kriminalprävention zeigen, dass das Misstrauen gegenüber den Heranwachsenden in restriktive Forderungen münden kann. Cremer-Schäfer und Steinert bezeichnen dies als einen tradierten ideologischen Diskurs gegenüber „der gefährlichen und gefährdeten Jugend". In dieser öffentlichen Diskussion werden, so folgern die Autoren, die verschiedensten politischen Konflikte und Dilemmata als „Jugendprobleme" thematisiert. Jugend dient als Objekt von Projektion, Ambivalenz und soziale Angst wird artikuliert, Autorität beansprucht, Kontrollvorschläge gemacht und politische Strategien legitimiert (Cremer-Schäfer und Steinert, S. 155 f). Die Kommunitaristen um Etzioni fordern denn auch, die Kinder und Jugendlichen müssten, bereits vom Kindergarten an, wieder stärker moralisch zur Achtung von Autorität und Disziplin erzogen werden. Vom Standpunkt des Ereignisses einer moralischen Krise der westlichen Welt aus bemerkt Etzioni: Wenn die moralische Infrastruktur unserer Gesellschaft wiederhergestellt werden soll, müssen die Schulen nachholen, was Familien, Nachbarn und religiöse Institutionen versäumt haben (Etzioni 1995, S. 105). Versäumt wird nach Etzionis Auffassung die Charakterbildung der Kinder. Damit meint er, sie lernen zu wenig, wie man seine Triebe kontrolliert und sein Handeln nicht nur an der Befriedigung biologischer Bedürfnisse und momentaner Wünsche ausrichtet (ebenda S. 106). Die junge, heranwachsende Generation in den westlichen Gesellschaften ist in der Lesart der Kommunitaristen das Ergebnis des Zerfalls der Gemeinschaft, insbesondere der Familie zugunsten kapitalistischen Vorteils- und Nutzendenkens.

Jugendgruppen und deviantes Verhalten in der Theorie Eisenstadts

In der Ideengeschichte des Konstrukts Generation hat insbesondere Eisenstadt versucht, das Phänomen der rebellischen Jugend zu erklären. Ihm ging es darum, herauszufinden, auf welche

Weise die Übertragung kultureller Werte und Normen über die Ablösung zwischen den Generationen geschieht. In diesem Zusammenhang behandelte er auch das Misslingen einer solchen Übertragung bei bestimmten Gruppen. Diesbezüglich bemühte er sich jedoch stärker zu differenzieren, statt die gesamte junge Generation in Gegensatz zur älteren Generation zu setzen. Er unterschied zwischen jenen Jugendlichen und Heranwachsenden, die eine semi-integrative Funktion im Sozialsystem ausüben (sich konform verhalten) sowie Jugendlichen und Heranwachsenden, die sich abweichend verhalten. Eisenstadt schreibt dazu, dass bei diesen Gruppen der jüngeren Generation die Übertragung des sozialen Erbes und die Kontinuität des sozialen Systems verhindert sind. Die Bezugsgruppe und die Symbolmuster der primären Altersgruppe sind dem bestehenden Sozialsystem völlig entgegengesetzt (Eisenstadt S. 318). Eisenstadt unterscheidet vier Gruppen:

* jugendliche unorganisierte Verbrechergruppen, die in „Kulturkontakt"-Situationen entstehen;
* jugendliche Verbrechergruppen verschiedener Organisations- und Kohäsionsgrade;
* Jugendorganisationen revolutionärer Bewegungen und Parteien;
* aufrührerische Jugendbewegungen (ebenda S. 319).

Durch diese Differenzierung erhält soziale Dynamik, welche durch die jeweils jungen Generationen mitbewirkt wird, eine systematische Gestalt. Es wird ferner möglich, spezifische Ursachen für die Entstehung dieser Gruppen zu erforschen.

Dabei ist zu berücksichtigen, dass ein möglicher Konflikt zwischen der jüngeren und der älteren Generation auf folgenden Unterschieden beruht:

Differenzen zwischen den Generationen

* dem Ausmaß der sozialen Commitments (Umfang von Bindungen durch eine Familie, Arbeit, soziales Engagement);
* dem Grad der sozialen Etabliertheit (Verantwortung, Einfluss, Macht, Ressourcen);
* dem Grad der Festigung der eigenen Identität (stabile Überzeugungen, Sicherheit des Handlungsentwurfs).

Für die junge Generation sind wirtschaftliche Selbstständigkeit, Familiengründung, soziale Anerkennung und Etabliertheit Ziele, aber noch keine Tatsachen. Damit steht in Beziehung, dass die Identitätssuche ein dominantes Problem Jugendlicher und Heranwachsender darstellt. Diese Faktoren zusammen eröffnen die Möglichkeit einer erhöhten Risikobereitschaft und Innovativität.

Dies ist selbstverständlich eine idealtypische Darstellung. Sie reduziert soziale Differenz auf das Phänomen der Generation. Dadurch wird insbesondere die Wirkung sozioökonomischer Bedingungen weitestgehend ausgeblendet.

*Generationenablö-
sung und soziale
Vererbung von
Normen und
Werten*

Auf den Zusammenhang der Notwendigkeit sozialer Vererbung (als Übertragung der geltenden Werte und Normen) macht z. B. Lepsius aufmerksam: Forschungen zur Generation benötigen eine sehr erfolgreiche Sozialisationsforschung, die auf dem Umstand beruht, dass kontinuierlich soziokulturelle „Barbaren" in die Gesellschaft eindringen und sozialisiert werden müssen (Lepsius 2005, S. 47).

Das heißt nichts anderes, als dass die Lebenspraxis in ihrer sozial-kulturell geprägten Ausformung erlernt werden muss. Dieses individuelle Erlernen ist aber gleichzeitig auch von herausragender sozialer Bedeutung. Dabei geht es darum, dass der Zyklus von Geburt und Sterben latent die soziale Ordnung in Frage stellt. Dieser Zyklus dynamisiert zugleich Gesellschaft. Mannheim schreibt dazu, dass das stete Einsetzen neuer Kulturträger seinen Niederschlag im kollektiven Wandel der Einstellungen in Bezug auf die jüngere Generation und im kollektiven Vergessen in Bezug auf die alten Kulturträger findet (vgl. Fogt 1982, S. 12).

Der Kontext des Konstrukts Generation besteht also aus einer Beziehung zwischen sozialer Vererbung und sozialem Wandel. Damit ist ein direkter Verweis auf den Prozess der Sozialisation gegeben. Entscheidend für das Verhältnis von Stabilität und Wandel sozialer Ordnung sind deshalb die jeweils konkret-historisch anzutreffenden Bedingungen, unter denen Sozialisation geschieht. Dabei ist zu berücksichtigen, dass Sozialisation sowohl intendiert (vor allem als Pädagogik) als auch unintendiert (spontane Effekte sozialer Bedingungen) geschieht. Was kann man sich unter solchen Bedingungen vorstellen?

*Erziehungsstile im
Wandel*

Zum Ersten ändern sich die erzieherischen Ziele, die in einer Gesellschaft dominieren. Das betrifft Erziehungsstile, die sich in einer Bevölkerung spontan durchsetzen und die auf verbreiteten Grundüberzeugungen vom richtigen Erziehen in einer Epoche basieren. Besonders auffällig ist in den westlichen Gesellschaften die seit langer Zeit beobachtbare Tendenz des Wandels in den Erziehungspräferenzen zugunsten von Unabhängigkeit und selbstständigem Denken. So gibt Coleman eine einfache Gegenüberstellung wieder, welche aus Untersuchungen zu den Erziehungspräferenzen von Eltern stammt, die in Middletown (USA) in den Jahren 1924 und 1978 durchgeführt wurden. Die in Tabelle 3 enthaltene Tendenz ist inzwischen vielfach für andere westli-

che Länder, so auch für die Bundesrepublik, empirisch gut nachgewiesen.

Tabelle 3: Werte der Erziehung im Wandel (Coleman 1992, S. 437)

	1924	1978	Differenz
Strikter Gehorsam	45%	17%	-28%
Loyalität der Kirche gegenüber	58%	22%	-36%
Unabhängigkeit	25%	76%	+51%

Zum Zweiten ändern sich die gesellschaftlichen Grundbedingungen. Damit sind nicht besondere Ereignisse gemeint, sondern
das kulturelle, soziale und ökonomische Niveau einer Gesellschaft. Von Wohlstand und Bildung sind z. B. spontane Sozialisationseffekte zu erwarten. Ein Beispiel dazu, wie von diesen
Grundbedingungen generationenbezogene unintendierte Sozialisationseffekte ausgehen, werden wir im Abschnitt 4.1.4 anhand
der Theorie Ingleharts näher betrachten.

Gesellschaftliche Grundbedingungen als Sozialisationseffekte

Zum Dritten macht Eisenstadt auf eine neue Erscheinung in
modernen Gesellschaften aufmerksam. Während die Jugendlichen in vormodernen Gesellschaften in den Familien- und Ver-
wandtschaftsbeziehungen sozialisiert wurden, ist dies in modernen Gesellschaften nicht mehr ausreichend. So lässt sich die
Entstehung von Jugendkulturen beobachten, welche zum Teil
institutionalisierten Charakter annehmen (Eisenstadt 1966, S.
279 ff). Die Verbreitung und das Gewicht solcher Jugendsubkul-
turen sind eine relativ neue Erscheinung und von nicht unbe-
trächtlichem Gewicht für die Sozialisation und die Entstehung
von jugendspezifischen Handlungszusammenhängen.

Jugendkulturen als moderne Sozialisations-agenten

Gesellschaftstheoretiker im 19. Jahrhundert vermuteten, dass
das Nachwachsen von Generationen direkt mit einer Dynamik des
sozialen Wandels in Zusammenhang steht. Mehr noch, es wurde
versucht zu begründen, wie sich aus zeitlichen Abständen der
Generationen eine Art Rhythmus sozialer Veränderung ergibt.
Diese mechanische Vorstellung war begleitet von Bemühungen,
starre mathematische Modelle für einen solchen Prozess zu erarbeiten. Aus dieser Zeit stammt die magische Zahl 30 (Jahre) für
einen Generationenabstand. Die ersten 30 Jahre sind demzufolge
die Bildungsjahre, die nächsten 30 Jahre die kreativen Jahre und
nach dem 60. Lebensjahr wird das öffentliche Leben verlassen.
Hier wird deutlich, dass zwei verschiedene Strukturebenen mit-

Die Idee eines Zusammenhangs zwischen Generationen und sozialem Wandel

einander gleichgesetzt wurden. Comte vermutet z. B., dass es einen direkten Zusammenhang zwischen der durchschnittlichen Lebensdauer eines Menschen und dem Tempo des gesellschaftlichen Fortschritts gibt (vgl. Mannheim 1928, S. 158). Das würde zu der skurrilen Konsequenz führen, dass sich eine Steigerung des Tempos des gesellschaftlichen Wandels aus der durchschnittlichen Verkürzung der Lebenszeit der Bevölkerung bewirken ließe. Aus der familialen, mikrosozialen Struktur der Generation als Abstammungsfolge (Kinder – Eltern – Großeltern) wurde auf den makrosozialen, gesellschaftlichen Wandel geschlossen. Anders als in der Familie treten aber in der Gesellschaft kontinuierlich neue Geburtskohorten auf. Es ist deshalb unzutreffend, aus einem Rhythmus der Akteursebene direkt einen Rhythmus der Aggregatebene abzuleiten. Eine Rhythmusgleichheit kann es nicht geben, auch wenn man mitunter von Generationenablösung in verschiedenen Organisationen wie Unternehmensleitungen, Politik, Bildung usw. hören kann, wenn sich bestimmte Geburtskohorten häufen und bei deren Pensionierung Ablösungsphänomene zeigen.

Geschichte als Aufeinanderfolge von Generationen Sehr robust und ideengeschichtlich für das 19. Jahrhundert bemerkenswert, haben Marx und Engels den Zusammenhang zwischen Generation und Geschichte beschrieben: Die Geschichte ist nichts anderes, als die Aufeinanderfolge der einzelnen Generationen, von denen jede die ihr von allen vorhergegangenen übermachten Materiale, Kapitalien, Produktivkräfte exploitiert, daher also einerseits unter ganz veränderten Umständen die überkommene Tätigkeit fortsetzt und andererseits mit einer ganz veränderten Tätigkeit die alten Umstände modifiziert (Marx und Engels 1973, S. 45). Allerdings vermochten beide keine theoretisch begründeten Bedingungen für diese Konstellation, des Fortsetzens der alten Bedingungen einerseits und des Veränderns derselben andererseits, anzugeben. Das ist die Achillesferse der Dialektik.

Unterscheidung zwischen familialen und gesellschaftlichen Generationen In der modernen Sozialforschung haben sich zwei Bezugslinien zur Generation herausgebildet: die gesellschaftlichen Generationen und die familialen Generationen. Damit kann klar zwischen den Forschungsgegenständen dieser Generationenbezüge unterschieden werden. Zugleich sind aber auch Aggregateffekte der familialen Generationen zu beobachten. Darunter sind z. B. demografische Effekte, wie die Fertilität, Mortalität, Heiratsalter, Geburtenfolge usw. zu verstehen. Diese Effekte bezeichnen jedoch immer nur bestimmte Ausschnitte aus dem gesellschaftlichen Wandel.

Zusammenfassung

1. Der Generationenbegriff ist ein temporaler Ordnungsbegriff, der theoretisch und unmittelbar von einer Sozialisationsannahme abhängt.

2. Das Konstrukt der Generation bietet eine Möglichkeit, Aufschlüsse über die Stabilität und den Wandel sozialer Ordnung zu erhalten, weil die Chance besteht, dass mit jeder neuen Generation neue Intentionen und Lebensvorstellungen Eingang in die Gesellschaft finden und tradierte dem Vergessen anheimfallen.

3. Die Rede vom Gegensatz oder Konflikt der Generationen ist sowohl in der Wissenschaft als auch im Alltagsbewusstsein anzutreffen. Elemente einer solchen wiederkehrenden Konflikthaftigkeit ergeben sich aus dem Unterschied in den sozialen Commitments sowie der sozialen Etabliertheit (Verantwortung, Ressourcen, Macht).

4. Das starre Schema der familienbezogenen Generationeneinteilung zwischen Kindern-Eltern-Großeltern eignet sich nicht, um gesellschaftliche (Aggregat-)Prozesse zu erklären. Deshalb muss zwischen familialen und gesellschaftlichen Generationen unterschieden werden. Dies führt dazu, zwischen Forschungsgegenständen auf der Mikro- und Makroebene der Gesellschaft differenzieren zu können, ohne damit Wechselwirkungen zwischen diesen Ebenen auszuschließen.

Elemente und die sozialisationstheoretische Grundlage des Konstrukts Generation   4.1.2

Mannheims Aufsatz zur Generation von 1928 gilt noch heute als theoretische Grundlegung des Konstrukts der Generation. Auch wenn es Mannheim um die theoretische Begründung des Entstehens politischer Generationen geht, so kann man doch davon ausgehen, dass die Grenzen zur ökonomischen oder kulturellen Generation fließend sind. Zudem ist zumindest diskussionswürdig, ob es sich überhaupt um drei eigenständige Generationenbegriffe handelt. In der Generation, wie sie Mannheim betrachtet, geht es um die Konstitution von Grundwerten und -überzeugungen innerhalb von Geburtskohorten.

Grundelemente des Generationenbegriffs
Dem Generationenbegriff Mannheims liegen drei Elemente zugrunde: Generationslagerung, Generationszusammenhang und Generationseinheit. Nur mit diesen Grundelementen lässt sich auch der Prozess der Generationenbildung verstehen.

Generationslagerung als Ergänzung zur Klassenlagerung

Mannheim vertritt die Auffassung, dass für die Bestimmung der sozialen Position von Menschen und des sozialen (Massen-) Handelns die Bezugnahme auf die Klassenlagerung, wie Marx dies vornahm, nicht ausreicht. Die Klassenlagerung benennt Mannheim als schicksalsmäßig verwandte Lagerung bestimmter Individuen im ökonomisch-machtmäßigen Gefüge einer jeweiligen Gesellschaft (Mannheim 1928, S. 171). In der Generationslagerung sah er eine wichtige zweite Perspektive zur Erklärung der spezifischen Weise, in welcher der Handlungsspielraum von Akteuren systematisch beeinflusst wird. Die Generationslagerung bezieht sich nicht lediglich auf das gleiche Lebensalter bzw. die rein statistische Zugehörigkeit zu einer Geburtskohorte, sondern meint die Chance der Gemeinsamkeit des Erlebens eines konkret-historischen gesellschaftlichen Zusammenhangs. Daher rührt die Bezeichnung der Generation als einer „historischen Lebensgemeinschaft". Demnach besteht die Möglichkeit, dass aus dieser vom Individuum nicht beeinflussbaren, objektiv gegebenen Lage in der Geschichte ein gemeinsamer Zeitgeist entstehen kann, der die Grundlage für ein kollektives Bewerten und Handeln abgibt. Ähnlich wie der Klassenbegriff bezeichnet der Generationenbegriff im Grunde nur eine statistische Gruppe ohne einen tatsächlichen sozialen Zusammenhang. Wie kommt es aber dazu, dass ein solcher Zusammenhang entsteht?

Der Generationszusammenhang verbindet Angehörige einer Generationslagerung

Es ist nicht sinnvoll, alle Menschen eines Jahrgangs oder benachbarter Jahrgänge einfach zu einer Generation zusammenzufassen. Deshalb sind für einen soziologischen (im Unterschied zu einem demografischen) Begriff der Generation begründete Einschränkungen erforderlich. Im Rahmen des Generationenzusammenhangs geht es darum, dass bestimmte Bedingungen oder Ereignisse für Angehörige einer Generationslagerung nicht zugänglich sind bzw. sie davon nicht berührt werden. Solche Unterschiede ergeben sich z. B. zwischen der ländlichen und der städtischen Jugend. Erst die Partizipation an den gemeinsamen Schicksalen bildet die Grundlage für den Generationszusammenhang. Ein solches gemeinsames Schicksal konstituiert sich aus der Orientierung an denselben aktuellen sozialen Problemen auf der Grundlage gemeinsam bestimmbarer realer, sozialer und geistiger Gehalte, welche eine Verbindung unter den Angehörigen einer Generationslagerung herstellen.

Generationseinheit als gemeinsamer Handlungszusammenhang

Die Verarbeitung von Problemen oder realen, sozialen und geistigen Gehalten kann jedoch recht unterschiedlicher Art sein. In der gleichen konkret-historischen Problemsituation (Krise, Aufschwung, Arbeitslosigkeit, Krieg, Migration) können sich auch unterschiedliche geistige Gehalte innerhalb einer Generationslagerung bilden. Dafür ist das Element der Generationseinheit vorgesehen. Innerhalb eines Generationszusammenhangs können sich demnach verschiedene Generationseinheiten bilden. Als charakteristisch für eine solche Einheit sieht es Mannheim an, dass sie nicht nur eine lose Partizipation verschiedener Individuen am gemeinsam Erlebten darstellen, sondern ein einheitliches Reagieren, ein im verwandten Sinne geformtes Mitschwingen und Gestalten darstellen (Mannheim 1928b, S. 313). Erst in der Generationseinheit bildet sich auf der Grundlage einheitlicher Grundwerte und -überzeugungen ein Handlungszusammenhang.

Grundsätzlich ist also die Entstehung einer oder mehrerer Generationen in einem Zeitraum nur potenziell gegeben. Während eine Generationslagerung immer gegeben ist, schon wegen der Geburtskohorten und auch gemeinsame Erfahrungen als Generationszusammenhang sich relativ leicht bilden, erfordert die Entstehung einer Generationseinheit ein gewisses Maß an Organisation und Koordination auf der Grundlage gemeinsamer Absichten und Ziele.

Der sozialisatorische Kern des Konstrukts der Generation
Die Anwendbarkeit der theoretischen Idee der Generation ist unmittelbar an die Annahme Mannheims geknüpft, wonach es eine Phase im Lebenslauf gibt, die besonders prägungsoffen ist. Diese Prägehypothese geht von einem Zeitraum für die politische Sozialisation aus, in dem die sich jeweils ereignenden zeithistorischen Bedingungen ihre Spuren in den Werten und Überzeugungen der Akteure hinterlassen. Diese empfängliche (von Breitsamer (1976) auch als *impressiv* bezeichnete) Lebensphase liegt nach Mannheim ungefähr zwischen dem 17. und 25. Lebensjahr.[1]

Die Annahme einer prägungsoffenen Phase im Lebenslauf

Wie ordnet sich diese *impressive Phase* in das Sozialisationsgeschehen ein? Wir haben gesehen, dass in der Sozialisationsforschung die Primärsozialisation als besonders bedeutsam angesehen wird (vgl. 2.3), weil in dieser ersten Lebensphase die Grundpersönlichkeit eines Menschen entsteht. Mannheim betrachtet die Primärsozialisation ebenfalls als grundlegend, weil sie die Einführung in ein natürliches Weltbild, das sich aus den unproblematischen Primärbeziehungen (Eltern, Verwandtschaft) ergibt, darstellt. Nach Mannheims Auffassung sind die persön-

Das Verhältnis von Primärsozialisation und impressiver Phase

---

[1] In neueren Arbeiten wird, wegen der zeitlich früher eintretenden Reife, ein zeitigerer Beginn dieser Phase vermutet.

lichkeitsspezifischen Resultate der verschiedenen Sozialisationsphasen als Aufschichtungen zu verstehen. Je früher also eine
„Prägung" erfolgt, desto nachhaltiger ist sie. Die impressive Phase greift nicht in die erworbenen Einstellungen der Primärsozialisation ein, sondern sie ergibt sich aus der Erschließung eines
völlig neuen Lebensbereichs. Im Alter von ungefähr 17 Jahren
werden Jugendliche politisch aktiv, bilden und verfestigen sich
politische Leitbilder und weltanschauliche Überzeugungen. Die
Suche nach dem Weltverstehen und der damit verbundenen Wert-
bildung bezeichnet die Eigenständigkeit einer solchen Sozialisationsphase. Aus diesem Grund ist ungeachtet der Primärsozialisation eine Person in dieser Sozialisationsphase relativ
eigenständig prägbar. Anders ausgedrückt, können sich Grund-
merkmale einer Persönlichkeit mit verschiedenen weltanschaulichen Grundwerten aus der Primärsozialisation kombinieren.
Mit dem Abschluss der impressiven Phase sind diejenigen Grundeinstellungen, welche die Lebensbereiche der Erwachsenenwelt
betreffen, nachhaltig ausgebildet, so wie die Eigenschaften der
Grundpersönlichkeit in der Kindheit (Primärsozialisation) entstanden sind. Die Bezeichnung „politisch" sollte dabei nicht zu
eng als parteipolitisch, sondern in erster Linie als weltanschaulich
aufgefasst werden.

Wie kann die
impressive
Sozialisationspha-
se theoretisch
begründet
werden?

Gibt es theoretische Annahmen über die Begründung dieser
Sozialisationsphase? Die Entwicklungspsychologie, deren Gegenstand das Herausfinden zeitbezogener Reifung der Persönlichkeit
ist, liefert für die Annahme der impressiven Phase allerdings nur
vage Anhaltspunkte. Die Theorie Piagets zur kognitiven Entwicklung gilt als eine mögliche Begründung. Diese Theorie gründet
sich auf vier Stadien, wonach im letzten Stadium, dem formal-
operationalen, die kognitiven Voraussetzungen für jene Herausbildung von Grundwerten entstehen, die Mannheim als spezifisch
für die impressive Phase ansieht. Die Entwicklungstheorie Piagets
enthält die folgenden vier Stadien (1973):

Tabelle 4: kognitive Entwicklungsstadien nach Piaget

Stadium	Lebensalter	Fähigkeiten
sensu-motorisches Stadium	0 bis 2 Jahre	Erwerb motorischer Koordination, praktische Intelligenz, lernt, dass Gegenstand noch existiert, wenn nicht mehr sichtbar

Stadium	Lebensalter	Fähigkeiten
präoperationales Stadium	2 bis 6 Jahre	Erwerb des Vorstellungs- und Sprechvermögens, egozentriertes Denken, Klassen- und Kategorienbildung
konkret-operationales Stadium	6 bis 11 Jahre	Erwerb von Dezentralisierung, Reversibilität, Transitivität
formal-operationales Stadium	11 bis 16 Jahre	Fähigkeit, mit hypothetischen Sachverhalten zu operieren, Einbeziehung sämtlicher in Betracht kommender Erklärungen einer Situation; Denken wird selbst zum Gegenstand

Demnach bildet sich erst in der vierten und letzten Phase der kognitiven Entwicklung die Fähigkeit zum formal-logischen Denken und Reflektieren aus. Diese Fähigkeiten zu umfassenden kognitiven Operationen werden benötigt, um die abstrakten Zusammenhänge, aus denen sich die weltanschaulichen Grundorientierungen der impressiven Phase bilden, erfassen zu können. Insgesamt bleibt festzuhalten, dass der Nachweis dieser Phase, aus der letztlich die Generation (Generationseinheit) hervorgeht, Probleme bereitet. Dennoch verweisen empirische Fakten aus der Lebenslaufforschung darauf, dass sich im letzten Abschnitt der Pubertät Einstellungen und Verhaltensweisen zu etablieren beginnen, die für das Leben als Erwachsene grundlegend sein können.

Warum ist eine Altersangabe für die Prägungshypothese Mannheims wichtig? Die theoretische Vorstellung zur Entstehung einer Generationseinheit besagt, dass die konkret-historischen Ereignisse, die in der impressiven Phase vorherrschen (also wahrgenommen und kognitiv verarbeitet werden), zu Grundorientierungen führen, die nachhaltig wirken und die Einheit einer Generation herstellen können. Über die Zeitangabe im Lebenslauf wird demnach eine Synchronisierung zwischen der Lebenszeit und den als relevant bezeichneten Ereignissen und/oder Bedingungen der historischen Zeit möglich. Dadurch wird die Spezifik einer Generation charakterisiert. Bei Mannheim heißt es, dass die Generationenbildung von der Eigenart der jeweils besonders gearteten gesellschaftlichen Dynamik abhängt (kollektives Geschehen, gemeinsam verbindende Ereignisse, Gesamterschütterungen, soziale und geistige Umwälzungen). Aus einer solchen spezifischen Erlebnisschichtung ergibt sich der unverwechselbare

Die Bedeutung der zeitlichen Bestimmung der impressiven Phase

Charakter einer Generation, der die Akteure lebenslang „angehören". Folgende Faktoren in der historischen Zeit der impressiven Phase greifen ineinander:

* vorherrschender Erziehungsstil und die Gesamtheit der Wirkungen intendierter Sozialisation,
* unintendierte Sozialisationswirkungen, die aus der gesellschaftlichen Grundsituation (Vorherrschen einer Religion, Verbreitung von Armut oder Wohlstand) und konkreten historischen Ereignissen (Krieg, Inflation, Naturkatastrophen) entstehen sowie
* Wirkungen der Selbstsozialisation (deren Grundlagen ergeben sich aus dem verbreiteten Umfang von Bildung, der rechtlichen Stellung z. B. von Kindern und Jugendlichen in einer Zeit).

Die jeweils typische Konstellation dieser Bedingungen während der impressiven Phase bildet das Fundament für die Entstehung einer Generationseinheit in benachbarten Altersgruppen.

In Abbildung 12 ist ein Beispiel für die Herausbildung politischer Einstellungen bzw. von Parteipräferenzen in Abhängigkeit einer herausgehobenen historischen Bedingung während der impressiven Phase dargestellt. Dieser Zusammenhang wurde anhand einer Aggregatdatenanalyse geprüft (Breitsamer 1976).

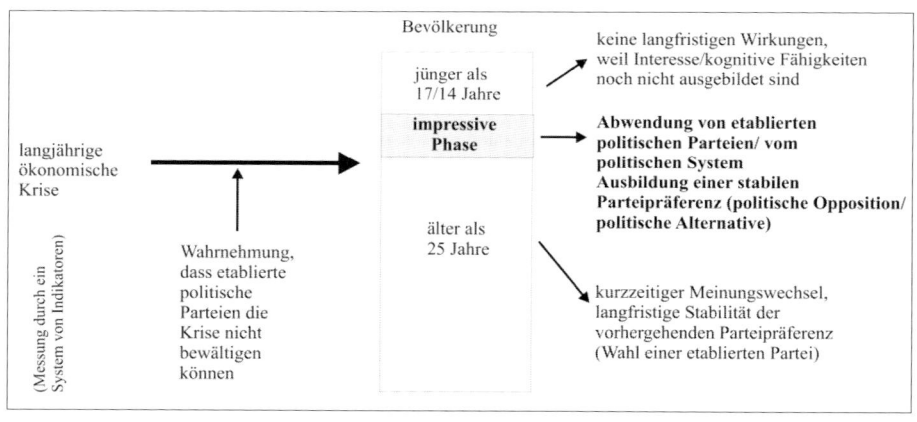

Abb. 12: Impressive Phase und Ausbildung einer nachhaltigen Parteipräferenz (nach Breitsamer)

Eine daran anschließende zeitgenössisch orientierte Fragestellung wäre z. B., ob die Herausbildung einer stabilen „grünen Parteipräferenz" in einer bestimmten Generation mit Hilfe dieses theoretischen Ansatzes erklärt werden kann.

Ein zweiter klassischer Ansatz zur Herausbildung von Generationen soll noch erwähnt werden. Auch in ihm wird die Bindung

der Generationenentstehung an eine Phase im Lebenslauf deut- Herausbildung
lich. Helmut Schelsky (1912-1984) markiert die Herausbildung einer Generation
einer Generation anhand eines Statusübergangs im Lebenslauf. nach Schelsky
Dieser Statusübergang führt vom klar definierten sozialen Status
des Kindes zum ebenso eindeutig definierten Status des Erwachsenen. In der prekären Übergangsphase des Lebenslaufs diktiert
die Suche der Jugendlichen nach Verhaltenssicherheit die Herausbildung eines Generationscharakters. Dabei spielen Schelsky
zufolge drei Faktoren eine entscheidende Rolle:
* soziale Grundgebilde (Familie, öffentliche Ordnung, Ge-
  schlechterordnung),
* die epochale Sozialstruktur (bei Schelsky die Industriegesellschaft) und
* die zeitgeschichtlich politische Situation (Schelsky 1963, S. 20).
Für die Sozialisation und damit die Herausbildung einer Gene- Generationenbil-
ration in der Industriegesellschaft sieht Schelsky die Besonder- dung als Suche
heit, dass die sozialisierenden gesellschaftlichen Gebilde sowohl nach Verhaltenssi-
aus Primärgruppen als auch aus sekundären Systemen bestehen cherheit
(Organisationen wie Unternehmen, Städte, Bürokratie). Beide
Arten sozialer Gebilde gründen sich auf gegensätzliche Verhal-
tenshorizonte: einerseits Intimität, Nähe und Vertrautheit sowie
Sachlichkeit, Dynamik und Mobilität andererseits. Der Übergang
von einem Verhaltenshorizont in den anderen birgt zugleich die
Suche nach Orientierungen und Verhaltenssicherheit. Diese Vorstellung ist jener, die Mannheim entwickelte, recht ähnlich. Die
impressive Phase wird hier durch eine Phase der Verhaltensver-
unsicherung erfasst, die temporär ähnlich im Lebenslauf verortet
werden kann. In beiden Ansätzen geht es um die Herausbildung
nachhaltig wirkender Identität unter dem Einfluss der jeweils
herrschenden sozialen Bedingungen.
Bevor auf Anwendungen des Konstrukts der Generation eingegangen wird, seien zunächst zwei Definitionen vorgestellt, in denen der Grundgehalt dieses Begriffs hervorgehoben wird:

Erklärung

Hillmann: Eine Generation ist die Gesamtheit aller ungefähr gleichaltrigen Personen,
die ähnliche kulturelle und soziale Orientierungen, Einstellungen und Verhaltens-
formen aufweisen (1994, Stichwort Generation).
Bachhofer, Friedrichs und Lüdtke: Wir definieren Generation allgemein als ein Aggregat von Altersgruppen, deren charakteristische Orientierungs- und Verhaltensweisen sich von denen anderer Altersgruppen zum Zeitpunkt t_i unterscheiden (1970,
S. 308).

Zusammenfassung

1. Die drei Elemente Generationslagerung, Generationszusammenhang und Generationseinheit stellen eine Art Trichter dar, der eine immer kleinere Anzahl von Personen, die den ausgewählten Geburtsjahrgängen angehören, umfasst.
2. Innerhalb eines Zeitabschnitts können demnach auch mehrere Generationen entstehen.
3. Ebenso gut kann aber auch die Entstehung einer Generation ausbleiben. Es besteht also lediglich eine Chance der Generationenentstehung.
4. Den Kern der Generationenentstehung seitens der Akteure bildet eine impressive Phase im Lebenslauf. Sie umfasst ungefähr das 17. bzw. 14. bis zum 25. Lebensjahr bzw. den Übergang vom Jugend- in das Erwachsenenalter.
5. Die Adoleszenz gilt generell in den verschiedensten theoretischen Generationenkontexten als entscheidende Phase im Lebenslauf. In ihr tritt aufgrund erworbener sozialer und kognitiver Kompetenz eine Befähigung zur bewussten Bindung an komplexe Werte ein.
6. Ideengeschichtlich wird hinsichtlich der Nachhaltigkeit der in dieser Phase erworbenen Werte (je früher ausgebildet, desto stabiler) mit der Metapher der Schichtung gearbeitet. In modernen Theorien dagegen spielt der Umfang von entstehenden Kosten für die Änderung von Grundwerten (vgl. Kapitel 1) eine wichtige Rolle.
7. Die Annahme einer impressiven Phase während der Sekundärsozialisation steht nicht im Widerspruch zur Bedeutung der Primärsozialisation. Während in der Primärsozialisation die Grundpersönlichkeit entsteht, bilden sich in der impressiven Phase komplexe Werte des Weltverstehens und sozialen Urteilens aus.
8. Vermittels einer zeitlichen Fixierung des Auftretens einer impressiven Phase im Lebenslauf wird eine Synchronisierung zwischen der Lebenszeit und den als relevant bezeichneten Ereignissen und/oder Bedingungen der historischen Zeit möglich. Auf diese Weise wird der spezifische Charakter einer Generation begründbar.

4.1.3 Generationenetiketten

Generationen-
etiketten in der
Publizistik und im
Alltag

Die Gestalt der Generation ist im Alltagsbewusstsein längst angekommen und hat ein gewisses Eigenleben entwickelt. So schwer es der Wissenschaft fällt, die Idee Mannheims in eine empirisch prüfbare Theorie zu überführen, so leicht scheint es im Rahmen publizistischer und feuilletonistischer Kontexte des öffentlichen Bewusstseins zu fallen, immer neue Generationsgestalten zu erfinden. Man kann inzwischen von einer regelrechten Inflation von Generationenetiketten bzw. einer Generationenetikettierungswut (Szydlik 2000, S. 19 f) sprechen. Dabei gibt es neben kurzlebigen Etiketten, wie Yuppie-, Tamagochi-, Fun- oder Cybergeneration auch tief ins öffentliche Bewusstsein eingedrungene. In solchen Etiketten drückt sich ein Gefühl aus, mit dem Jugendliche und Heranwachsende mit einer möglichst markanten Eigenschaft versehen werden. Etwas despektierlich ausgedrückt, führt die Alltagsbeobachtung, wonach zahlreiche junge Menschen Handys benutzen, zur publizistischen Kreation einer Handygeneration. Was aber drückt diese Bezeichnung eigentlich aus? Im Grunde nichts anderes, als dass viele junge Menschen Handys benutzen. Es stellt sich also die Frage, was hinter diesem Etikett steht. Mit anderen Worten: Lassen sich theoretische Annahmen über die Entstehung einer Generation explizieren? Der Grundzusammenhang, um den es geht, ist ein temporär fixierter (Sozialisations-) Effekt eines ausgewählten Ereignisses auf die Entstehung einer kollektiven Orientierung (Generationenbewusstsein) sowie der Möglichkeit, dass eine solche Orientierung zu einem entsprechenden Verhalten führt. Es sind also drei Bestandteile, nach denen gefragt werden muss: nach

* den Geburtsjahrgängen,
* dem oder den sozialisierenden Ereignissen und
* der nachhaltig wirkenden kollektiven Orientierung.

Bei der Handygeneration oder anderen publizistischen Tageserfindungen wird man vergeblich nach diesen Bestandteilen des Generationenkonstrukts suchen. Sie stellen einfach nur eine kurzzeitige Aufmerksamkeit her. Davon kann man Generationenetiketten unterscheiden, von denen man aufgrund ihrer Bekanntheit und Verbreitung eine seriöse Begründung erwarten kann. Beispiele dafür sind die 45er und die 68er-Generation.

Die 45er Generation

Es fällt auf, dass unterschiedliche Bezeichnungen üblich sind. Die Bezeichnung 45er Generation ist etwas neuer und soll die Besonderheit eines Sozialisationseffekts betonen, wie er sich am Schnittpunkt zwischen einem totalitären politischen Regime und der Herausbildung einer modernen Demokratie ergibt. Das Datum 1945 ist dafür besonders markant. Ein anderes Label ist die Flakhelfergeneration. Diese Bezeichnung umfasst allerdings nur die Geburtskohorten 1926 bis 1928, deren Angehörige in den letzten Jahren des Zweiten Weltkriegs als Flakhelfer verpflichtet wurden. Eine dritte Bezeichnung ist die *skeptische Generation* (Schelsky).

Verschiedene Bezeichnungen für diese Generation

Geburtsjahrgänge

Das erste Element betrifft die Bestimmung der Geburtsjahrgänge. Für die 45er Generation werden die Jahrgänge 1920 bis 1930, aber auch 1925 bis 1930 und etwas weit gefasst 1918 bis 1935 (Hodenberg 2005, S. 270) genannt. Wie wir gesehen haben, gibt es zudem noch die engere Bestimmung der Flakhelfergeneration.

sozialisierende
Ereignisse

Das zweite Element betrifft die sozialisationsrelevante Phase im Sinne der Generationsbildung. Schelsky folgend wird dafür die Zeitspanne 1945 bis 1955 genannt. In dieser Phase bildet sich demnach für einen Teil dieser Geburtskohorten eine bestimmte soziale Identität heraus, die den kollektiven Generationscharakter ausmacht. Gesellschaftlich ist diese Zeit in der Bundesrepublik vom wirtschaftlichen und dem Aufbau demokratischer Institutionen geprägt.

Sozialisations-
effekte

Das dritte Element ist besonders schwierig zu bestimmen. Hier geht es um den nachhaltigen Sozialisationseffekt. Im theoretischen Kontext von Schelsky geht es um die Erlangung von Verhaltenssicherheit. In diesem Zusammenhang werden die Erfahrungen und politischen Eindrücke als Jugendliche und der materiellen Not der Nachkriegszeit verarbeitet. Das Resultat besteht in einer Grundhaltung, die Schelsky „konkretistisch" nennt (Schelsky 1957, S. 78). Zu dieser konkretistischen Grundhaltung gehören die Abneigung gegen jegliche Ideologie und politische Illusionen, die Bejahung der Familie und die Wahrnehmung von Chancen in der Arbeitswelt hinsichtlich Qualifikation und Karriere, um soziale Anerkennung zu erreichen. Die Angehörigen dieser Generation werden als demokratisch und angepasst charakterisiert. In neueren Deutungen wird diese gegenüber der „großen" Politik skeptische Grundhaltung korrigiert. Im Zuge dieser Korrektur ist dann auch von den Vätern der 68er die Rede, welche geistig den Weg der 68er Bewegung bereitet haben. Solche Deutungen spiegeln eine nicht abgeschlossene Verarbeitung von Zeitgeschichte, in welcher auch die historische Distanz eine bedeutsame Rolle spielt, wider. Gleichwohl sind es Konstruktionen, die sich einer strengen empirischen Prüfbarkeit entziehen und viel mit der Zugehörigkeit der Deutenden zu einer bestimmten Generation zu tun haben.

Die 68er Generation

Wertewandel und
Wandel der
demokratischen
Institutionen

Den 68ern wird als historische Leistung die Nach- und Umgründung der Zweiten Deutschen Republik (Leggewie 2001, S. 3) zugeschrieben. Man kann heute beinahe von einem Mythos der 68er sprechen. Zwei Momente gehören zur Auffälligkeit dieser Generation. Es ist zum einen der einsetzende Wertewandel und zum anderen der Wandel der demokratischen Institutionen in der Bundesrepublik. Beides ist begleitet von den Ideen der Frankfurter Schule und dem sich ausbreitenden Bedürfnis, die jüngere deutsche Vergangenheit zu bewältigen. Dazu gehörten die konkrete und schwierige Aufarbeitung der NS-Vergangenheit ebenso wie die kritische Reflexion des ungebrochenen Gehorsamkeitscharakters und der Autoritätsorientiertheit der Deutschen. Adorno und die Vertreter der Frankfurter Schule waren der Überzeugung, dass die Weitergabe von Werten der Eltern an die Kinder in Deutschland unterbrochen werden müsste, um eine Wiederholung der Greuel der NS-Zeit zu verhindern (Noelle-Neumann 2001, S. 17). Adorno hatte gerade aus seinen Forschungen zum autoritären Charakter heraus autoritäre Einstellungen als eine entscheidende Grundlage für das NS-Regime angesehen (vgl. 2.3). Der 1968er Slogan „Trau keinem über 30" wirft ein bezeichnendes Bild auf das Selbstverständnis und die zornige Programmatik der Studentenbewegung in den 1960er und 1970er Jahren, die sich aus der Überzeugung einer grundlegenden Erneuerung der Bundesrepublik ergab.

Die Metapher vom langen Marsch durch die Institutionen ist ein weiteres Zeugnis für das Selbstbild der 68er. Gemeint sind damit das allmähliche berufliche Eintreten der Angehörigen dieser Generation in die Gesamtheit der Organisationen des demokratischen Staats und der damit verbundene Wandel dieser Organisationen aufgrund ihrer erneuernden demokratischen Orientierungen. Damit verbindet sich zum einen der Hinweis auf den revolutionären Charakter dieser in den 1960er Jahren beginnenden demokratischen Transformation und zum anderen auf die Langfristigkeit dieses Geschehens, das weit über diese Zeit hinausgeht.

Exkurs

Langer Marsch

Die Metapher vom langen Marsch ist aus dem Geschehen der chinesischen Revolution entliehen, in dem die Erste Rote Armee unter Führung von Mao Zsedong 1934/35 einen Rückzug von ca. 12.000 Kilometern zurücklegte, um der Vernichtung durch die Armee Chiang Kai-sheks zu entgehen. Mao Zedong, eines der 68er Idole, sowie das Revolutionspathos, welches in der Metapher vom Langen Marsch mitschwingt, sind typisch für das damalige Selbstbild der 68er Studenten.

Es formierte sich eine umfassende Gesellschaftskritik, die insbesondere von einer deutlich politischen und teilweise ideologisier-
ten Studentenschaft bestimmt wurde. Gegenstände dieser Kritik
waren insbesondere die Organisation der Universitäten und des
Bildungswesens sowie der herrschende Erziehungsstil im Geist
von Autorität und Gehorsam.

Wiederum steht die Frage nach den drei Elementen, die im
Zusammenhang mit Sozialisation von Interesse sind.

Elemente des Generationseti-ketts 68er

Über die Geburtsjahrgänge, die dieser Generation angehören
sollen, herrscht nicht mehr Einigkeit als dies hinsichtlich der 45er
zu verzeichnen war. Als zur 68er Generation zugehörig werden
die Jahrgänge 1938 bis 1948 (Bude 1997) bezeichnet. Eine etwas
andere Sicht findet sich bei Roos, der die Jahrgänge 1948 bis 1953
als typische 68er (Roos 1982) ansieht oder Fels, der 1940-1950
(Fels 1998, S. 12) wählt.

Ein generationsauslösendes Ereignis lässt sich nicht ohne
weiteres benennen. Der Tod des Studenten Benno Ohnesorg
am 2. Juni 1967, der während einer Anti-Schah-Demonstration
von einem Polizisten erschossen wurde, wird von einigen Autoren als ein solches Ereignis bezeichnet (Busche 2005, S. 16).
Aber auch die Debatten um die Notstandsgesetze könnten als
eine konkrete historische Besonderheit betrachtet werden. Allerdings waren die politischen Prozesse damals bereits längere
Zeit in Gang, bevor man von einer Generation der 68er sprechen konnte. Hauptsächlich sind es aber vielmehr die allgemeinen gesellschaftlichen Bedingungen, wie der wachsende Wohlstand, ungebrochene wirtschaftliche Prosperität und geringe
Arbeitslosigkeit. Diese Bedingungen verweisen auf ein insgesamt hohes Maß an sozialer Beständigkeit und Sicherheit. Ihre
Gesamtheit könnte ebenfalls als Bedingung für die Generationsbildung angesehen werden. Des Weiteren sollte neben
Wohlstand und Sicherheit auch die beginnende Bildungsexpan-
sion erwähnt werden.

Der sozialisatorische Effekt auf diese Generation ist schon wegen der Vielzahl der Arbeiten und deren Unterschiedlichkeit in
der Bewertung der Ereignisse sehr schwierig zu bestimmen. Woll-
te man es dennoch versuchen, dann bleibt eine politisch engagier-
te Generation mit einem antiautoritären und antitraditionalisti-
schen Gepräge. Demokratisches Grundverständnis, politische
Aktivität und Unkonventionalismus gehören zur Grundorientierung dieser Generation.

Zusammenfassung

1. Generationenetikettierungen sind weitestgehend in publizistischen Kontexten entstanden. Sie sind deshalb im öffentlichen Bewusstsein sehr präsent.
2. Die theoretischen Annahmen zu Mechanismen der Generationenentstehung werden kaum beachtet. Vielmehr geben biografische Berichte und Zeitschilderungen sowohl für publizistische, aber auch für die zahlreichen wissenschaftlichen Arbeiten zur Generation die empirische Grundlage ab.
3. Die sozialisatorischen Effekte zeithistorisch bestimmbarer Ereignisse werden deshalb nicht strikt hergeleitet, sondern unterliegen subjektiven Deutungen, die durch die Eigenart einer oral history beeinflusst sind.

Die Anwendung der Generationenidee in der Soziologie   4.1.4

In der Generationenforschung bilden qualitative Studien derzeit den Schwerpunkt. In der Überschneidung zwischen Wissenschaft und Publizistik entfaltet sich eine Generationenforschung als Aufarbeitung von sozialen Erfahrungen, welche zudem einem kontinuierlichen Prozess der Umdeutung unterliegt. Von der Methodik her dienen Zeitschemata, die mehr oder weniger stringent aus dem theoretischen Generationenkontext gewonnen werden, als Ordnungskategorien, denen individuelle Lebensberichte zugeordnet werden. Solche Fallstudien, in Form von biografischen Erlebnisberichten und subjektiven Befindlichkeitsschilderungen dienen dann als empirische Kronzeugen für das jeweilige Konstrukt (Bock 2000, Geulen 1998, Göschel 1999 und Szydlik 2000). Dieses interessante Material verschließt sich jedoch der Prüfung von Hypothesen zur Entstehung oder Wirkung von Generationen. Im Folgenden wird deshalb auf zwei Beispiele eingegangen werden, die als typisch dafür angesehen werden, wie die Idee der Generationen in die soziologische Forschung integriert werden kann. Im Vordergrund stehen dabei also nicht die Bestimmung der Spezifik und die Unverwechselbarkeit einer Generation, sondern das Konstrukt Generation und die Idee von Sozialisationseffekten in einer bestimmten Phase des Lebenslaufs werden als ein Hilfsmittel verwendet, um Hypothesen über Aggregatereignisse zu prüfen.

Welcher Art können die Aggregatereignisse sein, für deren Erklärung das Konstrukt Generation eingesetzt werden kann? Das Auftreten bzw. der Wandel kollektiver Werte bzw. Einstellungen kann als ein solcher Aggregateffekt angesehen werden. Dabei

Wertewandel als Aggregateffekt von Generationen

wird ein Wandel der öffentlichen Meinung bewirkt, durch den auch ein Effekt auf die Veränderung oder Stabilisierung von Institutionen erwartbar ist. Das folgende Beispiel soll dies verdeutlichen. Die mehrheitliche punitive Einstellung einer Bevölkerung stellt eine öffentliche Präferenz dar. Diese kann durch Liberalität oder law-and-order-Tendenzen geprägt sein. Eine öffentliche Präferenz wiederum kann als Meinungsdruck auf die Aktivität des Gesetzgebers wirken. Selbstverständlich ist auch eine umgekehrte Wirkung möglich, wonach eine öffentliche Präferenz das Resultat von Aktivitäten des Gesetzgebers ist. Die sozialwissenschaftlich interessante Frage ist nun, inwieweit in einem solchen Prozess Generationen einen Einfluss auf die Konstitution von öffentlichen Präferenzen und den daraus folgenden Veränderungen von Institutionen (z. B. Rechtsnormen) haben.

Wertewandel und Generation – materialistische und postmaterialistische Werte

Inglehart: Wertewandel als Silent Revolution

Seit den 70er Jahren wird die Diskussion um den Wertewandel international von Ingleharts Annahme mitbestimmt. Derzufolge vollzieht sich in den westlichen Ländern ein Wandel von materialistischen zu postmaterialistischen Werten. Bezeichnenderweise trägt sein Hauptwerk den Titel „The Silent Revolution" (1977). Inglehart meinte, dass der Wertewandel in der westlichen Welt, der besonders deutlich in Deutschland zu beobachten sei, sich nahezu unbemerkt vollzogen habe. Inzwischen gibt es eine umfangreiche Kritik aus verschiedenen Disziplinen und wissenschaftstheoretischen Auffassungen an Ingleharts Theorie. Dessen ungeachtet erfreut sich diese Grundidee aber ungebrochener Vitalität. Sie beginnt sich allmählich, über Medien vermittelt, im Alltagsbewusstsein auszubreiten. Von Inglehart konstruierte Indikatorenbatterien zur Messung des Wertewandels werden heute in zahlreichen sozialwissenschaftlichen Untersuchungen verwendet, so z. B. in den im zweijährigen Turnus durchgeführten für die Bundesrepublik repräsentativen ALLBUS[2]-Erhebungen. Der Weltwertesurvey (1995-1997), mit dem in ca. 50 Ländern die Verbreitung von Werten empirisch untersucht wurde, oder verschiedene Europäische Wertestudien bedienen sich ebenfalls der Inglehartindikatoren.

Erhoben werden ursprünglich die in Abbildung 13 enthaltenen Indikatoren mittels eines Rankings. Die Befragten wurden aufgeordert, Ränge zwischen diesen Indikatoren aufgrund ihrer per-

---

[2]   ALLBUS – Allgemeiner Bevölkerungsumfragesurvey.

materialistische	Werte	postmaterialistische
physische Sicherheit		**Achtung und Selbstverwirklichung**
starke Verteidigungskräfte		mehr Mitspracherecht am Arbeitsplatz
Aufrechterhaltung der sozialen Ordnung		mehr Mitspracherecht bei Regierungsentscheidungen
Kampf gegen Kriminalität		humane Gesellschaft
materielle Sicherheit		**intellektuelle und ästhetische Werte**
wirtschaftliches Wachstum		schönere Städte, Umweltschutz
Kampf gegen steigende Preise		Schutz der freien Meinungsäußerung
stabile Wirtschaft		Gesellschaft, in der Ideen mehr als Geld zählen

Abb. 13: Kurzbezeichnungen der Inglehartindikatoren

sönlichen Meinung über die Wichtigkeit der einzelnen Werte zu bilden. Es soll also aus diesen zwölf Werten der wichtigste, zweitwichtigste usw. Wert bestimmt werden. Entsprechend der Ränge werden dann Postmaterialisten, Materialisten und postmaterialistische und materialistische Mischtypen gebildet.[3]

Worauf basiert der Wertewandel? Nach Inglehart führt der wachsende Wohlstand in den westlichen Ländern, der auf einem wirtschaftlichen Wachstum und der Entwicklung von Wissenschaft und Technik basiert, zu einer zunehmenden postmaterialistischen Wertorientierung der Bevölkerung. Worauf beruht diese Annahme? Inglehart formuliert zwei Hypothesen, die dem Wertewandel vom Materialismus zum Postmaterialismus zugrunde liegen: die Mangelhypothese und die Sozialisationshypothese.

Mangelhypothese: Die Präferenzen eines Menschen reflektieren sein sozio-ökonomisches Umfeld: Den größten subjektiven Wert misst man den Dingen zu, die relativ knapp sind (Inglehart 1989, S. 92). Die Mangelhypothese stützt sich inhaltlich auf eine Idee

Zwei Hypothesen sollen den Wertewandel erklären

---

[3] In heutigen Untersuchungen, in denen diese Indikatoren als Standardinstrument verwendet werden, wird eine Kurzform aus vier Indikatoren (für jeden Bereich ein Indikator) bestehend eingesetzt.

von Maslow. Maslow formulierte eine Theorie der Motivation, die auf einer Stufenfolge von Bedürfnissen basiert. Im Laufe seiner Entwicklung durchläuft der Mensch demzufolge fünf Stufen. Dies geschieht in Abhängigkeit der jeweils erfüllten Bedürfnisse. Außer der fünften und höchsten Stufe, die als dynamisch anzusehen ist, folgen die vorangegangenen Stufen dem Erleben von Mangel und Sättigung.

Exkurs

Die Mangelhypothese

Folgende Bedürfnisse sind in der Maslow-Pyramide enthalten: physiologische Bedürfnisse, Bedürfnisse nach Sicherheit und Stabilität, Bedürfnisse nach Liebe und Zugehörigkeit, Bedürfnisse nach Wertschätzung und sozialer Anerkennung, Bedürfnis nach Selbstverwirklichung (Maslow 1981). Später kam noch eine sechste Stufe hinzu: Neugier und das Bedürfnis zu verstehen.

Genau diesen Zusammenhang von Mangel und Sättigung und die Idee von der Stufenfolge übernimmt Inglehart. Darüber hinaus führt er das von Gossen formulierte Gesetz des abnehmenden Grenznutzens an, demzufolge beim Konsum eines Gutes der subjektive Nutzen jeder weiteren Einheit dieses Gutes gegenüber der vorhergehenden geringer ist. Dieses Gesetz wurde im 19. Jahrhundert formuliert und ist heute aufgrund empirischer Forschungen in der Psychologie gut nachgewiesen.

Die Sozialisations- hypothese und ihr Bezug zur Generation

Sozialisationshypothese: Wertorientierungen ergeben sich nicht unmittelbar aus dem sozio-ökonomischen Umfeld. Vielmehr kommt es zu einer erheblichen Zeitverschiebung, denn die grundlegenden Wertvorstellungen eines Menschen gehen weithin aus den Bedingungen hervor, die in seiner Jugendzeit vorherrschend waren (Inglehart 1989, S. 92). Nach Inglehart findet der Wertewandel nicht innerhalb einer Generation statt, sondern von Generation zu Generation. Voraussetzung ist entsprechend der Sozialisationshypothese, dass in den *formative years*, wie er sie bezeichnet (ähnlich der impressiven Phase), eine Generation in Wohlstand aufwachsen muss, um postmaterialistische Werte zu präferieren. Wohlstand, der später im Lebenslauf eintritt, verändert die dominanten Grundwerte nicht mehr. Dies ist konform zu den generellen theoretischen Annahmen des Konstrukts der Generation. Die Unschärfe der zeitlichen Einordnung von Geburtsjahrgängen kann dieser theoretischen Annahme nichts anhaben. Wenn bei gegebenen Makrobedingungen im Zeitverlauf postmaterialistische Orientierungen zunehmen und materialistische abnehmen, dann ist dies ein empirisch gestützter Hinweis auf die angenommene Generationendynamik des Wertewandels.

Insgesamt wird an diesem Beispiel deutlich: Das Konstrukt Generation basiert auf der Annahme eines zeitlich begrenzten und nachhaltigen Sozialisationseffekts. In dieser Konstellation wird die Sozialisations-/Generationshypothese als theoretisches Hilfsmittel für die Begründung einer theoretischen Annahme zum Wertewandel in einer Gesellschaft verwandt.

Moral und Geschlecht

Ein zweites Beispiel betrifft einen methodisch-technischen Aspekt der Verwendung des Generationenkonstrukts. Die Auseinandersetzung darüber, inwiefern menschliches Verhalten biologisch oder kulturell bestimmt ist, erlebt seit einem Jahrzehnt eine Renaissance. Auf verschiedenen Gebieten, wie z. B. der Kriminologie, des Geschlechterverhaltens oder der Moralbegründung treten wieder öfter Hypothesen insbesondere aus der (Sozio-)biologie auf. Klassische Forschungsdesigns wie die Zwillings- und die Adoptionsforschung, die als Kronzeugen für den Nachweis eines entscheidenden Einflusses von Natur oder Kultur angesehen werden, liefern bisher keine eindeutigen Ergebnisse. Eine dritte methodische Möglichkeit, die Anteile zwischen diesen beiden komplexen Ursachen näher zu bestimmen, bietet das Konstrukt Generation. Worin besteht die Grundidee? Um herauszufinden, ob z. B. eine bestimmte Moralvorstellung vom biologischen Geschlecht abhängig ist, können Geburtsjahrgänge hinsichtlich einer solchen Moralvorstellung miteinander verglichen werden. Dabei können inhaltliche Annahmen, die auf bestimmten historischen Zäsuren beruhen, zur Zusammenfassung von Geburtsjahrgängen zu einer Generation dienen. Dies muss aber nicht zwingend eine Generation im Sinne Mannheims theoretischem Ansatz sein, da es sich hier um ein methodisches Hilfsmittel handelt. Dennoch bleibt die Idee einer sozialisationswirksamen Phase im Lebenslauf erhalten. Derzufolge bleiben Sozialisationseffekte dieser Lebenslaufphase (Jugend) im Erwachsenenalter bestehen. Da jeder Geburtsjahrgang solche Effekte in sich aufhebt, ist es letztlich nebensächlich, wie viele Geburtsjahrgänge genau zusammengefasst werden. Im Vergleich der so gebildeten Generationen muss sich nun zeigen, ob die Differenz in Bezug auf das interessierende Merkmal zwischen einer älteren und einer

Das Generationenkonstrukt zur Prüfung biologischer vs. kultureller Effekte auf moralische Überzeugungen jüngeren Generation hoch ist und auf eine Zu- oder Abnahme verweist (Unterstützung der Sozialisationsannahme) oder ob sie geringfügig und diskontinuierlich ist (Unterstützung einer biologisch begründeten Annahme).

Gibt es eine geschlechtsspezifische Grundmoral?

Im Beispiel (Nunner-Winkler und Nikele 2002) geht es um die empirische Prüfung der Annahme, wonach es eine Art weibliche und männliche Grundmoral geben könnte. Derzufolge präferieren der Tendenz nach Frauen eine fexible Fürsorglichkeitsethik und Männer eine rigide Gerechtigkeitsethik. Die theoretische Begründung einer solchen Zuordnung lässt sich ohne nähere Explikation dahingehend vermuten, dass sie sich aus der Zentralität einer „Fortpflanzungslogik" soziobiologischer Vorgehensweise ergibt.[4]

Inhaltlich wurden zwei Annahmen geprüft:

Fürsorglichkeit: Frauen vertreten stärker als Männer Fürsorglichkeits- und Verantwortlichkeitsnormen; sie sind stärker am Wohlergehen konkreter Anderer interessiert. Bindungen zu ihnen werden aus Gefühlen heraus befolgt. Männer betonen eher Rechte und Pflichten.

Kontextsensitivität: Frauen berücksichtigen stärker als Männer bei Handlungsbewertungen die jeweils vorliegenden Situationsbedingungen und mögliche Folgen. Deshalb sind sie eher bereit, Ausnahmen von Normen zuzulassen. Männer urteilen ohne Kontextbezug und halten strikt an der Befolgung von Normen und Pflichten fest (Nunner-Winkler und Nikele 2002, S. 110).

Bildung von drei Generationenkategorien zum Vergleich

Die Autorinnen bilden nach einem Quota-Verfahren (Geschlecht und Bildung) drei recht robuste Generationenkategorien für ihre empirische Prüfung der Hypothesen. Jeweils 95 bis 100 Personen der Generationenkategorien bis 30, 40 bis 50 und 65 bis 75 Jährige wurden in einem überwiegend protestantischen und einem überwiegend katholischen Gebiet in den westlichen Bundesländern befragt. Gefragt wurde nach Urteilen über verschiedene Normen, Handlungen und Pflichten. So z. B. Ehescheidung, Berufstätigkeit von Müttern, Homosexualität, Abtreibung (gemeint ist Schwangerschaftsabbruch), Verkehrsverstoß usw.

Die Grundmoral ist weniger biologisch als sozialisatorisch bedingt

Das Ergebnis unterstützt die Annahme sozialisatorischer Effekte in der Adoleszenz durch einen Vergleich der Urteile zwischen den herangezogenen Generationen. Es zeigt sich insge-

---

4   Grundsätzlich lässt sich nur wenig dagegen einwenden, wenn die Reproduktion von Nachkommen als grundlegender Prozess für die Generierung von Verhaltensannahmen Verwendung findet, zumindest so lange, wie die Soziobiologen sich auf ihren Gegenstand beschränken: das Tierreich.

samt, dass die Urteile zwischen den Generationen stärkere Differenzen aufweisen als zwischen den Geschlechtern innerhalb einer Generation in Bezug auf die moralische Grundorientierung. Die Differenzen zwischen den Generationen weisen zudem tendenziell auf eine Liberalisierung von Wertauffassungen hin. Die Autorinnen sehen zudem darin einen empirischen Beleg für die Existenz einer sensitiven Phase in der Adoleszenz, in der sich grundlegende Werte eines Menschen ausbilden. Schließlich zeigt sich, dass die Generationendifferenz zwischen der ältesten Generation und der mittleren am größten ist. Dies ist konform mit dem Umfang und Tempo des Wandels der sozialen Bedingungen in der Bundesrepublik, die in der jeweiligen sensitiven Phase herrschten.

Zusammenfassung

1. Beide angewandten empirischen Prüfungen von theoretischen Annahmen zum Wertewandel nehmen Bezug auf die Nachhaltigkeit sozialisatorischer Effekte in der Adoleszenz.
2. Die Hypothesen zur Erklärung von Aggregatereignissen (Veränderung der Werte in einer Bevölkerung) sind unter Zuhilfenahme des Generationenkonstrukts begründbar.
3. Die Verwendung des Generationenkonstrukts dient generell dem Nachweis von Sozialisationseffekten, die in der Herausbildung stabiler Grundeinstellungen bestehen. In der Verfolgung dieses Zwecks können inhaltliche Begründungen eines Generationenzusammenhalts eher in den Hintergrund treten.

Literatur

Fogt, Helmut, *Politische Generationen. Empirische Bedeutung und theoretisches Modell*, Opladen, 1982.

Inglehart, Ronald: *Kultureller Umbruch: Wertewandel in der westlichen Welt*. Frankfurt a.M. 1989.

Lindner, Bernd, „Bau auf, Freie Deutsche Jugend" – und was dann? Kriterien für ein Modell der Jugendgenerationen in der DDR, in: Jürgen Reulecke (Hrsg.), *Generationalität und Lebensgeschichte im 20. Jahrhundert*, München, 2003, S. 187-215.

Mannheim, Karl, Das Problem der Generation, in: ders., *Wissenssoziologie*, Berlin, 1964, S. 509-565.

Schelsky, Helmut, *Die skeptische Generation. Eine Soziologie der deutschen Jugend*, Düsseldorf, Köln 1963.

Szydlik, Marc, *Lebenslange Solidarität? Generationenbeziehungen zwischen erwachsenen Kindern und Eltern,* Opladen, 2000.

4.2 Die funktionale Gesellschaft: Sozialisation als Aneignung von Werten und Normen

4.2.1 Theoretische Grundpositionen im Strukturfunktionalismus

Talcott Parsons' Bemühen um eine ganzheitliche Gesellschaftstheorie

Der Strukturfunktionalismus, wie er von Talcott Parsons (1902-1979) entwickelt wurde, nimmt eine Sonderstellung in der Geschichte der Soziologie ein. Parsons unternahm den Versuch, eine Große Theorie der Gesellschaft (Mills 1973) auszuarbeiten. Das heißt, es ging Parsons um eine Theorie, welche das Funktionieren der Gesellschaft in ihrem ganzen Umfang erklären kann. Damit wird bereits deutlich, dass es sich um eine teilweise abstrakte und empirieferne Theorie handelt, auch wenn es Ausnahmen in seinem theoretischen Werk gibt. Robert K. Merton (1910-2003), ein bekannter Schüler Parsons und ebenfalls Funktionalist, bezeichnet dagegen sein theoretisches Ziel mit Blick auf Parsons als „Theorien mittlerer Reichweite" (Merton 1968, S. 39 ff). Dies sind Theorien, die eine empirische Nähe und Prüfbarkeit aufweisen.

Parsons' strukturfunktionalistische Theorie hat die damalige westliche Soziologie in den 40er und 50er Jahren nahezu uneingeschränkt dominiert. Noch heute firmiert im Fremdverständnis von Soziologie diese funktionalistische Sichtweise als typisch soziologisch. Begriffe wie Rolle, Wertmuster, soziale Stereotype stammen zwar nicht originär aus dem Strukturfunktionalismus, wohl aber sind sie vor allem durch ihn sehr verbreitet worden.

Funktionalistische Erklärung beinhaltet Zweckursachen

Es gibt zahlreiche Definitionen für die funktionale Erklärung. Diese Vorgehensweise ist ursprünglich der Biologie entnommen. Im 19. Jahrhundert wurde Gesellschaft z. B. von Comte und Spencer im Sinne einer Analogie zum menschlichen Organismus betrachtet. Jedes Organ erfüllt demnach eine spezielle Funktion für das Überleben des Gesamtorganismus. Eine elementare Erläuterung funktionaler Erklärung hat z. B. Homans versucht. Ihm zufolge besteht der Kern funktionalistischer Erklärung in der Soziologie darin, dass eine Gesellschaft bestimmte Institutionen benötigt, um existieren zu können. Eine Erklärungsart wird deshalb funktionalistisch genannt, weil die Bedeutung, die eine Institution für das Existieren einer Gesellschaft hat, als deren Funktion bezeichnet wird. In einer solchen Erklärung wird also nach einer Zweckursache gesucht. In der modernen Wissenschaft fragt man dagegen nach Wirkursachen für ein zu erklärendes Ereignis. So bemerkt Homans: Dass die Gänse im Winter nach Süden fliegen, weil sie im Norden nicht überleben würden, ist eine funktionalistische Erklärung, die im Grunde nicht falsch ist. Unbefriedigend ist diese Erklärung aber, weil sie nichts über den genauen Mechanismus aussagt, der die Gänse veranlasst, in den Süden zu ziehen (Homans 1974, S. 77). Auf die Gesellschaft bezogen heißt das aus der funktionalistischen Perspektive: Institutionen gibt es, weil Gesellschaft ohne Institutionen nicht bestehen könnte.

Wenn heute davon gesprochen wird, dass Parsons' Theorie eine Art normativen Determinismus oder Soziologismus darstellt, dann muss auch der zeitgeschichtliche Kontext, in dem diese Theorie ausgearbeitet wurde, berücksichtigt werden. Das theoretische Grundanliegen von Parsons war die Erklärung der Stabilität sozialer Ordnung. Im Sinne Webers versuchte er, das Ordnungsproblem im theoretisch gleichberechtigten Zusammenhang von Handeln und Struktur zu lösen. Die Situation, die er in den 30er Jahren antraf, bestand aus einer Dominanz von Biologie und Ökonomie hinsichtlich der Erklärung des menschlichen Verhaltens. Vererbung oder Restriktionen (Bedingungen) stellten die Erklärungszugänge dar. Daran orientiert sich Parsons' Kritik und der Versuch, eine eigene Handlungstheorie auszuarbeiten, die einen direkten Zusammenhang mit der sozialen Ordnung aufweist. Die Brücke zwischen Handeln und Struktur wird durch soziale Werte und Normen gebildet. Die Basisannahme besteht demnach darin, in Konkurrenz zu Vererbung und Restriktion, von der Handlungswirksamkeit kultureller Faktoren auszugehen. Diese kulturellen Faktoren werden nicht als äußere Bedingungen behandelt, sondern als verinnerlichte. Dies theoretisch zu begründen war das Hauptanliegen von Parsons: Nicht Natur oder Ökonomie, sondern Kultur bestimmt das soziale Handeln. Die Annahme der Sozialisation ist dabei von zentraler Bedeutung.

Hinweis

Der Zusammenhang zwischen Handeln und Struktur

Die Verwendung des Begriffs Handlung (action) statt Verhalten (behavior) in Parsons' Theorie ist nicht zufällig, sondern programmatisch zu verstehen. In Anlehnung an Weber, der strikt zwischen Verhalten als bloßer Reaktion und Handeln als mit Sinn belegtem Tun unterscheidet, sieht Parsons das Problem der Zwecksetzung als ein Grundproblem der Handlungstheorie an, das gelöst werden muss, um einen theoretischen Zusammenhang zwischen Handeln und Struktur begründen zu können.

Die Positionierung seiner Handlungstheorie weist noch eine weitere Abgrenzung auf, nämlich zur idealistischen Linie eines freien Willens der Akteure. Darin sieht Parsons ebenfalls keine Lösung des Ordnungsproblems. Parsons vertritt den Standpunkt, dass aus der unbegrenzten Wahlfreiheit der Handlungsziele durch die Akteure die Stabilität sozialer Ordnung nicht erklärt werden kann. Andererseits, wenn die Handlungsziele der Akteure durch Bedingung und Vererbung festgelegt sind, dann benötigt man keine Handlungstheorie mehr. Dieses Dilemma, entweder Ordnung nicht erklären zu können oder keine Handlungstheorie zu benötigen, will Parsons durch eine, wie er sie nannte, voluntaristische Handlungstheorie lösen.

Parsons kritisiert maßgeblich jene theoretische Lösung des Ordnungsproblems, die Hobbes vorgeschlagen hatte. Zunächst stimmt er mit Hobbes darin überein, dass die egoistischen Interessen der Akteure unausrottbar sind. Die vertragstheoretische Begründung von Ordnung, wie sie Hobbes erarbeitet hatte, sieht er jedoch nur als eine faktische Lösung an.

Die vertragstheoretische Lösung des Ordnungsproblems besteht darin, dass es durch die ungehinderte Verfolgung der individuellen Interessen zu einem Krieg aller gegen alle kommt. Dieser Krieg führt schließlich dazu, dass die Menschen in einen erbärmlichen Zustand geraten. Ihr Leben wird von Not und Chaos beherrscht. Sie schließen deshalb einen Vertrag und übertragen ihr Selbstbestimmungsrecht einem sterblichen Gott, dem Leviathan. Er ist nun der Souverän, der ihnen im Gegenzug Schutz und Sicherheit gewährt.

Parsons ist der Auffassung, dass eine solche Ordnung instabil sei und jederzeit von den Akteuren wieder in Frage gestellt werden kann. Deshalb stellt er sich die Aufgabe, nach härteren und äußeren Zwangsfaktoren zu suchen, die Handeln und Struktur im Sinne der Stabilität sozialer Ordnung zusammenhalten.

Soziale Normen als Zwangsfaktoren des Handelns

Diese Zwangsfaktoren sind soziale Normen und ihre Begründung durch die Werte einer Kultur. Um dies einordnen zu können, muss die theoretische Grundposition Parsons' herangezogen werden. Parsons versucht die Stabilität, nicht aber die Entstehung sozialer Ordnung zu erklären. Deshalb ist seine Theorie auch als eine Gleichgewichtstheorie zu verstehen. Es geht also darum zu erklären, auf welche Weise soziale Ordnung erhalten bleibt, obwohl die individuellen Akteure eigentlich geneigt sind, ihre unausrottbaren egoistischen Ziele zu verfolgen.

Die Wirkung von Normen ist aber nur dann effizient ordnungsstabilisierend, wenn sie nicht als äußere Restriktion, sondern als innere Präferenz das Handeln bestimmen. Aus diesem Grund gewinnt eine Sozialisationstheorie außerordentliche Bedeutung für die Gesamttheorie. Tatsächlich kann man feststellen, dass es keine andere große Gesellschaftstheorie gibt, in welcher die Sozialisationsannahme derart zentral und komplex ausgearbeitet ist. Parsons sieht seine Lösung des Ordnungsproblems in der Begrenzung der freien Zwecksetzung durch verinnerlichte Normen und Werte, die in einer Kultur vorherrschen. Als den theoretischen Prototyp einer solchen Begrenzung des freien Willens durch internalisierte Werte und Normen bezeichnet Parsons die Protestantismusthese, die Max Weber ausgearbeitet hat.

Internalisierte Normen begrenzen die freie Zwecksetzung

Eine weitere theoretische Auseinandersetzung um die Zwecksetzung individueller Akteure gilt einer Grundannahme der ökonomischen Verhaltenstheorie. Darin wird angenommen, dass individuelle Akteure ausschließlich individuelle Zwecke verfolgen. Mit anderen Worten, in dem Bestreben den maximalen Nutzen aus ihrem Verhalten zu ziehen, wäre es irrational, andere als die eigenen Zwecke zur Grundlage des Verhaltens zu machen. Parsons nimmt dagegen an, dass individuelle Akteure auch kollektive Zwecke verfolgen. Nur so kann er die von ihm anvisierte Verschränkung von Ordnung und Handeln theoretisch begründen.

Individuelle Akteure verfolgen auch kollektive Zwecke

Die Fähigkeit der Individuen, kollektive Zwecke zu verfolgen, entsteht jedoch nicht erst durch Sozialisation. Sozialisation baut auf eine Empfänglichkeit des Menschen auf, kollektive Moral zu respektieren. Dies nennt Parsons den Fundamentalkonsensus. Dieser Konsens betrifft nicht konkrete individuelle Akteure, sondern eine Eigenschaft der menschlichen Gattung. Zu dieser transzendenten Begründung greift Parsons, der in Heidelberg promovierte, auf Kant zurück. Der Philosoph der Aufklärung war überzeugt, dass der Mensch vernunftfähig ist. Kant unterschied Vernunft von rationalen Fähigkeiten der Erkenntnis, wie z. B. Begriffe zu bilden. Letzteres bezeichnete er als Verstand.

Fundamentalkonsensus: der Respekt des Menschen vor der Autorität kollektiver Moral

Vernunft wird im Alltag und leider mitunter auch in wissenschaftlichen Arbeiten mit Rationalität gleichgesetzt. Rationalität bezieht sich auf den wirksamsten zweckbezogenen Einsatz der Mittel unter Berücksichtigung der bestmöglichen Folgen. Vernunft dagegen wird definiert als das umfassende Vermögen, universelle Zusammenhänge und Werte zu erkennen und das Handeln daran zu orientieren. In sozialwissenschaftlichen Forschungen zum Umweltverhalten wird z. B. untersucht, mit welchen Anreizen Menschen zu einem umweltschonenden Handeln veranlasst werden können. Dabei kann man zwischen negativen

Vernunft vs. Rationalität

(Geldstrafen für umweltschädliches Handeln) und positiven (Kostensenkung für umweltschonenden Handelns z. B. durch Erleichterung der Mülltrennung mit einem dichten Netz an Wertstoffhöfen) Anreizen unterscheiden. Rationale Akteure reagieren auf solche Anreize, weil sie ihre eigene Nutzenmaximierung beeinflussen. Vernünftige Akteure dagegen bedürfen solcher Anreize nicht. Sie Handeln aus Einsicht in die kollektiven Folgen umweltschonend. Dieses Beispiel verdeutlicht, dass Vernunft als etwas Zeitloses, immer Geltendes angesehen wird.

Die theoretische Auseinandersetzung um Vernunft weist eine eigene Ideengeschichte auf. Auch in der Theorie von Marx finden wir diesen Bezugsrahmen der Aufklärung. Im Unterschied zu Kant, der in den religiösen Verhältnissen die Fesseln der Vernunft sah, war Marx der Auffassung, es seien die ökonomischen Verhältnisse. Insbesondere die über einen langen historischen Zeitraum hinweg notwendigen Eigentumsverhältnisse ermöglichen es dem Menschen nicht, vernünftig zu handeln. Sobald aber das Eigentum an Produktionsmitteln historisch überflüssig würde, kann der Mensch seine zu ihm gehörende Vernunft entfalten. Fromm arbeitete später, gestützt auf die Frühschriften von Marx, diesen Übergang als vom Haben (Streben des Menschen nach Besitz) zum Sein (Streben nach Entfaltung) aus (Fromm 1984). Hirschmann dagegen, der sich mit der Herausbildung von gesellschaftlichen Organisationsprinzipien beschäftigte, zieht das Fazit, dass Vernunft eine theoretische Konstruktion ist, die, im Unterschied zu Affekt und Rationalität, in der gesellschaftlichen Praxis keine ordnungsbildende Wirkung erlangt (Hirschman 1987, S. 51 ff).

Die Beurteilung, ob eine Handlung vernünftig ist, benötigt also ein Kriterium. Ein solches Kriterium sollte über ein jeweiliges zeitgenössisches Verständnis hinausgehen, also unabhängig von den jeweils herrschenden Bedingungen gelten. Nur ein immer gültiges Naturrecht könnte ein solch begründendes Kriterium liefern. Worauf soll sich aber eine Begründung stützen, die über alle Interessengruppen einer Gesellschaft hinweg zeitlos anerkannt wird? Erst in der neueren Zeit bildet sich mit der Erklärung der Menschenrechte allmählich ein solcher vernunftbasierter Kodex heraus. Die Menschenrechte können als eine Art Naturrecht, auf das sich internationale Gremien bereit sind zu einigen, angesehen werden. Die Idee der Menschenrechte basiert darauf, dass sie unabhängig von der politischen Orientierung eines Systems zu allen Zeiten gelten sollen. Die Geschichte der UN zeigt, wie langwierig es ist, einem solchen vernunftbasierten Recht Geltung zu verschaffen. Das Prinzip der Rationalität dagegen ist recht robust. Es orientiert sich am Zeitgeist sowie beobachtbaren und kalkulierbaren Faktoren.[5] Eine Auseinandersetzung zwischen Rationalität und Vernunft findet in der Gegenwart z. B. im Rahmen ökologischen Handelns statt. Dies betrifft sowohl das individuelle Handeln als auch die Verhandlungen zwischen den Nationen der Erde. So vernünftig es wäre, sofort und umfangreich die Volkswirtschaften auf erneuerbare Energien umzustellen, so (wirtschaftlich) irrational ist es zugleich, wie wir aus den zähen internationalen Verhandlungen ersehen können.

Zurück zu Kant. Weil der Mensch vernunftfähig ist, kann er sich selbst Gesetze geben. Der kategorische Imperativ repräsentiert die Vernunftfähigkeit als freie Zwecksetzung des Handelns, in welcher stets die Folgen für die Gemeinschaft Berücksichtigung finden: Handle stets so, dass die Maxime deines Willens jederzeit zugleich als Prinzip einer allgemeinen Gesetzgebung dienen könne. Der Mensch (bezogen auf die Gattung) verfügt über die potenzielle Fähigkeit, dieses allgemeine Sittengesetz in seinem Handeln zu verwirklichen. Das ist für Parsons der Anknüpfungspunkt. Der Fundamentalkonsensus stützt sich also auf eine Art anthropologische Konstante: die Fähigkeit des Menschen zur Vernunft, was gleichbedeutend ist, wie im Sinne des kategorischen Imperativs, die Werte und Normen einer Gesellschaft zu respektieren und in seinem Handeln zu berücksichtigen. Damit sind wir wieder am Ausgangspunkt: Gestützt auf diese transzendente Begründung kritisiert Parsons die Grundauffassung ökonomischer Verhaltenstheorie, nur empirische, individuelle Ziele gelten zu lassen. Folgenreichste Konsequenz dieser Auffassung ist für Parsons, dass nur aus egoistischer Zwecksetzung heraus nicht die Entstehung und Stabilität sozialer Ordnung erklärt werden kann. Der Fundamentalkonsensus bildet die Grundlage für die Sozialisationsfähigkeit des Menschen, weil der den Respekt vor der kollektiven Moral enthält. Sozialisation aktualisiert und konkretisiert kulturbezogen diese Fähigkeit.

Sozialisation führt nach Parsons dazu, dass im individuellen Handeln ein emergentes Element verankert wird: soziale Normen. Die Bezeichnung emergent soll darauf verweisen, dass diese Normen nicht aus dem individuellen Verhalten entstehen. Im Gegenteil, sie werden von Parsons weder als aus dem individuellen Handeln noch als durch dieses veränderbar betrachtet. In

Fundamentalkonsensus und Sozialisationsfähigkeit

Normen entstehen nicht aus individuellem Verhalten

---

[5]   Es kann dennoch nicht grundsätzlich ausgeschlossen werden, dass Rationalität und Vernunft im konkreten Fall auch kongruent sein können. Dies tritt z. B. ein, wenn Vernunft keine Kosten verursacht.

seiner Theorie werden Werte und Normen als eine kulturelle Gegebenheit angesehen. Mit anderen Worten, die individuellen Akteure haben keinerlei Zugriff auf diese Normen, die ihr Handeln bestimmen. Der Mechanismus dazu ist im Abschnitt 3.4 erläutert.

Die angenommene Wirkung von Normen　　Die Wirkung der Normen besteht darin, die Wahl zwischen Handlungsalternativen im Sinne kultureller Erwartungen zu begrenzen. Dies geschieht, indem objektiv vorhandene Möglichkeiten entweder überhaupt nicht wahrgenommen[6] oder vom individuellen Akteur abgelehnt werden. Im letzteren Fall geschieht dies als Tendenz zur Vermeidung von Dissonanz (siehe Abschnitt 3.3).

Zusammenfassung

1. Parsons gebührt das Verdienst, die nachhaltige Wirksamkeit von Werten und Normen auf menschliches Handeln in einer umfassenden Theorie begründet zu haben.

2. Im Kern ging es Parsons darum, die Stabilität sozialer Ordnung trotz egoistischer Interessen der Individuen zu erklären. Parsons will Handeln und soziale Ordnung theoretisch gleichrangig miteinander verbinden.

3. Das Problem, das Parsons durch die Ausarbeitung einer voluntaristischen Handlungstheorie zu lösen versucht, besteht in der theoretischen Begründung des Zusammenhangs von individueller und kollektiver Zielsetzung.

4. Annahmen ökonomischer (auch biologischer) und idealistischer Theorien kritisiert er, weil diese entweder die Zielsetzung als Folge der Bedingungen oder Vererbung betrachten oder von einer unbegrenzten Wahlfreiheit der Ziele durch die Akteure ausgehen. Im ersten Fall würde eine Handlungstheorie überflüssig und im zweiten sei Ordnung nicht mehr erklärbar.

5. Seine Kritik an der ökonomischen Verhaltenstheorie besteht darüber hinaus darin, dass individuelle Akteure nur nutzenmaximierende individuelle Zwecksetzungen in ihrem Verhalten verfolgen.

6. Parsons ist der Auffassung, dass es einen vernunftbasierten Fundamentalkonsens zwischen Gesellschaft und Akteur gibt. Demzufolge legen individuelle Akteure ihrem Handeln auch kollektive Zwecke zugrunde.

7. Der konkrete Inhalt der Fähigkeit, individuelles Handeln durch kollektive Zwecke leiten zu lassen, entsteht durch Sozialisation. Im Prozess der Sozialisation werden Werte und Normen internalisiert, welche die Zwecksetzung wirksam begrenzen und orientieren.

---

[6]　Dies ist im Sinne von Framing gemeint.

Der Akteur als funktionierendes System 4.2.2

Die Konstellation von Akteurs- und Systemebene tritt in der strukturfunktionalistischen Theorie Parsons' als Verhältnis zweier Subsysteme des von ihm so bezeichneten Allgemeinen Handlungssystems auf. Bevor auf dieses Verhältnis eingegangen werden kann, sind einige weitere Vorbemerkungen erforderlich. Das umfangreiche Werk Parsons', das über einen großen Zeitraum (1930er bis 1970er Jahre) entstand, weist einige Brüche auf. Auf diese Diskontinuitäten und Korrekturen wird hier nicht Bezug genommen. Vielmehr geht es um eine mögliche Gesamtinterpretation unter dem Blickwinkel der Sozialisationsannahme.

Theoretische Systembausteine
Das spätere Werk ist als Systemtheorie formuliert. Dabei ist die Lösung des Problems der Systemerhaltung von besonderer Bedeutung. Mit seiner Lösung sollen Antworten auf die Frage gefunden werden, wie ein System sich gegenüber einer Umwelt abgrenzen, erhalten und mit ihr in Austausch treten kann. Jedes System besteht aus Subsystemen und diese wiederum ebenfalls aus Subsystemen. In der Literatur wird dies mitunter etwas despektierlich als Matroschkaprinzip bezeichnet. Jedes Subsystem eines Systems erfüllt eine bestimmte Funktion gegenüber dem System, dem es direkt angehört. Diese Funktionen sind theoretisch genau bestimmt. In Zusammenarbeit mit Bales und Shils (Parsons, Bales und Shils 1953) werden vier Funktionen theoretisch abgeleitet.

Exkurs

Funktion und Systemerhaltung

Die Ableitung der vier Funktionen erfolgt aus den zwei pattern variables Paaren (Orientierungsmustern) intern versus extern und instrumentell versus konsumatorisch. Das erste Paar bezieht sich auf die Orientierung am Inneren eines Systems (intern) oder an der Systemumwelt (extern). Das zweite Paar bezieht sich darauf, ein Objekt als Mittel zum Zweck (instrumentell) oder als Zweck an sich (konsumatorisch) zu nutzen.

Diese vier Funktionen begründen das *Vierfunktionenparadigma*. Demnach muss jedes System aus vier Subsystemen bestehen und jedes dieser Subsysteme jeweils eine der vier Funktionen erfüllen,

damit das System, dem es angehört, erhalten werden kann. Diese
vier Funktionen sind:

> **Hinweis**
>
> Die vier Funktionen eines Systems:
>
> * **A**daption (extern/instrumentell) stellt Energie für Systemzwecke zur Verfügung und sichert Erhalt gegenüber Umwelt.
> * **G**oal-attainment (extern/konsumatorisch) dient der Ressourcenmobilisierung sowie der Auswahl von Zielen.
> * **I**ntegration (intern/konsumatorisch) richtet sich auf den Erhalt der Gemeinschaft/des Systems nach innen.
> * **L**atent pattern maintenance (intern/instrumentell) bezeichnet die Erhaltung latenter Strukturen, d.h., diese Funktion dient der Aufrechterhaltung von Ordnungsmustern (als Identität des Systems).

Die Hierarchie der Funktionen

Dieses Set an Funktionen wird auch kurz als AGIL oder LIGA
bezeichnet, je nachdem, ob man es von oben nach unten oder
von unten nach oben liest. Das heißt auch, diese Funktionen
stehen in einer Hierarchie zueinander. Von unten (A wie Anpassung) fließt Energie nach oben (L wie latente Strukturerhaltung).
Von oben nach unten fließt Information und wird Kontrolle ausgeübt. Das ist insofern wichtig, als die Funktion eines Subsystems auch etwas über seine Position in dieser Hierarchie aussagt.

Mit der Erfüllung einer Funktion treten die Subsysteme in Austausch zueinander. Dieser Austausch wird möglich, weil sie jeweils ein spezifisches Medium[7] herstellen, das die Grundlage für
diesen Austausch mit den anderen Subsystemen bildet. Es werden
also eine Art spezifischer Leistungen ausgetauscht.

Das Allgemeine Handlungssystem (AHS)

Das AHS als Bestandteil der Idee der conditio humana

Parsons entwickelt im Zusammenhang mit der Systemtheorie die
Idee der conditio humana. Hier fasst er zusammen, worin die
Grundbedingungen allen Seins bestehen. In diesem „Dach der
Welt" (Becker und Ritsert 1988) befindet sich das Allgemeine
Handlungssystem, welches für den Erhalt der Welt die Integrati-

---

[7]   Luhmann verwendet später auch die Metapher des Zahlungsmittels, wodurch
der Austauschvorgang der Systeme hervorgehoben wird.

onsfunktion ausführt.[8] Dieses Allgemeine Handlungssystem enthält die im eigentlichen Sinn soziologisch bedeutsamen Zusammenhänge und Erklärungen.

Das Medium des AHS ist symbolischer Sinn. Der Austausch
zwischen den Subsystemen in der generellen Weltfassung liegt
also darin, dass das AHS Sinn liefert. Sinn oder symbolischer Sinn
kann generell gefasst werden als Zuweisung von Bedeutung an
Handlungen, Abläufe und Gegenstände. Durch Sinn werden externe Gegebenheiten in Beziehung zum Menschen in seinen sozialen Zusammenhängen gesetzt. Sinn ist in Sprache, aber auch
als Intention von Handlungen und als Bedeutung von Gegenständen anzutreffen.

Hinweis

Das Allgemeine Handlungssystem stellt symbolischen Sinn her:

Wir finden wiederum einen Verweis auf Max Webers Definition
des Handlungsbegriffs. Handeln wird durch subjektiven Sinn
geleitet. Auch bei Weber ist Sinn nicht der individualisierte psychologische Sinn, sondern im Zusammenhang mit Sinnadäquanz zu sehen. Sinnadäquanz wird gebildet durch die durchschnittlichen Denk- und Gefühlsgewohnheiten, die als typischer
Sinnzusammenhang (im Rahmen einer Kultur oder historischen
Epoche) bejaht werden. Dieser subjektive Sinn enthält historisch
sedimentierte Sinngehalte und ist immer auch durchdrungen
von Sinnzusammenhängen der Interaktionspartner. Darüber
hinaus finden wir bei Weber auch objektiven Sinn: z. B. das rationale Recht oder die rationale Verwaltung. Nach Weber verhält
sich der objektive Sinn zum subjektiven Sinn wie das Produkt
zur Produktion. Diese Bezugnahme auf Weber soll die Erfassung
der zum Teil recht abstrakten Zusammenhänge bei Parsons er-
leichtern.

Betrachten wir nun die Subsysteme dieses soziologisch interessanten AHS. In Abbildung 14 sind auch die Subsysteme der beiden Subsysteme Sozialsystem und Persönlichkeitssystem enthalten.

---

[8]   Die weiteren Systeme sind das telische System (L), das menschlich-organische
      System (G) und das physiko-chemische System (A).

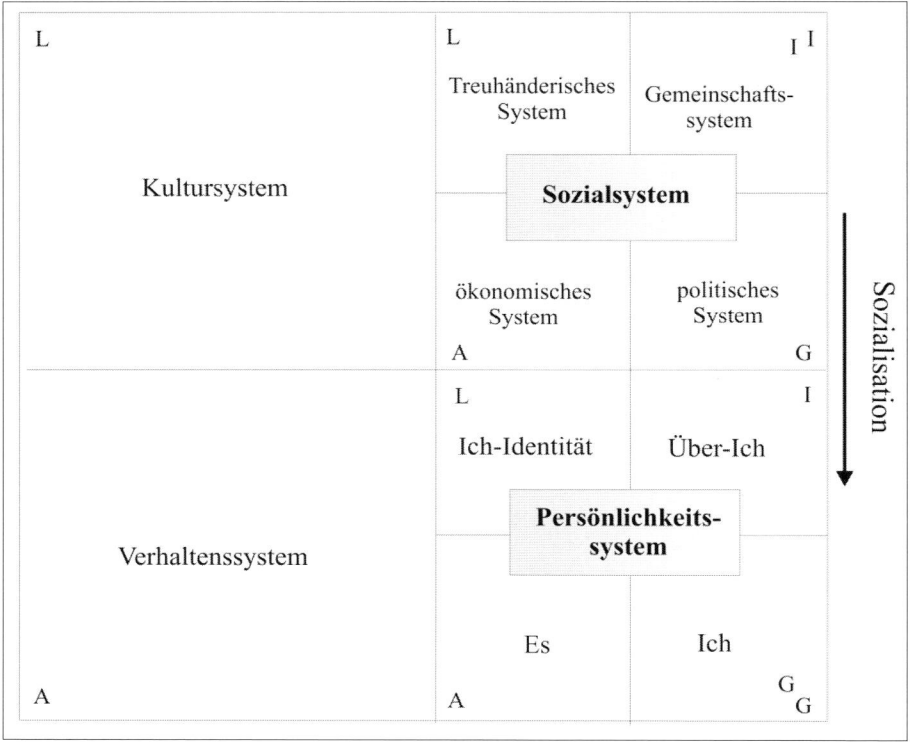

Abb. 14: Das Allgemeine Handlungssystem (AHS) und seine Subsysteme

Das Verhältnis zwischen Sozialsystem und Persönlichkeitssystem – Parsons bezeichnet dies auch als Interpenetration (wechselseitige Durchdringung von Subsystemen) – ist durch Sozialisation bzw. Internalisierung gekennzeichnet. Die Medien dieser Subsysteme geben bereits Aufschluss über Grundzusammenhänge des AHS.

Das Medium des Kultursystems   Im Kultursystem besteht das Medium in der Definition der Situation. Situation ist hier in einem umfassenden Sinn gemeint. In diesem Subsystem ist der Symbolvorrat einer Kultur angelegt, welcher die Informationen für alle Situationen des gesellschaftlichen Zusammenlebens enthält. Eine solche Grundsätzlichkeit weisen z. B. die Grundwerte einer Demokratie auf. Mit ihnen werden soziale Situationen aller Abstraktionsebenen und Handlungen in einer demokratisch verfassten Gesellschaft (mit-)definiert. Ein anderer Grundwert besteht im Schutz des persönlichen Eigentums. Die Definition der Situation entspricht der Funktion des Kultursystems, also der latenten Strukturerhaltung des Gesamtsystems.

Im Sozialsystem besteht das Medium in der Herstellung affektiver Bindungen an die Gemeinschaft. Das Gemeinschaftsgefühl entspricht der Funktion der Integration, des Zusammenhalts. Die Subsysteme des Sozialsystems sind als Skelett einer Gesellschaft erkennbar.

Das Medium des Sozialsystems

Das Persönlichkeitssystem, das im AHS für die Zielauswahl und -verwirklichung zuständig ist, stellt Handlungskapazität her. Im Persönlichkeitssystem finden wir deshalb zum zweiten Mal Handlung, dieses Mal jedoch auf einer anderen, nämlich der individuellen Ebene. Durch die Handlungsfähigkeit der Menschen werden soziale Systeme überhaupt erst reproduzierbar. Zugleich wird aus der Stellung in der Hierarchie deutlich, dass der Rahmen für diese Handlungskapazität erst durch die übergeordneten Systeme ermöglicht wird. Es wird auch klar, dass der Prozess der Sozialisation vom Sozialsystem zum Persönlichkeitssystem hin verläuft.

Das Medium des Persönlichkeitssystems

Im Verhaltenssystem befindet sich das Medium Intelligenz. Es handelt sich um jene Anlagen, die es ermöglichen zu reagieren, sich anzupassen und Zusammenhänge kognitiv zu erfassen. Die Unterordnung unter das Persönlichkeitssystem verdeutlicht, dass die ungerichtete Verhaltensfähigkeit erst in sozialisierter Form zur Handlungsfähigkeit wird. Anhand der Subsysteme des Verhaltenssystems[9] kann man recht deutlich die theoretischen Grundbausteine der behavioristischen Lerntheorie (Skinner) und der darauf aufbauenden Austauschtheorie von Homans erkennen sowie den Stellenwert dieser Theorie für die Erklärung der Stabilität sozialer Ordnung aus der Sicht von Parsons.

Das Medium des Verhaltenssystems

Sozialisation und Persönlichkeitssystem

Zurück zum Persönlichkeitssystem. Hier finden wir noch eine andere theoretische Bezugnahme. Unverkennbar ist die Persönlichkeitsstruktur, wie sie Freud entworfen hat, in diesem Subsystem verarbeitet. Zusätzlich enthält es noch die Ich-Identität. Diese erinnert an das Self von Mead. Hier erfüllt es die Funktion des Zusammenhalts der Persönlichkeit. Mit Identität ist dies treffend bezeichnet.

---

[9]   Die Subsysteme des Verhaltenssystems sind: Reiz-Reaktionsmechanismus (A), interne Selektionsmechanismen (G), Gratifikationsmechanismen (I), Generalisierungstendenz (L).

Sozialisation
beeinflusst alle
Subsysteme der
Persönlichkeit
Wie wirkt nun Sozialisation im Kontext des Persönlichkeitssystems? Eine Besonderheit in der Grundkonzeption der Sozialisationsauffassung lässt sich bereits an der noch recht abstrakten Darstellung des Persönlichkeitssystems erkennen. Parsons' Annahme zufolge werden durch Sozialisation alle Subsysteme des Persönlichkeitssystems beeinflusst. Auf das theoretische Problem und die Kritik von Parsons an Freud wird im Abschnitt zur Autonomie später eingegangen. Die Wirkung der Sozialisation auf das Persönlichkeitssystem wird bei Münch (2004, S. 110 ff) konzentriert dargestellt:

* Das Es lernt immer effizienter, sich an Situationen und veränderte Situationen anzupassen.
* Das Ich entwickelt Fähigkeiten, verschiedene Ziele und deren Realisierung aufeinander abzustimmen.
* Das Über-Ich erlernt die Fähigkeit, eine immer größere Zahl von Solidaritäten und Loyalitäten zu koordinieren.
* Die Ich-Identität schließlich lernt, eine immer größere Zahl von konkreten Ideen und Handlungen unter generelle Werte zu subsumieren. Die Fähigkeit der Wertegeneralisierung basiert darauf, die internalisierten kulturellen Grundwerte auf für die Persönlichkeit neue Situationen anzuwenden. Dies ist letztlich die Voraussetzung für die soziale Partizipationsfähigkeit.

Entsprechend der von Parsons für das Persönlichkeitssystem vorgesehenen Funktion, ermöglicht erst Sozialisation, diese überhaupt zu erfüllen.

Die soziale Rolle als Brücke zwischen Individuum und Gesellschaft

Der Ursprung des
Rollenbegriffs
Der Rollenbegriff weist eine besondere Bedeutung in der strukturfunktionalistischen Theorie auf. Er geht zurück auf Linton (1936), der in Stammesgesellschaften den Zusammenhang zwischen Kultur und Persönlichkeitsentwicklung untersuchte. Die Begriffe Status und Rolle dienten ihm dazu, diesen Zusammenhang auf wiederkehrende Regelmäßigkeiten hin zu bestimmen, also z. B. zwischen den sozialen Positionen (junger Krieger, alter Krieger, Medizinmann), dem sozialen Status und dem Verhalten, das einem Status und der Position entspricht.

Soziale Rollen als
beständig
wiederkehrende
Handlungen
Auch andere Ethnologen beschäftigten sich mit dem Phänomen wiederkehrender Handlungen. Malinowski und Radcliffe-Brown fragten danach, warum bestimmte Handlungen sich ritualisieren, währenddessen andere Handlungen rein individueller Art bleiben. Besonders Radcliffe-Brown, der als Begründer des modernen Funktionalismus gilt, verfolgte die Annahme, dass rituelle Handlungen eine wichtige soziale Funktion für die Re-

produktion einer Gesellschaft aufweisen (Radcliffe-Brown 1952).

Prominent wurde der Rollenbegriff in den Sozialwissenschaften aber vor allem durch Parsons und die grundlegende Bedeutung, die er in seiner Theorie erhielt. Dahrendorf sieht darin in den 70er Jahren die analytische Elementarkategorie, nach der die Soziologen lange gesucht haben (Dahrendorf 1974, S. 19). Am Schnittpunkt zwischen dem Einzelnen und der Gesellschaft stehend interessiert die Soziologen der Mensch als homo sociologicus. Als solcher ist er ganz unter dem Einfluss des Strukturfunktionalismus ein Träger sozial vorgeformter Rollen (ebenda S. 20).

Davon zu unterscheiden ist das Rollenverständnis der interpretativen Soziologie. In dieser wird neben dem role taking (der Rollenübernahme durch die Akteure) ebenso ein role making (als aktiver Einfluss der Akteure auf die Definition von Rollen) akzentuiert. Im symbolischen Interaktionismus, einer Variante der interpretativen Soziologie, wird dies besonders deutlich. Darin handeln die Akteure in Interaktionen Bedeutungen aus.

Erklärung

In der folgenden Definition der sozialen Rolle kommt die Attraktivität des Begriffs für das theoretische Anliegen von Parsons zum Ausdruck: Eine Rolle ist ein Bündel von Erwartungen oder Normen, das sich um eine bestimmte soziale Position rankt (z. B. Lehrer, Mutter, Vorstandsmitglied). Ein solches Erwartungsbündel wird in der sozialen Wahrnehmung als zusammengehörig empfunden und stellt nichts anderes als die Summe aller Rechte und Pflichten dar, die einen Positionsinhaber betreffen (Wiswede 1991, S. 42).

Es wird deutlich, dass man Gesellschaften oder Organisationen als aus einer Anzahl von Positionen bestehend ansehen kann, die durch definierte Beziehungen (Struktur) miteinander verbunden sind. Dadurch erhält eine Gesellschaft oder Organisation besondere Stabilität, weil diese miteinander verbundenen Positionen unabhängig von den sie temporär ausführenden Personen existieren. Demnach sind die Personen austauschbar, ohne dass sich eine Organisation oder ein anderes soziales Gebilde auflöst. Eine Rolle wird als die dynamische Seite einer Position angesehen, weil sie das der Position entsprechende Handeln betrifft. Anders ausgedrückt: soziale Verhaltensfiguren (z. B. Elternrollen und Berufsrollen) sind mit verbindlichen Erwartungen versehen.

Soziale Positionen und Rollen als stabiles Gerüst der Gesellschaft

Sozialisation umfasst deshalb auch Rolleninternalisierung. Die Handlungskapazität basiert auf einem kompetenten Rollenhandeln. Wir sehen hier zugleich, dass der strukturfunktionalistische Rollenbegriff eine deutlich striktere Ausrichtung des Handelns an gesellschaftlichen Erwartungen vorgibt als der Begriff des sozialen Handelns bei Weber, bei dem dieser Zusammenhang durch die Sinnadäquanz entsteht.

Zusammenfassung

1. Der Zusammenhang von Ordnung und Handeln wird von Parsons im späteren Werk systemtheoretisch ausgearbeitet.
2. Die Beziehung zwischen Funktion und Struktur geschieht durch die theoretische Herleitung des Vierfunktionenparadigmas (AGIL), demzufolge jedes System aus vier Subsystemen besteht, die jeweils eine dieser vier Funktionen erfüllen.
3. Die Subsysteme treten über spezielle Austauschmedien, die sie herstellen, in Austausch miteinander.
4. Gesellschaft und Persönlichkeit werden dieser theoretischen Form nach als Systeme ausgearbeitet.
5. Das Sozialsystem wirkt auf das Persönlichkeitssystem durch Sozialisation. Durch Sozialisation wird das Persönlichkeitssystem befähigt, Handlungskapazität (das Medium des Persönlichkeitssystems) zu bilden. Dadurch ist es in der Lage, an Gesellschaft zu partizipieren.
6. Konkret geschieht Handeln in Form der Ausübung sozialer Rollen. Soziale Rollen bündeln die verbindlichen gesellschaftlichen Erwartungen an den Inhaber einer gesellschaftlich definierten Position.

4.2.3 Geschlechterrollendifferenz als Grundlage familialer Sozialisation

Bevor die Struktur und Funktion der Familie in Parsons Theorie erläutert werden kann, ist ein knapper Blick auf die pattern variables erforderlich. Die pattern variables konstruiert Parsons zum Zweck der theoretischen Kategorisierung von Orientierungsentscheidungen. So sind vier Paare von Eigenschaften von ihm bestimmt worden, zwischen denen ein Akteur sich hinsichtlich der Orientierung seines Handelns in einer Situation entscheiden muss. Allerdings ist der Akteur nicht wirklich frei in seiner Entscheidung, denn es existieren kulturelle Standards der Angemessenheit.

pattern variables

Die ursprüngliche Zahl der pattern variables, mit denen Parsons gearbeitet hat, beträgt sechs. Zwei dieser Paare (intern vs. extern und instrumentell vs. konsumatorisch) hat er, wie wir im Abschnitt 4.2.1 gesehen haben, für die Konstruktion des AGIL-Schemas verwendet. Deshalb werden diese normalerweise nicht im Zusammenhang mit den pattern variables erwähnt. Die Bedeutung, welche Parsons ihnen verleiht, besteht in Folgendem: Extern vs. intern: Die Interessen des Gemeinwohls oder private Interessen werden verfolgt; instrumentell vs. konsumatorisch: Ein Objekt wird als Mittel zum Zweck oder als Zweck an sich betrachtet.

Tabelle 5: Die pattern variables

Pattern variables Paar	Bedeutung
Affektneutralität vs. Affektivität	Entweder man kontrolliert seine Gefühle oder lässt ihnen feien Lauf.
Universalismus vs. Partikularismus	Entweder alle Objekte einer Klasse werden aufgrund einer Norm gleich behandelt oder aufgrund bestimmter Eigenschaften auf jeweils spezifische Weise.
Leistung vs. Zuschreibung	Ein Objekt wird aufgrund seiner Leistung und Wirkung oder aufgrund vordefinierter Eigenschaften beurteilt (Geschlecht, Nationalität, Alter).
Spezifität vs. Diffusität	Ein Objekt interessiert nur aufgrund einer bestimmten Eigenschaft oder wegen der Fülle seiner Eigenschaften.

Zum besseren Verständnis einer Anwendung dieser pattern variables sei hier auf die Unterscheidung zwischen Berufsrolle und Elternrolle, wie sie Parsons vorgenommen, hat verwiesen. Demnach sollte ein Bankangestellter affektneutral (wir erwarten nicht, dass er sich abschätzig über die Höhe des Girokontos eines Kunden äußert) und universalistisch (er sollte seine Freunde bei einer Warteschlange nicht bevorzugt bedienen) handeln. Die Kunden beurteilen ihn aufgrund seiner Leistung als Bankangestellter (nicht als Mann/Frau) und seiner Spezifität (nicht hinsichtlich seines vermuteten Charakters). Eine Elternrolle als Handeln gegenüber den Kindern sollte von den gegenteiligen Eigenschaften der pattern variables geleitet werden, also partikularistisch und affektiv sowie diffus und zuschreibend.

Sozialisation als
Internalisierung
von Werten und
Normen

Im Abschnitt 3.4 sind bereits die theoretischen Grundzüge des Internalisierungsmechanismus in der strukturfunktionalistischen Theorie von Parsons dargestellt. Dies wird nun vorausgesetzt, wenn von spezifischen Bedingungen der Sozialisation und Internalisierung die Rede ist. Das Ergebnis (vgl. Abbildung 11) besteht darin, dass im Laufe der Sozialisation Werte und Normen internalisiert werden. Dabei bildet sich eine feste Verbindung zwischen Werten und Normen einerseits und positiven Affekten andererseits. Diese Verbindung wirkt als ein Selbstbelohnungsmechanismus. Die Übereinstimmung zwischen dem Handeln einer Person und ihren Überzeugungen führt zur Generierung positiver, angenehmer Gefühle, während eine Nichtübereinstimmung graduell unangenehme Gefühle hervorruft. Die Habitualisierung dieses Zusammenhangs entzieht dem Individuum die Möglichkeit, Überzeugungen willkürlich zu ändern. Bevor sich jedoch eine stabile Persönlichkeit herausgebildet hat, muss der Sozialisationsprozess das Kindheits- und Jugendalter durchlaufen haben. Dieser soll nun anhand der Primärgruppe Kernfamilie und der Sekundärorganisation Bildungswesen dargestellt werden. Dies sind die zwei herausragenden Sozialisationsinstanzen in Parsons' Theorie.

Dimensionen der
Kernfamilie

Auch die Kernfamilie wird als ein soziales System behandelt. Eine ihrer hauptsächlichen Aufgaben besteht darin, Kinder aufzuziehen und zu sozialisieren. Aufgaben werden durch Funktionszuweisungen erfüllbar. Parsons bestimmt die Grundstruktur der Familie, indem zwei Dimensionen gebildet werden: eine Machtdimension und eine Funktionsdimension (Parsons und Bales 1955, S. 46). Die Machtdimension bezieht sich auf die Unterordnung der Kinder unter die Eltern. Die Funktionsdimension bezieht sich auf eine instrumentelle und eine expressive Funktion, deren Erfüllung zum Erhalt der Familie erforderlich ist. Die strukturelle Unterordnung der Kinder unter die Eltern bedarf keiner näheren Betrachtung. Parsons bemerkt dazu lediglich, dass dieser Aspekt sich natürlich im Lebenslauf ändert und das Machtgefälle sich verringert. Interessanter dagegen ist die Funktionsteilung. In der Literatur wird dazu diskutiert, ob Parsons ein Mittelschicht-Bias vorzuwerfen ist oder nicht. Einerseits wird Parsons eine Festschreibung von Geschlechterrollen vorgeworfen (z. B. Zahlmann-Willenbacher 1978) andererseits wird dem entgegengehalten, von Parsons sei lediglich Struktur und Funktion der Familie begründet worden, nicht aber die Geschlechtsspezifik der Funktionen (z. B. Bertram 1981). Worum geht es dabei?

Parsons formuliert die Funktionen expressiv und instrumentell dem Schwerpunkt (Priority) nach als Geschlechterrollen. Der Vater/Ehemann wird als instrumentell Überlegener bezeichnet, die Mutter/Ehefrau als expressiv Überlegene. Dies kann man als die Grundrollen bezeichnen. Die instrumentelle Rolle basiert auf Leistungsorientierung und Selbstständigkeit. Des Weiteren basiert sie auf Rationalität und universalistischer Wertbindung. Diese Wertbindung führt z. B. dazu, dass geltende Werte und Normen ohne Einschränkungen oder Ausnahmen angewandt werden. Diese rationale Weltsicht ist im hauptsächlichen Bewährungsfeld erworben und erforderlich: der Berufsausübung. Die instrumentelle Rolle dient dazu, die Familie mit Ressourcen zu versorgen, dazu zählen vor allem Einkommen und Prestige.

Der Vater als instrumentell Überlegener

Die expressive Rolle besteht darin, emotionale Bindungen und Vertrauen in der Familie zu bewahren und in Konfliktfällen wiederherzustellen sowie Kompromisse zu bilden. Die Rolle der Mutter ist vorrangig partikularistisch (siehe Tabelle 5). Partikularistische Wertbindung zeichnet die Fähigkeit emotionalen situativen Verstehens aus. Damit wird es möglich, auf Eigenheiten interagierender Personen einzugehen und diese zu würdigen. Im Kern kann man sagen, dass partikularistische Wertbindung auf einer ausgebildeten Empathiefähigkeit aufbaut.

Die Mutter als expressiv Überlegene

Hier wird deutlich, dass es eine klare Arbeitsteilung gibt, deren empirisches Vorbild die amerikanische Mittelstandsfamilie der 60er Jahre abgibt. Der Ehemann bewährt sich in der Berufsarbeit, die Ehefrau in der Familienarbeit. Auch wenn darauf hingewiesen wird, dass in erster Linie die funktionale Bestimmung zu bewerten ist und erst dann die Geschlechtszuordnung, so bleibt doch offen, wie – theoretisch betrachtet – eine solche Veränderung überhaupt zustande kommen kann. Immerhin stellt diese Funktionsteilung, wie wir noch sehen werden, das geschlechtsspezifische Sozialisationsvorbild dar.

Die geschlechtsspezifische Funktionsteilung

Dennoch muss auch die weitere theoretische Bestimmung der Funktionen bei Parsons beachtet werden. In der Folge geht es um jeweilige Schwerpunkte in den Rollentypen. Dementsprechend weist die instrumentelle Rolle neben ihrem universalistischen Schwerpunkt auch eine untergeordnete partikularistische Seite auf. Diese wirkt nach innen, in die Familie hinein, indem der Vater/Ehemann Lösungen für unterschiedliche Aufgaben vorschlägt. Dies wird von Parsons explizit als die instrumentelle Führerschaft in der Familie ausgewiesen. Demgegenüber weist die expressive Rolle der Mutter neben ihrem partikularistischen Schwerpunkt auch eine untergeordnete universalistische Seite auf. Diese besteht darin, dass sie auch eine affektive „Virtuosin" und kulturelle Expertin in der außerfamilialen Welt ist (Parsons und Bales 1955, S. 51). D.h., die Mutter/Ehefrau kann ihre expressiven Fähigkeiten auch zum Verstehen der kulturellen Beschaffenheit der Welt einsetzen (z. B. in gemeinnützigen Vereinen, dem Einfühlen in und Vermitteln von Kunst und Geschmack).

Ähnlichkeit und Differenz zur theoretischen Begründung Freuds

Der familiale Sozialisationsprozess lehnt sich formal betrachtet deutlich an Freuds Annahmen an. In beiden Theorien wird der Sozialisationsprozess der Kinder hauptsächlich durch Identifikation mit dem gleichgeschlechtlichen Elternteil bestimmt. Die Söhne orientieren sich an den Vätern und die Töchter an den Müttern. Die theoretischen Begründungen unterscheiden sich jedoch. Bei Freud liegt der Grund in der Lösung des Ödipuskomplexes bei den Jungen. Das libidinöse Verlangen nach der Mutter und die Angst, vom Vater dafür bestraft zu werden (Kastrationsangst), führt zu einem sozialverträglichen Ausweg: Verzicht auf das Verlangen nach der Mutter und Identifikation mit dem Vater. Später hat Jung, ein ehemaliger Schüler Freuds, den Elektrakomplex hinzugefügt, der die Parallelität dieser Ereignisse für die Töchter begründet. Bei Parsons laufen diese Prozesse eher ergänzend im Hintergrund ab. Hauptsächlich geht es ihm darum, dass in der Sozialisation Rollen erlernt werden. In Rollen werden auf komplexe Weise internalisierte Werte und Normen vorgelebt und vermittelt.

Vermittlung von sozialer Handlungskapazität als Lernen von Rollen

In der Kernfamilie werden die Grundkompetenzen sozialer Handlungskapazität vermittelt. Eine dieser Grundkompetenzen besteht im Erlernen instrumenteller und expressiver Rollen und den damit verbundenen Rollenattributen. Die Söhne lernen also von den Vätern (altersentsprechend) Fähigkeiten zur Ausführung einer instrumentellen Rolle und die Mädchen von den Müttern Fähigkeiten zur Ausführung expressiver Rollen. Dieser gleichgeschlechtliche Bezug bedeutet, die Fähigkeiten von dem Elternteil zu lernen, der sie am Besten ausführen kann und dem die eigene Geschlechtsidentität entspricht. Damit tritt ein theoretisches Problem auf. Im Grunde ist damit die sozial bedingte Vorbestimmtheit der geschlechtlichen Orientierung und damit der Identifikation mit geschlechtsbezogenen Fähigkeiten nicht zu durchbrechen, ohne dass Störungen in der Sozialisation in Kauf genommen werden müssten. Die Rollen von Vätern und Müttern können nicht einfach vertauscht werden. Sie spielen jene Rollen, die sie in ihrer Primär- und Sekundärsozialisation erworben haben.

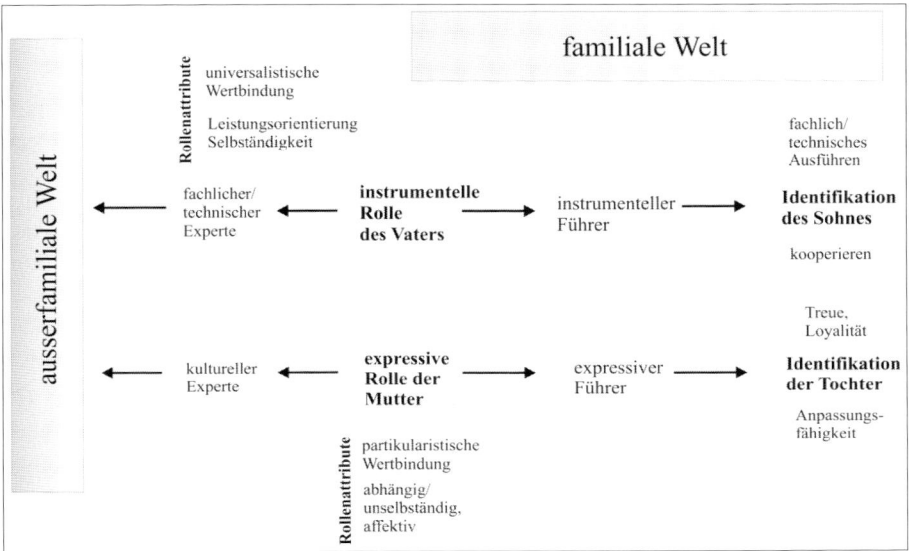

Abb. 15: Das Familien- und Geschlechterrollenmodell nach Parsons und Bales

Im Identifikationsprozess wird von Parsons auch zwischen Schwerpunkt und untergeordneter Seite der Rollenattribute unterschieden. Dies unterstreicht die strikte normative Geschlechtsbezogenheit des familialen Sozialisationsprozesses. Die Jungen erlernen als Schwerpunkt die universalistische Wertbindung sowie ein fachlich/technisches Ausführen von Aufgaben vom Vater. Als untergeordnete partikularistische Seite lernen sie dabei in der Familie auch mit den anderen zusammenzuwirken ("Cooperator").

Die dominante und die untergeordnete Seite der Rollenattribute

Die mit dem Sozialisationsprozess bei Parsons implizite Geschlechtsbezogenheit wird besonders bei den Mädchen deutlich. Deren dominante partikularistische Wertbindung besteht im Erlernen treuer (loyaler) Familienmitgliedschaft. Die untergeordnete universalistische Seite schließlich besteht in einem bereitwilligen Entgegenkommen bzw. einer Anpassungswilligkeit (Parsons und Bales 1955, S. 51 ff). In Abbildung 15 ist dieser theoretische Entwurf zusammengefasst.

Diese Grundorientierung deckt sich mit Untersuchungen zur Geschlechterrollenidentifikation. Darin geht es um das Herausfinden von geschlechtsbezogenen Selbstbildern. In der modernen Forschung wird von vier Grundtypen ausgegangen: feminin, mas-

Untersuchungen zu Eigenschaften geschlechtsbezogener Selbstbilder

kulin, androgyn und indifferent (z. B. Bierhoff-Alfermann 1989). Diesen vier Typen liegen vier Skalen (zwei Feminitätsskalen und zwei Maskulinitätsskalen), die jeweils positive oder negative Eigenschaften enthalten, zugrunde. Diese in empirischen Untersuchungen sehr verbreiteten und in verschiedenen Modifikationen vorliegenden Skalen weisen eine hohe Güte auf. Die darin enthaltenen Eigenschaften können also verlässlich im normativen Sinn (Erwünschtheit) Männern oder Frauen zugeordnet werden. In der Tabelle 6 sind die empirisch gut geprüften sozial erwünschten Eigenschaften gegenübergestellt, anhand deren die Befragten aufgefordert werden, sich selbst einzuschätzen. Man kann nun feststellen, in welchem Grad ein Mann oder eine Frau hinsichtlich ihres Selbstbildes einem normativ erwünschten Mann oder einer Frau entsprechen.

Tabelle 6: Erwünschte positive feminine und maskuline Eigenschaften (vgl. Bierhoff-Alfermann 1989, S. 28 ff)

Femininitätsskala (plus)	Maskulinitätsskala (plus)
gefühlsbetont	aktiv
sanft	unabhängig
fähig, auf andere einzugehen	fälle leicht Entscheidungen
der Gefühle anderer bewusst	gebe nie auf
freundlich	selbstsicher
hilfreich	messe mich gern mit anderen
verständnisvoll	fühle mich überlegen
herzlich in Beziehungen zu anderen	kann Druck gut standhalten

Empirischer Nachweis geschlechtsbezogener Erwartungen

Diese Gegenüberstellung zeigt recht deutlich, dass die von Parsons entwickelten normativen Muster der Identifikation im Rahmen der familialen Sozialisation als verbreitete normative Erwartung durchaus empirisch nachweisbar sind. Das ist nicht gleichbedeutend damit, dass diese normativen Erwartungen auch in der Weise existieren, dass alle Frauen den femininen und alle Männer den maskulinen erwünschten Eigenschaften entsprechen. Vielmehr geht es darum herauszufinden, unter welchen Bedingungen diese Eigenschaften über den Prozess der Sozialisation internalisiert werden und in welchem Umfang dies geschieht. Hier soll aber nur festgehalten werden, dass Parsons und

Bales auf real existierende normative geschlechtsbezogene Erwartungen in ihren theoretischen Aussagen zur familialen Sozialisation Bezug nehmen.

Abschließend sollen nun verschiedene offene Konsequenzen angesprochen werden. Eine Konsequenz betrifft den Einwand, dass mit den familialen Funktionen auch die Geschlechterrollen festgeschrieben werden. Im Rahmen der strukturfunktionalistischen Theorie ist eine Flexibilität dieser Zuweisung kaum argumentierbar. Es müsste ein Weg aufgezeigt werden, wie z. B. Jungen im Rahmen des Sozialisationsprozesses expressive Eigenschaften erwerben und diese Eigenschaften auch zu einer dominanten Wertbindung führen können. Damit verbindet sich aber das Problem, dass in der Berufswelt universalistische Wertbindungen dominant sind, denn dort herrscht Wettbewerb vor. Das Problem besteht also darin, dass das familiale System zum außerfamilalen System passen muss. Die Systeme bei Parsons sind aufeinander abgestimmt. Da die außerfamiliale Welt, hier in erster Linie die Berufswelt, universalistisch organisiert ist, sind Veränderungen in der Ausübung der Familienfunktionen nicht ohne Konsequenzen für die Sozialisierten denkbar. Des Weiteren stellen sie Voraussetzungen für das Funktionieren der außerfamilialen Welt (Reproduktion der Berufswelt) dar. Solche Kombinationen von Wertbindungen kann man genauso auch für die Mädchen durchspielen. Bei dominant universalistischer Orientierung der Mutter erhebt sich leicht der spätere Vorwurf der „Rabenmutter" oder „Karrierefrau".

Familie und außerfamiliales System

Gleichwohl bestätigen empirische Primärerfahrungen, dass es Veränderungen in den Geschlechterstereotypen gibt. Insbesondere bezüglich der akademischen Mittelschicht besteht die Annahme, dass sich Geschlechterstereotype flexibilisieren. Das bedeutet, dass beide Partner eine Berufskarriere anstreben und ihre Ressourcen darauf abstimmen und beide Partner sich in der Familie engagieren. Entsprechende Anreize sollen ein solches Verhalten fördern. Über die Zeitspanne, in der sich eine solche Flexibilisierung herausbildet, sollte man sich aber keinen Illusionen hingeben. Betrachtet man die Fakten, dann wird die Berufswelt nach wie vor von Männern dominiert und die Erziehung der Kinder und Haushalttätigkeiten sind weitestgehend Frauensache.

Flexibilisierung der Geschlechterstereotype

Das zeigt, dass Parsons' System der Familie der sozialen Realität nicht entgegensteht. Es gibt jedoch Konstellationen, an denen man die Schwäche des familialen Systems bei Parsons diskutieren kann. Eine Kritik an der strukturfunktionalistischen Theorie besteht auch darin, dass Parsons keine Dysfunktionen zulässt. Dys-

Kritik an Parsons: Ausschluss von Dysfunktionen

funktionen wirken einem bestehenden System entgegen. Für Parsons sind solche Erscheinungen lediglich Störungen des systemnotwendigen Gleichgewichts, die beseitigt werden müssen. Diese Harmonisierung oder Konfliktfreiheit der strukturfunktionalistischen Theorie erschwert die Erklärung sozialen Wandels oder von Veränderungen überhaupt. Aus dieser kritischen Perspektive muss man auch das familiale System betrachten.

Zusammenfassung

1. Die Primärsozialisation findet in der Kernfamilie statt. Damit hat die Familie, konform zu den sozialisationstheoretischen Grundannahmen überhaupt, maßgeblichen Einfluss auf die Ausbildung der Grundpersönlichkeit.

2. Die Kernfamilie ist als System formuliert. Das bedeutet, sie ist strukturiert und funktional im gesellschaftlichen Gesamtzusammenhang definiert.

3. Grundlegend für die Erfüllung der Funktion der Erziehung der Kinder und die Stabilität der Familie sind die beiden funktionsteiligen „Führerschaften" der Eltern: die instrumentelle Führerschaft des Vaters/Ehemannes und die expressive Führerschaft der Mutter/Ehefrau.

4. Diesen Führerschaften entsprechen dominante Wertbindungen. Der instrumentellen Führerschaft des Vaters entspricht eine universalistische und der expressiven Führerschaft der Mutter eine partikularistische Wertbindung. Die dominante Wertbindung wird jeweils durch das Gegenstück ergänzt.

5. Daraus ergeben sich jeweils zwei Rollen für die Ehepartner. In der außerfamilialen Welt spielt der Ehemann die Rolle eines sachkundigen Experten (universalistisch) und bewährt sich im Beruf (Erwerb von Status und Prestige). Die Ehefrau spielt in der außerfamilialen Welt die Rolle emotionaler Virtuosität sowie des Kunst- und Kulturverständnisses.

6. In der Familie übernimmt der Vater/Ehemann die instrumentelle Rolle und die Mutter die expressive Rolle.

7. An diesen Familienrollen orientieren sich Kinder, indem sie sich mit dem gleichgeschlechtlichen Elternteil und dessen Rollenausführung identifizieren. Auch sie bilden unter universalistischem und partikularistischem Aspekt jeweils eine dominante und eine ergänzende Rolle aus. Bezogen auf die Familie lernen die Söhne in Ergänzung zu ihrer dominanten Rolle zu kooperieren (kooperative, mitwirkende Rolle) und die Töchter die Rolle loyaler Familienmitgliedschaft. Dieser Identifikationsprozess ist gleichzeitig nicht losgelöst von den Ergebnissen der jeweiligen außerfamilialen Rollen der Eltern, insbesondere jener des Vaters.

8. Diese Rollenstruktur und ihre erfolgreiche Ausübung sind unabdingbar für die weitere Sozialisation der Kinder. Störungen in der Rollenausübung der Eltern führen zu Störungen im Sozialisationsprozess.

Das Bildungswesen und seine Bedeutung für die sekundäre
Sozialisation   4.2.4

Im Bildungssystem erfährt der Sozialisationsprozess einen neuen Charakter. Werden in der ersten Phase der Sozialisation, die durch die Kernfamilie geleistet wird, die Kinder in Geschlechterrollen sozialisiert und bilden sie ihre erste und geschlechtsbezogene Identität (Phase der Proto-Sozialisation) aus, so geht es nun um ihre Vorbereitung zur Teilnahme an verschiedenen Ebenen gesellschaftlicher Organisation.

Das Bildungssystem als Vorbereitung auf gesellschaftliche Partizipation

Ein weiteres Merkmal ist, dass die Sozialisation in der Kernfamilie partikularistischen Charakter (vgl. Tabelle 5) trägt. Der instrumentellen Rolle des Vaters entspricht seine partikularistische ergänzende Rolle in der Familie und die expressive Rolle der Mutter leitet sich aus der expressiven Führerschaft ab, der eine partikularistische Wertbindung zugrunde liegt. Das Bildungssystem dagegen trägt durchweg universalistischen Charakter. Alle Schüler sollen nach den gleichen Normen und Werten ohne Ausnahme behandelt werden.

Das Bildungssystem trägt universalistischen Charakter

Eine erste auffällige Tendenz im Bildungssystem besteht darin, dass je höher die gesellschaftliche Ebene ist, auf deren Teilnahme im Sozialisationsprozess vorbereitet wird, desto weniger Schülerinnen und Schüler sind letztlich in der Lage, vollständig den damit verbundenen Forderungen zu entsprechen (Parsons 1976, S. 109 f). Eine als leistungsbezogen und hierarchisch aufgefasste Sozialstruktur basiert demnach auf dem selektiven Wirken des Bildungssystems (Parsons 1999, S. 162).

Selektives Wirken des Bildungssystems

Eine Besonderheit gründet sich darauf, dass die Vermittlung von Bildung und die moralische Erziehung bis in die höchste Stufe des Bildungssystems (die Universität) eine Einheit bilden. Dies hat herausragende Bedeutung für die Ausprägung eines noch zu erläuternden treuhänderischen Mandats akademisch gebildeter Menschen.

Bildungssystem und treuhänderisches Mandat

In der ersten Phase innerhalb des Bildungssystems (Primar- und Sekundarschule) werden die Sozialisationsprozesse der vorangegangenen Phase auf dem nächsthöheren Niveau wiederholt. Zugleich werden die Kinder mit einem neuen sozialen Phänomen konfrontiert: dem Statuserwerb. In diesem Zusammenhang wird das Verständnis einer grundlegenden sozialen Gegebenheit internalisiert: Leistungsunterschiede führen zu Statusunterschieden und diese wiederum zu Kompetenzunterschieden. Das bedeutet, die leistungsstärkeren Schüler lernen die leistungsschwächeren Schüler zu kontrollieren und die leis-

Schulische Sozialisation und Statuswettbewerb

tungsschwächeren lernen, dies zu akzeptieren (Parsons ebenda, S. 112).

Vier Rollentypen zum Abschluss der Sekundarschule

In der schulischen Sekundarstufe bilden sich an deren Abschluss vier Rollentypen aus, die eine nachhaltige soziale Selektion bewirken. Entscheidend dafür ist die Differenz in der Ausformung des Interesses an den Schulleistungen und dem Bildungserwerb überhaupt versus dem Interesse an Peer-Groups und deren Leben. Als Rollentypen bilden sich solche mit hoher Prestigeorientierung, mit niedriger Prestigeorientierung, mit überwiegend technischer und schließlich Rollentypen mit expressiver (konsumatorischer) Orientierung aus (ebenda, S. 113).

Verbleib im Bildungssystem oder Eintritt in die Arbeitswelt

Nach der Sekundarstufe erfolgt eine weitere sozial bedeutsame Differenzierung: Ein Teil der Schüler verbleibt im Bildungssystem (College/Universität, Graduiertenstudium) und steigt in der Hierarchie sozialer Organisation weiter auf. Der andere Teil tritt in die Arbeitswelt ein.

Die Universität als höchste Bildungsinstitution ist auch von herausgehobener Bedeutung für die letzte Phase der Sozialisation. Auch hier entstehen noch Differenzierungen entsprechend der akademischen Graduierung. Die Pyramidenform einer durch das Bildungssystem segmentierten Sozialstruktur wird hier vollendet. Diese Segmentierung besteht aus drei Gruppen der Bevölkerung (Parsons, Platt 1976, S. 191):

* Personen mit abgeschlossener High-School-Ausbildung oder geringeren Abschlüssen (mit Abstand größter Teil der Bevölkerung),

* Personen mit abgeschlossener College-Ausbildung (wachsender Teil der Bevölkerung) und

* Personen, die nach ihrer College-Ausbildung weitere berufliche oder akademische Grade erworben haben (kleinster, aber am schnellsten wachsender Teil der Bevölkerung).

Akademiker als Treuhänder

In Zusammenarbeit mit Platt wird das akademische System in seiner primären Funktion bestimmt. Es ist Treuhänder der Wissenskultur und der damit verbundenen Interessen (Parsons u. Platt 1990, S. 33). Mit anderen Worten, die Spitze dieser segmentierten Sozialstruktur besteht zugleich aus denjenigen Personen, die als Treuhänder der Rechte und Interessen einer Bevölkerung zu wirken imstande sind. Die hervorstechende Eigenschaft von Treuhändern ist deren uneingeschränkte Wahrnehmung des Allgemeinwohls. Diese Personen üben ein treuhänderisches Mandat für die Bevölkerung aus. Die Vorstellung vom treuhänderischen Mandat impliziert, dass nicht jeder Mensch in der Lage ist, seine demokratisch verbürgten Rechte im vollen Umfang wahrzunehmen. Die Treuhänder wachen darüber. Wie wird die Ausbildung dieser Fähigkeit begründet?

Mit dem Eintritt in die Hochschule verbindet sich ein erneuter Wettbewerb um die Aneignung von Bildung. Damit setzen Differenzierungsprozesse nach Leistungsniveaus und Spezialisierungen ein, die zu einer Stärkung des moralischen Engagements insgesamt führen. In der Wechselwirkung von Bildung und Sozialisation entstehen die entscheidenden Unterschiede zur nichtakademischen Bevölkerung. Diese Unterschiede werden in zwei Dimensionen fixiert:

Wodurch werden Akademiker zu Treuhändern?

Die Autoritätsdimension besteht in Folgendem: Die College-Ausbildung erfordert eine Umformung der Fähigkeit, höhere Leistungsniveaus für sich und andere zu akzeptieren. Dazu bedarf es der Anerkennung rational begründeter Autorität, die sich in den gemeinsamen Anstrengungen herausbildet.

Die zweite Dimension besteht in der Fähigkeit, an einer sehr differenzierten Umwelt mit zunehmenden pluralisierenden Handlungsabläufen zu partizipieren und sich mit ihr zu identifizieren (Parsons, Platt ebenda, S. 197).

Beide Fähigkeiten stellen das Sozialisationsergebnis der Hochschulausbildung dar. Mit anderen Worten, es geht um die Fähigkeiten strikt rational zu urteilen und einer an Komplexität und Kompliziertheit zunehmenden sozialen Welt, mit der man sich uneingeschränkt identifiziert, optimal zu partizipieren. Hierin zeigt sich deutlich die wechselseitige Durchdringung der Aneignung von Bildung und der Internalisierung moralischer Werte. Worin besteht nun der Unterschied zu jenem anderen Bevölkerungsteil, der keine Hochschulausbildung absolviert hat?

Die High-School-Ausbildung basiert überwiegend auf der Anerkennung personaler Autorität. Diese leitet sich aus Positionen oder Ämtern ab. Eine solche Anerkennung hierarchischer Autorität gründet sich auf Zuschreibung. Das steht im Gegensatz zur kognitiven Rationalität der College-Ausbildung, die dazu führt, dass Autorität aufgrund von Leistung anerkannt wird. Dieser Unterschied wird von Parsons als eine Tendenz bezeichnet. Es geht hier nicht um eine strikte empirische Differenz, sondern die theoretische Bestimmung eines Idealtypus.

Warum entwickeln Nicht-Akademiker keine Treuhänder-Fähigkeiten?

Der Rahmen der legitimierten Handlungsabläufe in der High-School-Ausbildung ist enger gefasst als jener der Hochschule. Daraus folgt, dass die Schulsozialisation ein deutlich geringeres Spektrum an Differenzierungen und Pluralisierungen von Handlungen toleriert. Dieser Unterschied resultiert aus dem unterschiedlichen Grad an Einbindung in die gesellschaftlichen Werte.

In der High-School-Ausbildung werden religiöse, familiale und praktische Bindungen betont. Die College-Ausbildung dagegen betont einen instrumentellen Aktivismus, der leistungsorientiert und universalistisch ist. Dementsprechend fühlen sich die Akteure zu einer unablässigen Aktivität zugunsten des kollektiven Wohls verpflichtet. Das entbindet sie von der Beengtheit und Strenge einzelner Wertorientierungen zugunsten einer ausgeprägten Identifikation mit der Gesamtkultur.

Zusammenfassung

1. Das Bildungssystem wirkt sozial selektiv. Damit wird eine Segmentierung der Sozialstruktur begünstigt.
2. Eine erste Ausbildung von Verantwortung und Kontrollkompetenz sowie deren Akzeptanz geschieht im schulischen Leistungswettbewerb. Leistungsstarke Schüler kontrollieren leistungsschwächere.
3. Am Ende dieser Sozialisationsphase sind Interessendifferenzen entstanden, auf deren Grundlage sich entscheidet, ob Schüler weiter im Bildungssystem verbleiben oder nicht.
4. Im Rahmen der College-Ausbildung werden zwei Fähigkeiten ausgebildet, welche diese Absolventen zur Ausübung eines treuhänderischen Mandats befähigt: Zum einen die Anerkennung rational begründeter Autorität, an stelle von positionsabhängig zugeschriebener und hierarchischer Autorität. Zum anderen die soziale Partizipation an differenzierten und pluralisierten Handlungsabläufen, welche eine uneingeschränkte Identifikation mit den gesellschaftlichen Werten einschließt. Treuhänder können nur diejenigen Personen werden, die sich mit einer Kultur vollständig identifizieren.

4.2.5 Der übersozialisierte Mensch: Das Problem der individuellen Autonomie

Parsons Sozialisationstheorie begründet einen normativen Determinismus

Die von Parsons ausgearbeitete Sozialisationstheorie ist außerordentlich umfangreich, wenn man bedenkt, dass sie im Kontext einer Gesellschaftstheorie steht. Entscheidend für eine moderne Soziologie ist, wie wir im ersten Kapitel gesehen haben, inwiefern sich Effekte theoretisch begründen lassen, die von der Akteursebene auf die Aggregatebene führen. Wenn dies nicht gelingt, dann benötigt man im Grunde keine Handlungstheorie, denn dann ergibt sich sozialer Wandel allein aus Prozessen der Aggregatebene. Anders ausgedrückt: Sozialisationstheorien verführen dazu, die Akteure theoretisch als durch die Aggregatebene determiniert anzusehen. Damit werden sie zu Marionetten der Struktur, weil ihr willkürliches Aktivitätspotenzial theoretisch ausgeblendet wird. Die strukturfunktionalistische Theorie von Parsons ist ein Beispiel dafür, dieser Versuchung zu unterliegen. Das berührt nicht die Tatsache, dass wir Parsons eine Vielzahl interessanter Detailentdeckungen zur Sozialisation verdanken, auch nicht, dass damit die theoretische Erarbeitung akzeptabler Teilmechanismen verbunden ist. Hier geht es aber um die Gesamtaussage. Diese mündet in der Frage, ob es sozial bedeutsame Varianz im Handeln der Akteure gibt und wie sie theoretisch begründet wird. Ein Titel eines Aufsatzes von Dennis Wrong hat im Rahmen der Kritik an Parsons' Theorie programmatischen Status erlangt: Der übersozialisierte Mensch (Wrong 1961). Dem Problem der Übersozialisation oder des normativen Determinismus soll hier nur am Beispiel der Modifikation der Persönlichkeitstheorie Freuds durch Parsons nachgegangen werden.

Parsons wirft Freud vor, eine wirklichkeitsfremde Trennung zwischen Über-Ich und Ich eingeführt zu haben (Parsons 1999, 32 f).[10] Sein Hauptargument besteht darin, dass es nicht möglich sei, das kognitiv signifikante Objekt als gegeben, unabhängig von der verinnerlichten Kultur des Akteurs zu betrachten. Es würde dabei vernachlässigt, dass die Konstitution des Objekts und seine moralische Bewertung Bestandteile desselben fundamentalen Kulturmusters sind. Parsons ist also der Auffassung, dass sowohl das Über-Ich als auch das Ich Sozialisationsergebnisse sind, d.h. auf denselben internalisierten Kulturmustern basieren. Parsons wirft im Grunde die Frage auf, wie man sich ein vom Über-Ich unabhängiges Ich vorstellen soll und nach welchem Prinzip es sich äußert. Hierin besteht nun der fundamentale Unterschied zu Freud trotz aller formalen Ähnlichkeit, wie sie im Persönlichkeitssystem (vgl. Abbildung 14) gegeben zu sein scheint.

Parsons' Kritik an Freuds Trennung zwischen Ich und Über-Ich

Für Freud ist die Persönlichkeit einem Dauerkonflikt zwischen Trieb und Kultur ausgesetzt. Der Grundzusammenhang ist im Abschnitt 3.2 erläutert. Hier nur noch einmal die Grundannahmen. Das Es ist nach dem Lustprinzip organisiert. Das Lustprinzip basiert weder auf logischen Prinzipien, noch orientiert es sich an den Gegebenheiten von Raum und Zeit. Das Ich folgt dagegen dem Realitätsprinzip, man könnte sagen, es sucht nach Selbsterhaltung unter möglichst effizienter Berücksichtigung vorgefun-

Freud: Es, Ich und Über-Ich im Dauerkonflikt

---

[10] Als Hintergrundinformation ist es nicht unwichtig zu wissen, dass Parsons in Deutschland eine Ausbildung zum Psychoanalytiker absolvierte. Obwohl er nicht praktizierte kann man davon ausgehen, dass er über sehr profundes Wissen verfügte, was etwaige Missverständnisse seinerseits in der hier dargelegten Kontroverse zu Freuds Theorie ausschließt.

dener Bedingungen. Das Über-Ich wiederum folgt zwar ebenfalls einem Realitätsprinzip, jedoch dem kulturellen. Es besteht aus kulturellen Erwartungen und Geboten. Das Ich ist nach Freud nun ein Vermittler zwischen den beiden unbewussten Instanzen (Über-Ich und Es) und sorgt dafür, dass die Persönlichkeit dem Druck, den diese mit ihren entgegengesetzten Erwartungen erzeugen, standhält. Dafür stehen ihm Abwehrmechanismen zur Verfügung.

Abwehrmechanismen sind z. B. Verdrängung, Projektion, Rationalisierung und Verschiebung. Paradox ist die Verwendung dieser Mechanismen in Parsons Theorie deshalb, weil sie nur im Falle misslungener Sozialisation eingesetzt werden könnten. Bei misslungener Sozialisation ist das Ich nicht kulturell orientiert, sondern bleibt eigeninteressiert, d.h., es kann die Forderungen des Über-Ich auf der Grundlage egoistischer Interessen abwehren. Gelingt aber die Sozialisation, dann ist das Ich ebenfalls kulturell geprägt. Wie kann es dann gegen die kulturellen Forderungen des Über-Ich opponieren?

Das Ich ist also bei Freud eine vermittelnde Instanz, die das Wohl und die Existenz der Person selbst (im Sinn eines Eigeninteresses) verteidigt. Daraus ergibt sich die Systematik seines Wirkens. Dieser Konflikt ist dauerhaft, weil sich nach Freud die natürlichen Grundlagen des Menschen nicht ändern und jene der Kultur diesen stets entgegenstehen.

Parsons: Mensch (Ich) und Gesellschaft in Übereinstimmung

Parsons sieht das Verhältnis zwischen Mensch und Gesellschaft gänzlich anders. Mensch und Gesellschaft werden in grundsätzlicher Harmonie und funktionaler Verbundenheit gefasst. Die Stabilität der Gesellschaft und die Bewahrung ihres Gleichgewichts sind fest mit dem Handeln der Menschen verbunden. Damit sie diese Funktion bewältigen können, müssen sie sozialisiert werden. Parsons kann deshalb kein eigenständiges Ich zulassen, dass auf den individuellen Akteur fixiert ist. Genau diese egoistischen Strebungen werden durch erfolgreiche Sozialisation kulturell sublimiert und angepasst. Der Akteur soll sich voll und ganz mit den gesellschaftlichen Werten identifizieren. Parsons hatte sich das Ziel gesetzt, harte und äußere Zwangsfaktoren theoretisch zu begründen, die das Handeln des Menschen an der Gesellschaft orientieren. Seiner Meinung nach war dies Hobbes nicht gelungen, denn dort bleiben die egoistischen Interessen nur faktisch, d.h., nicht dauerhaft gebändigt.

Letztlich ergibt sich aus dieser Konstellation Folgendes:

* Über-Ich und Ich basieren auf den gleichen kulturellen Wertmustern und Normen (alle gemeinsamen Bestandteile der Kultur werden als Teil der Persönlichkeit verinnerlicht).
* Das Ich ist deshalb ebenfalls verinnerlichte Kultur. Das Ich kann sich nicht vom Über-Ich distanzieren.
* Das Es wird dadurch auf seinen energetischen Aspekt (A-Funktion) reduziert.
* Damit wird der Persönlichkeit die Fähigkeit entzogen, gesellschaftliche Zusammenhänge kognitiv kritisch zu reflektieren (vgl. 3.4) und über entsprechende Motivation in soziales Handeln umzusetzen.

Gibt es keinerlei Modifikationen der Persönlichkeit in Parsons' Theorie? Zumindest zwei Modifikationen der sozialisierten Persönlichkeit lassen sich theoretisch differenzieren. Parsons versucht, der hohen, empirisch beobachtbaren Varianz des Handelns mit theoretischer Differenzierung zu entsprechen. Neben einer Grundpersönlichkeit existieren Typen einer Modalpersönlichkeit. Modalpersönlichkeiten basieren auf dem gleichen allgemeinen Wertesystem, bilden aber verschiedene Rangkombinationen der Werteelemente aus. Solche Modalpersönlichkeiten hatten wir in zwei Zusammenhängen kennengelernt: jenem der familialen Sozialisation hinsichtlich der Ausbildung von Geschlechterrollen (Männerpersönlichkeit vs. Frauenpersönlichkeit) und jenem der Sozialisation im Bildungswesen hinsichtlich der schichtbezogenen Differenzen (akademisch gebildete vs. nicht-akademisch gebildete Persönlichkeit). Es wird aber deutlich, dass diese theoretisch begründete Varianz ebenfalls auf einer Dimension der geltenden Kultur verläuft und keine Alternativen zu ihr zulässt.

Parsons' Bemühung um Varianz: Modalpersönlichkeiten

In Abbildung 16 ist das theoretische Problem, dass sich aus der Übersozialisierung des Menschen ergibt, zusammengefasst.

Gesellschaftlicher Wandel hat seine Ursache in der Aggregatebene. Parsons bezeichnet den Prozess der Institutionalisierung als Folge der Interpenetration zwischen Kultur- und Sozialsystem. Daran sind die Akteure weder intendiert noch unintendiert beteiligt. Mit Hilfe der Sozialisationstheorie begründet Parsons also hauptsächlich, dass die individuellen Akteure das Gleichgewicht sozialer Ordnung nicht gefährden und stattdessen im Sinne von deren Erhaltung handeln.

Die Ursachen gesellschaftlicher Veränderung sind auf die Aggregatebene beschränkt

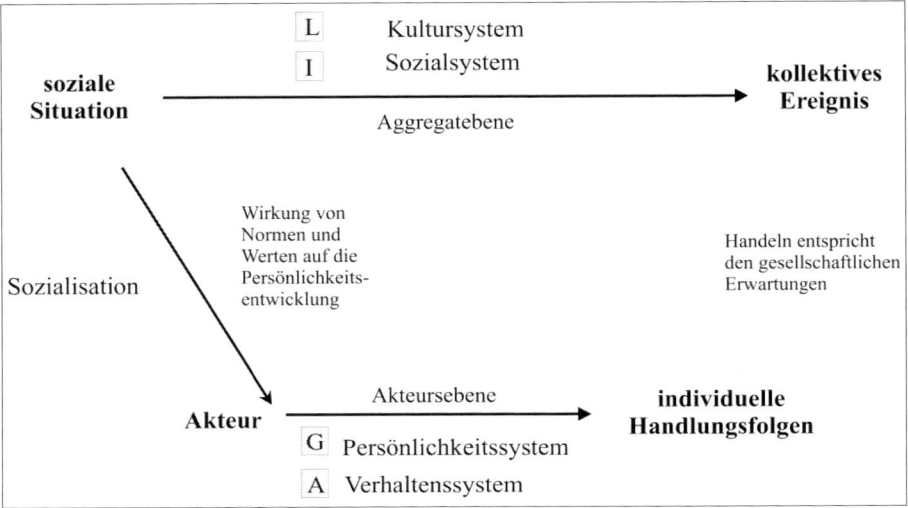

Abb. 16: Übersozialisation führt zum Ausbleiben von Aggregateffekten individueller Handlungsfolgen

---

Zusammenfassung

1. In der strukturfunktionalistischen Theorie Parsons' folgen das Über-Ich und das Ich dem gleichen Kulturmuster. Beide Instanzen sind durch Sozialisation geformt.

2. Damit wird der Dauerkonflikt zwischen den drei Bestandteilen der Persönlichkeit in der Theorie Freuds aufgelöst. Das Ich weist keine Selbstständigkeit mehr auf.

3. Parsons lehnt ein eigenes Wirkungsprinzip des Ich ab. Damit ist theoretisch die Grundlage dafür gelegt, dass das Ich keine systematische Entscheidung gegen die bestehende normative soziale Ordnung treffen kann. Varianz für das Handeln entsteht deshalb nur durch die unterschiedliche Partizipationsfähigkeit und durch unterschiedliche kulturell definierte Funktionen.

4. Von kulturellen Normen abweichendes Handeln folgt deshalb nicht individuellen Absichten, sondern ist eine Folge unvollständiger oder misslungener Sozialisation. Abweichendes Handeln kann auch nicht Quelle sozialen Wandels sein, denn die soziale Funktion des Handelns besteht in der Reproduktion sozialer Ordnung.

5. Das eigene Organisationsprinzip des Es, das Lustprinzip, erhält ebenfalls keinen theoretischen Stellenwert. Das Es erfüllt die Anpassungsfunktion im Persönlichkeitssystem. Eingeordnet in die Hierarchie der Subsysteme ist das Es damit nur noch Energielieferant.

Literatur

Parsons, Talcott, *Aktor, Situation und normative Muster: ein Essay zur Theorie sozialen Handelns,* Frankfurt a.M. 1986.

Parsons, Talcott, *Sozialstruktur und Persönlichkeit,* Frankfurt a.M. 1999.

Parsons, Talcott und R. Bales, *Family, Socialization and Interaction Process,* New York 1955.

Parsons, Talcott und G.M. Platt: *Alter, Sozialstruktur und Sozialisation in der Studienphase,* in: Klaus Hurrelmann (Hrsg.), Sozialisation und Lebenslauf. Reinbeck 1976.

Münch, Richard, *Soziologische Theorie.* Bd. 3: Gesellschaftstheorie. Frankfurt a.M. und New York, 2004, S. 71-177.

Schwinn, Thomas, *Jenseits von Subjektivismus und Objektivismus,* Berlin, 1993, Kapitel IV.

Pazifizierung und Kulturfortschritt: Sozialisation als spontane Selbstzähmung   4.3

Theoretische Grundpositionen der Figurationssoziologie   4.3.1

Die Figurationssoziologie ist eng mit dem Namen ihres Gründers, Norbert Elias (1897-1990) verbunden. Erst lange Zeit nach dem Erscheinen des Hauptwerkes, „Über den Prozeß der Zivilisation" (1939), fasste diese theoretische Richtung in der Soziologie Fuß. So wie andere Theorien stand sie einige Jahrzehnte im Schatten des Strukturfunktionalismus.

Demzufolge grenzt Elias auch seine Figurationssoziologie von anderen Theorien ab. Geradezu programmatisch kritisiert er die Soziologen dafür, dass sie Parsons gefolgt sind und Gesellschaft nur noch nach ihrer Struktur und in ihrem Gleichgewicht untersuchen. Ein 1983 erschienener Aufsatz trägt den bezeichnenden Titel: *Über den Rückzug der Soziologen auf die Gegenwart.* Im Unterschied zu Parsons legt Elias das theoretische Schwergewicht auf Prozess und Wandel, statt auf Struktur und Gleichgewicht. Elias will den Wandel der Gesellschaft als konflikthaften Prozess über die Jahrhunderte hinweg erklären (oder auch beschreiben). Zwei Aspekte positionieren diese Theorie: Zum Ersten soll Wandel als spontaner Prozess erklärt werden, also nicht aus den Absichten der individuellen Akteure, sondern als unintendierte Verflechtung ihrer Handlungsfolgen. Zum Zweiten will er eine evolutionistische Gesellschaftstheorie, wie sie Marx geschaffen

Gesellschaft als spontaner Prozess

hat, vermeiden. Für Elias ist deshalb jeder historische Zustand reversibel. Einem Prozess der Zivilisierung könnte also auch ein Prozess der Dezivilisierung folgen (Elias 1990, S. VIII). Kritisch anmerken muss man allerdings, dass er die theoretische Begründung für Kriterien der Dezivilisierung schuldig geblieben ist.

Die Verhöflichung der Krieger

Wenn man ganz generell darstellen will, worum es Elias geht, dann lässt es sich programmatisch als die Erklärung für die Verhöflichung der Krieger zusammenfassen. Die Verhöflichung der Krieger bezeichnet ein Phänomen, das sich in Westeuropa über einen Zeitraum von zwei- bis dreihundert Jahren ereignet hat, in dem aus Rittern Höflinge wurden. Warum wurden aus gewaltbereiten schwer bewaffneten Kriegern, die gewohnt waren, ihre Interessen mit Gewalt durchzusetzen, bunt gekleidete, sich über Kunst und Geschmack streitende und vielleicht etwas affektiert sprechende und essende Menschen? – Das war Elias' Grundfrage. Noch heute zeugen Burgen von einer Zeit des dauerhaften Krieges und der Furcht vor Überfällen in Europa. Was steckt dahinter, was hat diesen Prozess eines so tiefgreifenden Wandels einer Oberschicht und des Charakters der westeuropäischen Gesellschaften bewirkt? Immerhin sieht Elias die moderne westliche Gesellschaft als ein Produkt des absolutistischen Staats an, der wiederum direkt aus diesem Wandel der Ritter zu Höflingen hervorging.

Mensch und Gesellschaft als eine Einheit: die Figuration

Eine weitere Besonderheit besteht darin, dass sich Elias gegen eine, wie er es nennt, ontologische Trennung von Mensch und Gesellschaft wendet. Er beabsichtigt, beides als eine Einheit zu erfassen. Daher rührt auch der Begriff der Figuration. Elias definiert Figuration als die Gesamtheit wechselseitiger Verflechtungen menschlicher Beziehungen. Dadurch werden theoretisch Mensch und Gesellschaft zu zwei Seiten einer Gegebenheit. Damit wird zwar nicht die Differenz in der Qualität zwischen Individuum und Gesellschaft aufgehoben, aber es wird deutlich, dass Änderungen in den sozialen Beziehungen und Persönlichkeitsveränderungen in einem direkten Zusammenhang stehen. Im Kern ist dies prototypisch für die moderne sozialwissenschaftliche Auffassung vom Makro-Mikro-Makro-Link (Kapitel 1). In der Figurationssoziologie wird dies als Zusammenhang von Sozio- und Psychogenese bezeichnet. Als Zwischenfazit lässt sich demnach festhalten, dass in der Figurationssoziologie Geschichte, Psychologie und Soziologie theoretisch miteinander verbunden werden, um sozialen Wandel zu erklären.

Soziogenese: Wandel in den Beziehungen der Akteure

Was ist mit Soziogenese gemeint? Dabei geht es um den Wandel von Strukturen und zwar als wechselseitige Verflechtung zwischen den Akteuren. Der Prozess der Zivilisierung bestimmt sich als wachsender Standard der Differenzierung von sozialen Beziehungen und der Integration von Akteuren. Beispielhaft kann man eine solche Tendenz im Fortschreiten der Arbeitsteilung sehen. Die Struktur wird immer feingliedriger und zugleich wächst die Abhängigkeit zwischen den Akteuren eines arbeitsteiligen Zusammenhangs. Sie sind immer mehr auf den Austausch mit anderen Akteuren angewiesen. In dieser Argumentation bezieht sich Elias auf Arbeiten von Marx und Durkheim.

Die Psychogenese dagegen bedarf einer etwas ausführlicheren Erläuterung. Auch bezüglich der Figurationssoziologie ist zu fragen, worin die anthropologischen Grundannahmen bestehen. Elias bezieht sich dabei unverkennbar auf die Persönlichkeitstheorie Freuds. Freud hatte angesichts der Greuel des 1. Weltkriegs die Frage beschäftigt, wie es sein kann, dass unter den Völkern, die dem Rest der Welt die Zivilisation bringen wollen, eine derartige Bestialität ausbrechen kann. Wie kann es zu einem solchen Gegensatz im Verhalten zwischen Frieden und Krieg kommen (Freud 1985, S. 372 f)? Nach Freud liegt die Ursache in der Lockerung der sittlichen Beziehungen zwischen den Staaten (und ihren Institutionen). Im Krieg aber kommt der Urmensch unversehrt zum Vorschein, weil unser Gewissen nicht jener unbeugsame Richter ist, für den die Ethiker es ausgeben. Es ist seinem Ursprung nach nichts anderes als „soziale Angst" (Freud 1985, S. 372). Wo also die Gemeinschaft ihren Vorwurf aufhebt, hört auch die Unterdrückung der bösen Gelüste auf. Im Krieg, so Freud, streift der Mensch die späteren Kulturauflagerungen ab und lässt den brutalen Urmenschen wieder zum Vorschein kommen (Freud 1985, S. 392).

> Psychogenese: Wandel des sozialen Habitus der Akteure

Der Dauerkonflikt zwischen Trieb und Kultur ist für die Figurationssoziologie fundamental. Die grundlegende Annahme ist, dass der Mensch von Natur aus ein affektives und gewaltbereites Wesen ist. Unkontrollierte Affekte aber bedrohen das Zustandekommen und die Stabilität sozialer Ordnung. Ein bestimmtes Niveau sozialer Ordnung (Strukturdifferenzierung) bedarf deshalb immer auch eines bestimmten Niveaus an durchschnittlicher Affektkontrolle seitens der Akteure einer Figuration. Psychogenese bezeichnet in der Figurationssoziologie den Wandel der Persönlichkeit zu einem bestimmten Niveau der Affektkontrolle hin.

Der Zusammenhang von Kultur und Affekt (Trieb) beschäftigt Elias sehr zentral. Er sucht nach Mechanismen, die dazu führen, dass der Affekthaushalt des Menschen nachhaltig kontrollierbar wird. Es lässt sich generell sagen, dass die Internalisierung der

> Sozialisation führt zur Internalisierung von Affektkontrollen

Affektunterdrückung den Haupteffekt des Sozialisationsprozesses darstellt. Erfolgreiche Sozialisation schafft demnach die Grundlage für das Erreichen eines höheren Standards in der Differenzierung und Integration einer Figuration.

Zivilisierung bedeutet Pazifizierung des Menschen

Im späten Werk ändert Elias seine Grundhaltung zur Gewaltbereitschaft als einer gegebenen Eigenschaft des Menschen. Nun ist er überzeugt, dass Aggressivität und physische Gewaltanwendung als Konfliktlösung keine biologischen Universalien darstellen, sondern mit der dauerhaften Lösung sozialer Probleme in Beziehung stehen (Elias 1984, S. 131 f). Wenn also die sozialen Grundlagen der Gewalt beseitigt sind, dann ist auch die Gewaltbereitschaft des Menschen gebannt. In gewisser Weise ist damit der Zusammenhang einer Koevolution von Natur und Kultur angesprochen. Der Prozess der Zivilisation wird deshalb auch als ein Prozess der *Pazifizierung* des Menschen bezeichnet.

Konkurrenz und Interdependenz

Auch in der Figurationssoziologie wird angenommen, dass der Mensch vom Eigeninteresse geleitet wird. Es geht in der Figurationssoziologie jedoch nicht um die Unterdrückung dieses Eigeninteresses, sondern des Gebrauchs bestimmter Mittel, es zu verwirklichen. Damit sind physische Gewaltmittel gemeint. Der Mechanismus des sozialen Wandels wird theoretisch auf der Grundlage des Zusammenhangs von Konkurrenz und Interdependenz bestimmt. In der Verfolgung ihrer individuellen Ziele treten die Akteure also in Konkurrenz (um knappe Güter) zueinander ein. Zugleich hängt die Erreichung ihrer Ziele aber immer auch von anderen ab, mit denen sie in Austausch treten müssen. Dies liegt an der zunehmenden Differenzierung der sozialen Struktur. Die aus der Differenzierung entstehende wechselseitige Abhängigkeit (Interdependenz) generiert Zwänge bzw. Normen, die einzuhalten rational ist, denn anders oder effizienter kann man seine individuellen Ziele nicht erreichen. Die Erklärung sozialen Wandels ist also, anders als im Strukturfunktionalismus, direkt durch die Beschaffenheit der Akteure mitbestimmt.

Befriedeter Raum – Voraussetzung für den Zivilisationsprozess

Bevor eine solche Konkurrenz mit friedlichen Mitteln geschehen kann, bedarf es eines befriedeten Raumes (stabile Staatsbildung). Grundlage des befriedeten Raumes ist ein stabiles Gewaltmonopol. Die Entstehung und die Genesis eines befriedeten Raumes, in dem der Zivilisierungsprozess abläuft, basiert auf zwei theoretischen Ausführungen.

Der Monopolmechanismus

Ein erster theoretischer Zugang für die Erklärung der Entstehung eines befriedeten Raums ist der Monopolmechanismus. Er wirkt in drei Phasen.

* Die erste Phase ist durch freie Konkurrenz gekennzeichnet. Viele Herrscher bekämpfen sich gegenseitig um die Erringung einer hegemonialen Stellung. Dadurch expandieren Territorien und zerfallen nach historisch kurzer Zeit wieder, weil die dezentralen Kräfte sich erneut durchsetzen.

* In der zweiten Phase gelingt es einem Herrscher gestützt auf entsprechende Machtmittel, wie z. B. Steuern und stehendes Heer, die Zentralmacht zu sichern. Es entsteht ein absoluter Herrscher (privates Gewaltmonopol). Ludwig der XIV. ist der empirische Prototyp dafür.

* In der dritten Phase schließlich kommt es zur Demokratisierung des Gewaltmonopols. Der Souverän ist nun das Volk, vertreten durch ein Parlament (z. B. Elias 1990b, S. 18 ff).

Einen zweiten theoretischen Zugang bilden die Elementarfunktionen. Damit sind Funktionen gemeint, die für die Existenz eines sozialen Zusammenhangs unabdingbar erfüllt sein müssen (Elias 1983, S. 32 ff). *Die Elementarfunktionen*

* Eine erste Elementarfunktion ist die ökonomische, die Versorgung der Menschen in einer Figuration mit Nahrung, Kleidung und Behausung.

* Eine zweite Elementarfunktion besteht in der Gewaltkontrolle. Sie ist ebenso wichtig für das Überleben einer Gesellschaft, wie die ökonomische. Mit ihr wird, auf militärische Macht gestützt, eine Rechtsordnung durchgesetzt.

* Zum Dritten muss eine Elementarfunktion zur Produktion und Wahrung von Orientierungsmitteln erfüllt sein. Menschen können sich ohne erlerntes Wissen nicht orientieren. Dies gilt sowohl für einfache Handlungen, wie Nahrungsbeschaffung als auch komplexe Zusammenhänge wie moralische Gewissheit. Von großer Bedeutung dafür sind Religionen. In der Moderne sah Elias in der Wissenschaft diese Spezialisten.

* Eine vierte Elementarfunktion bezieht sich direkt auf die Notwendigkeit der Sozialisation. Der Mensch verfügt über keine angeborenen Selbstkontrollen. Die soziale Ordnung, in der er lebt, ist somit beständig vom Zerfall bedroht. Das Erlernen von Selbstkontrollen im Rahmen der Sozialisation ist deshalb unabdingbar für den Bestand sozialer Ordnung.

Die Erfüllung dieser Elementarfunktionen und die Überwindung der Phase der freien Konkurrenz zur Entstehung eines Gewaltmonopols bilden die Voraussetzungen für einen befriedeten Raum und damit das Fortschreiten eines Zivilisationsprozesses.

> **Zusammenfassung**
>
> 1. Von grundlegender theoretischer Bedeutung ist die ontologische Einheit von Mensch und Gesellschaft. Die Gesamtheit der Verflechtung menschlicher Beziehungen wird deshalb als Figuration bezeichnet.
> 2. In der Figurationssoziologie wird Soziologie als Prozessanalyse definiert. Gesellschaft befindet sich in einem dauerhaften Wandel.
> 3. Aus dem Zusammenhang von Sozio- und Psychogenese folgt, dass Veränderungen in den sozialen Beziehungen zu Veränderungen in der Persönlichkeit folgen und umgekehrt.
> 4. Die Soziogenese besteht in einer wachsenden Differenzierung und Integration der sozialen Strukturen (Beziehungen zwischen den Menschen).
> 5. Die Psychogenese besteht in einer zunehmenden Festigung und Differenzierung der Affektkontrollen.
> 6. Die Figuration wird als eine spontane soziale Ordnung aufgefasst. Sie kann einerseits nicht aus den Intentionen der Akteure, aber anderseits auch nicht ohne das Handeln der Akteure erklärt werden.
> 7. Der Zusammenhang von Konkurrenz (eigeninteressierter Akteure) und Interdependenz zwischen den Akteuren bildet den Kernzusammenhang des Wandels spontaner Ordnung.
> 8. Der Aufbau von Selbstkontrollen durch Sozialisation gehört zu den Elementarfunktionen, die für die Existenz einer Figuration, also sozialer Ordnung, unabdingbar sind.

4.3.2   Die Wechselwirkung von Sozio- und Psychogenese

Wir haben gesehen, dass in der Figurationssoziologie die Ausbildung von Selbstkontrollen der Affekte eine wichtige Voraussetzung für die Stabilität und den weiteren Wandel sozialer Ordnung ist. Der Grad dieser durchschnittlich in einer Gesellschaft ausgebildeten Kontrolle der Affekte wird als sozialer Habitus bezeichnet. Die Grundlage dieses Habitus bildet spontane Sozialisation, wie sie aus dem unintendierten historischen Gesamtprozess hervorgeht. Darauf baut intendierte Sozialisation im Sinne von Erziehung auf. Daraus ergibt sich die Frage, wie sich der spontane Prozess der Herausbildung des sozialen Habitus konstituiert.

Das Verbot physischer Gewaltanwendung   Menschen leben immer in Figurationen. Der Umfang, die Komplexität ihrer sozialen Beziehungen in diesen Figurationen ist die objektive Determinante für den Grad der erforderlichen Affektkontrolle. Mit Entstehung eines stabilen befriedeten Raumes treten die sozialen Beziehungen in ein neues Stadium des Wachstums ihrer Komplexität. Der Grund dafür liegt darin, dass der Souverän, den es nun gibt, über das Gewaltmonopol verfügt und mit diesem Gewaltmonopol die Anwendung physischer Gewalt unter Strafandrohung aus den sozialen Beziehungen verbannt wird.

Dadurch sind die Menschen einer Figuration gezwungen, mit friedlichen Mitteln um die Erreichung ihrer Ziele zu konkurrieren. Das bedeutet, sie müssen in einem gewissen Umfang kooperieren. Kooperation weist in der Figurationssoziologie die Gestalt von Interdependenzketten auf. Eine Interdependenz bezeichnet die wechselseitige Abhängigkeit zwischen Akteuren. Interdependenzketten weisen darauf hin, dass eine Vielzahl solcher wechselseitiger Abhängigkeiten in einer Figuration miteinander verbunden ist. Mit anderen Worten, die Akteure in einer Figuration müssen, um ihre Ziele erreichen zu können, miteinander in Austausch treten. Auf diese Weise reagieren sie wechselseitig auf die Ergebnisse des Austauschs. Anders als in der strukturfunktionalistischen Theorie muss ihnen nicht von einer höheren Instanz beigebracht werden, wie sie das tun müssen, sondern die Akteure lernen wechselseitig aus ihren realen Austauschbeziehungen, wie sie sich verhalten müssen, um erfolgreich zu sein. Sie lernen zugleich wechselseitig, in welchem Umfang sie dabei auch auf die Interessen ihrer Austauschpartner eingehen müssen. Esser hat diesen Kern der Interaktion robust zusammengefasst: Je komplexer und intransparenter die sozialen Beziehungen werden, in denen Menschen agieren, desto vorsichtiger (rationaler) handeln sie (Esser 1984, S. 691 ff).

Austauschbeziehungen als Grundlage spontaner Sozialisation

Beispiel

Das folgende Beispiel stammt von Elias und kennzeichnet den Zusammenhang der beiden ordnungstragenden Seiten, soziale Struktur und Persönlichkeit, in ihrem Wandel: In der Krieger-Gesellschaft ist der Verkehr auf den Straßen, das Reisen insgesamt gering ausgebildet. Die Hauptgefahr, die hier der Mensch für den Menschen darstellt, hat die Form eines räuberischen Überfalls, der sich jederzeit ereignen kann. Das erfordert die ständige Bereitschaft, zu kämpfen und sein Leben zu verteidigen. Das Leben auf den großen Straßen der differenzierten Gesellschaft verlangt eine andere Modellierung des psychischen Apparats. Der umfangreiche Verkehr von Automobilen, Radfahrern und Fußgängern einer Großstadt ist im Gegensatz dazu darauf angewiesen, dass jeder Akteur entsprechend der Notwendigkeiten dieser komplexen Verflechtungen sein Verhalten aufs Genaueste selbst reguliert. Die Hauptgefahr, die hier der Mensch für den Menschen bedeutet, entsteht dadurch, dass irgendjemand seine Selbstkontrolle verliert (Elias 1990b, S. 318 f).

Zentrale
Hypothesen zu
Interdependenz
und Affektkontrol-
le

In Hypothesenform findet man bei Elias:

* Je dichter das Interdependenzgeflecht wird und je weiter fort-geschritten die damit verbundene Funktionsteiligkeit der Tätigkeiten ist,
* je größer die Territorien sind, über die sich dieses Geflecht von Beziehungen erstreckt und dieses Geflecht eine Einheit entwickelt,
* desto mehr ist der individuelle Akteur bedroht, wenn er spontanen Leidenschaften nachgibt.

Der sich spontan organisierende Sozialisationsmechanismus besteht also darin, dass es eine Wechselbeziehung zwischen der Größe und dem daraus resultierenden Druck des Interdependenzgeflechts auf das Verhalten der Menschen auf der einen und der zunehmenden psychischen Kontrolle der Affekte (sozialer Habitus) auf der anderen Seite gibt. Der Komplexität und Kompliziertheit der (sozial typischen) Interdependenzketten entspricht ein bestimmter Grad an psychischer Selbstkontrolle und Langsicht der Akteure. Letzteres kann man im modernen Sprachgebrauch auch wie folgt ausdrücken: Je komplexer die Interdependenzketten werden, desto länger ist der Schatten der Zukunft, den sie in ihrem Verhalten berücksichtigen müssen. Die soziale Struktur wirkt wie eine gesellschaftliche Prägeapparatur auf den Habitus des Menschen.

Zusammenfassung

1. Die Entstehung eines Gewaltmonopols führt dazu, dass die Akteure eines befriedeten Raums mit friedlichen Mitteln um die Erreichung ihrer individuellen Ziele konkurrieren müssen.
2. Sie treten deshalb in Austausch zueinander, um Güter und Leistungen auszutauschen, die ihre Bedürfnisse befriedigen und sie ihren Zielen näher bringen.
3. Austausch fördert wechselseitige Abhängigkeiten (Interdependenzen).
4. Mit zunehmender Dauer steigt die Differenzierung der Austauschbeziehungen und damit die Funktionsteiligkeit einer Figuration an. Dies führt zu wachsender Interdependenz. Die Interdependenzketten zwischen den Menschen verlängern und verzweigen sich (Soziogenese).
5. Diese wachsende Komplexität und Kompliziertheit der sozialen Beziehungen erfordert wachsende Langsicht und Selbstkontrolle der Akteure, damit sie ihre Handlungsziele erreichen können (Psychogenese).
6. Ein höherer Grad an Langsicht und Selbstkontrolle wiederum fördert ein weiteres Wachstum der Interdependenzketten.
7. In dieser Wechselwirkung entsteht in spontaner Sozialisation ein bestimmter sozialer Habitus, welcher der Komplexität der Interdependenzen entspricht.

Der Sozialisationsprozess als spontane Selbstzähmung   **4.3.3**

Der Rahmen des spontanen Sozialisationsprozesses wird durch die Wechselwirkung von Sozio- und Psychogenese bestimmt. Nun ergibt sich die Frage, in welcher Weise die Zunahme der Affektkontrolle geschieht und welche Bedeutung die Akteure selbst dabei haben. Im theoretischen Grundkonzept wird die Persönlichkeitsstruktur, wie sie Freud entworfen hat, nun in einen sozial-historischen Kontext gestellt. Die Beziehungen zwischen Es, Ich und Über-Ich wandeln sich mit dem Fortschreiten der Strukturdifferenzierung in den sozialen Beziehungen. In diesem Prozess wird das Bewusstsein weniger triebdurchlässig und die Triebe weniger bewusstseinsdurchlässig (Elias 1990b, S. 390). Diesen Prozess kann man im Rahmen der intendierten Sozialisation (Erziehung) bei jedem einzelnen Kind beobachten. Der historische Prozess, den die Menschheit in ihrer Zivilisierung durchläuft, wird also im Heranwachsen jedes neu geborenen Menschen wiederholt. Diesen Zusammenhang zwischen dem historischen Fortschreiten einer Gesellschaft und der Sozialisation der Individuen kann man recht gut anhand der Schilderungen der normativen Regulation des Schnäuzens nachvollziehen. Zuerst war dies ein völlig unreguliertes Verhalten. Später bestand eine erste Verfeinerung darin, die linken Finger zu nehmen, wenn man bei Tisch sitzt und mit der rechten Hand zu essen (Besteck gab es noch nicht). Das war eine Vorschrift für Angehörige der Oberschicht! Bis schließlich der Gebrauch eines Taschentuchs eine unbemerkte Selbstverständlichkeit wurde, war es ein langer Weg (Elias 1990a, S. 194-207). Zugleich realisiert sich mit dem langfristig wachsenden Grad an Selbstverständlichkeit eines bestimmten normativ geregelten Verhaltens auch das Fortschreiten von Normen als Fremdzwang zum internalisierten Selbstzwang. Damit ist gemeint, dass eine Norm über den Prozess der Sozialisation zu einem habitualisierten (unbewussten) Verhalten führt.

Wie kommt es nun zur Internalisierung von Normen? Es lassen sich zwei große Klassen von Normen unterscheiden: Rechtsnormen und Sittennormen[11]. Zu beiden Normklassen findet man in der Figurationssoziologie Aussagen. Die Entstehung und Durchsetzung von Rechtsnormen ist an die Existenz eines Gewaltmonopols gebunden. Auch vorher gibt es elementare Rechtsnormen, aber ihre Durchsetzung ist instabil. Der absolutistische

Zusammenhang historischer Prozess und Sozialisation

Die Setzung von Rechtsnormen durch den Herrscher

---

[11] Diese Unterscheidung geht ursprünglich auf Max Weber zurück (1990, S. 187 ff). Weiter systematisiert wird dieser Gedanke von Popitz (1980, 2. Kapitel).

Herrscher ist in der Lage, aufgrund seiner Machtüberlegenheit Normen zu setzen. Damit setzt er externe Zwänge für die Akteure eines befriedeten Raums. Das sind insbesondere Normen, welche das Verbot der Anwendung physischer Gewalt zum Gegenstand haben. Nur der Souverän darf physische Gewalt anwenden. Die Durchsetzung von Rechtsnormen betrifft alle Akteure einer Figuration. In der ersten Zeit des entstandenen Gewaltmonopols definiert der absolute Herrscher jede Rechtsverletzung als Verletzung seiner Souveränität. Dies geschieht, weil das Gewaltmonopol zerbrechlich ist und die Akteure noch sehr affektiv handeln. Die Sanktionen fallen deshalb heftig aus und werden meist öffentlich inszeniert.

Wandel des Strafverständnisses von externen zu internen Zwängen

Das Strafverständnis ist retributiv, d.h., der Souverän vergilt Gleiches mit Gleichem. Foucault beginnt z. B. eines seiner Werke mit der Beschreibung der öffentlichen Hinrichtung eines Vatermörders im Paris des Jahres 1757 (1994, S. 9). Es geht vor allem um die Rache des Herrschers am Normverletzer. Er nutzt sein Monopol physischer Gewalt, um eine Tat in seinem Herrschaftsbereich zu rächen und der Öffentlichkeit seine Unnachgiebigkeit zu beweisen. Erst allmählich, über die Jahrhunderte hinweg, stellt sich eine Sublimierung der Sanktionen ein. Ihr liegt neben den politischen Veränderungen (der Demokratisierung des Gewaltmonopols) auch die Veränderung des sozialen Habitus der Bevölkerung zugrunde. Bestimmt man den sozialen Habitus als das durchschnittliche kulturelle Niveau internalisierter Affektkontrollen, dann wird auch der soziale Habitus als Gradmesser für die Veränderung der Strafgewalt erkennbar. Diese orientiert sich nun daran, dass künftige strafbare Handlungen nicht durch körperliche (z. B. das Abtrennen einer Hand, um künftigen Diebstahl zu verhindern), sondern durch psychische Einwirkung verhindert werden kann. Das entspricht dem Gedanken der Re- oder Nachsozialisierung. Nun ist, wie Elias dies ausdrückt, ein höheres Niveau des sozialen Habitus entstanden, welches den Einzelnen von klein an auf ein beständiges und genau geregeltes An-sich-Halten gewöhnt.

Tabelle 7: Veränderung der Sanktionen bei Rechtsverletzungen aufgrund eines höheren Niveaus des sozialen Habitus

	frühe Figuration	entwickelte Figuration
Ort der Sanktion	öffentlich	nicht öffentlich
Art der Sanktion	körperlich	psychisch

Anhand von Sittennormen lässt sich der Prozess der Entstehung und Internalisierung von Normen transparenter darstellen, weil es die gleichen Akteure sind, aus deren Handlungen Normen hervorgehen und internalisiert werden.

Für das Verständnis der Entstehung von Sittennormen ist folgendes erforderlich: Das Vorgehen von Elias bestand ursprünglich in der Analyse von Manierenbüchern des 15., 16. und 17. Jahrhunderts. Die methodologische Hypothese bestand darin, dass, wenn diese Manierenvorschriften ein höheres Niveau der Affektbeherrschung fordern, dann muss sich das jeweils vorangegangene Niveau der Vorschriften im Sozialverhalten der angesprochenen Schicht bereits realisiert haben. Das ist durchaus plausibel, denn warum sollten die Forderungen erhöht werden, wenn sich das tatsächliche Verhalten der Adressaten nicht ändert? So beschäftigte er sich mit Normen zur Anwendung des Taschentuchs, der Gabel, den Tischsitten usw.[12]

Die Entstehung von Sittennormen

Adressaten der Sittennormen waren zuerst die Angehörigen der adligen Oberschicht. Die frühen Manierenvorschriften künden davon, dass die Höflinge offensichtlich das Tischbenehmen von heutigen Kleinkindern hatten. So finden sich z. B. folgende Normen: falle nicht gleich gierig über das Essen her, wasche dir die Hände vor dem Essen, reinige dir die Zähne nicht mit dem Messer, wische dir die Zähne nicht mit dem Tischtuch ab oder biete nicht anderen den Rest deiner Suppe an (Elias 1990a S. 83). Wie schon bemerkt, befand sich zu diesem Zeitpunkt die Oberschicht in einer tiefgreifenden historischen Transformation von Kriegern in Höflinge. Darauf weist auch hin, dass man die Höflinge wegen des neuartigen affektierten Verhaltens belächelte, z. B. in der Anfangszeit bei der Benutzung der Gabel (ca. 16. Jh.). Bei deren Gebrauch fiel oftmals die Hälfte des Fleischs auf dem Weg von der Schüssel zum Teller wieder herunter (Elias 1990a, S. 88).

Relevant für den Zivilisationsprozess ist die Annahme, dass diese in der Oberschicht entstandenen Sittennormen über die Jahrhunderte hinweg durch die benachbarten Schichten in der Sozialstruktur nachgeahmt wurden. Diese Nachahmung hat ihre Ursache in dem Bestreben, den eigenen Sozialstatus zu erhöhen. Statuserwerb und Statuswettbewerb sind gut nachgewiesene Grundprozesse im menschlichen Verhalten, auf die sich Elias hierbei beruft. Über mehrere Jahrhunderte hinweg erhöhen sich

Ausbreitung von Normen durch Nachahmung

---

[12] Diese akribische Rekonstruktion der Entstehung von Sittennormen brachte Elias auch von einigen Kritikern die Bezeichnung Schnupftuchsoziologe ein.

also die normativen Standards des Sozialverhaltens in der gesamten Sozialstruktur.

Sittennormen als Symbol sozialer Überlegenheit

Warum entstanden diese Normen und warum hielten sich zuerst die Höflinge daran? In einem befriedeten Raum stehen die Akteure aller Schichten vor dem Problem, sich mit pazifizierten Mitteln am Statuswettbewerb zu beteiligen. Der Statuswettbewerb hat zwei Aspekte: einen Schichtaspekt und einen Individualaspekt. Auf den Angehörigen der Oberschicht lastet ein objektiver Druck zur Distinktion. Anders ausgedrückt geht es um die Legitimation der Oberschicht als Oberschicht. Da zum Nachweis das Schwert nicht mehr taugte, entstand distinktes Sozialverhalten als Möglichkeit, um die soziale Überlegenheit gegenüber den Angehörigen anderer Schichten zu beweisen. Soziale Überlegenheit war in Feudalstaaten in erster Linie kulturelle Überlegenheit. Dies zeigt sich in der Sprache, Kleidung, der Art zu essen, Kunst zu genießen usw. Aufgrund dieser schichtbezogenen Konkurrenz entstand zum einen eine Binnengruppenkohäsion in der Oberschicht, also ein Verständnis jener Akteure, gemeinsam der Oberschicht anzugehören und deshalb ein bestimmtes distinktes Verhalten gegenüber den Angehörigen anderer Schichten zu zeigen. Zum anderen befanden sich die Angehörigen der Oberschicht auch in einer Binnengruppenkonkurrenz. Dabei ging es um die Gunst des Königs. Diese Konkurrenz wurde ebenfalls mit Hilfe der entstandenen Sittennormen ausgetragen. Der Statuswettbewerb äußert sich nun in einem Wettbewerb um Beherrschung eines distinkten oder besonders feinen und kulturvollen Verhaltens gegenüber dem König.

Nachahmung durch die Angehörigen anderer Schichten steigert den Distinktionsdruck

Die Nachahmung durch die angrenzende Schicht des Bürgertums erhöhte wiederum den Distinktionsdruck auf die Oberschicht. Wenn Angehörige anderer Schichten ebenfalls durch Akzeptanz von Sittennormen ihr Verhalten differenzierten, dann sind diese Normen kaum noch zur Schichtabgrenzung geeignet. Damit wird die Dynamik der Entstehung von Sittennormen aufrechterhalten. Diesen Prozess kann man sich auch marktförmig vorstellen. Es besteht eine Nachfrage nach feinem, differenziertem Verhalten, um einen möglichst hohen Status zu erwerben sowie einen überlegenen Status gegenüber den Angehörigen anderer Schichten nachzuweisen. Dies führt zu einem Angebot verschiedenster Verhaltensweisen, von denen wir mehr oder weniger nur die erfolgreichen kennen. Erst wenn eine beliebige neue individuelle Verhaltensäußerung auch von anderen Akteuren angewandt wird, hat sie die Chance, zur akzeptierten Norm zu werden. Das ist völlig kontingent und zeigt sich besonders deutlich an der großen Varianz akzeptierter Verhaltensweisen im Vergleich verschiedener Kulturen. Dem beobachtbaren Verhalten, demzufolge mit Messer und Gabel oder mit Stäbchen gegessen wird, liegt ein nicht mehr rekonstruierbarer historischer Prozess der Selektion zugrunde. In der theoretischen Begründung der Figurationssoziologie ist das wichtigste Selektionskriterium die Eignung einer Verhaltensweise zur Distinktion. Diese Rationalität der Normentstehung wird durch die jeweilige modellgebende Oberschicht, wie sie Elias nennt, vorgegeben und entspricht deren Sozialcharakter. Die Sittennormen des Adels richten sich vor allem auf die Verfeinerung des Verhaltens in Bezug auf Kunst und Geschmack. Je nachdem, welchen Sozialcharakter die modellgebende Oberschicht trägt, erfüllt sich der Distinktionsmechanismus der Normentstehung auf konkret inhaltliche Weise.[13]

In Abbildung 17 ist dieser Mechanismus zusammenfassend dargestellt.

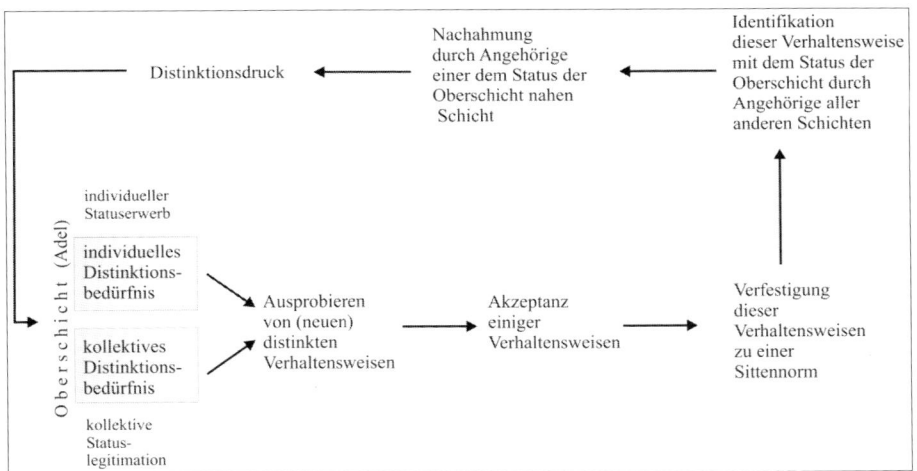

Abb. 17: Dynamik der Entstehung von Sittennormen in der Figurationssoziologie

Aus sozialisationstheoretischer Perspektive ist von besonderem Interesse, dass die sozialen Zusammenhänge der Normentstehung und der Norminternalisierung im Falle der Oberschicht die gleichen sind. In Bezug auf die Nachahmung des Verhaltens liegt das Aktivitätspotenzial ebenfalls bei den individuellen Akteuren,

---

13   Das Bürgertum als spätere modellgebende Oberschicht, orientiert sich an Normen für den Berufserfolg und Gelderwerb.

indem sie die Internalisierung von Normen zum individuellen Zweck des Statuserwerbs betreiben.

Zusammenfassung

1. Normentstehung und Norminternalisierung sind Teil der Wechselwirkung von Sozio- und Psychogenese.
2. Der Sozialisationsprozess gliedert sich in einen historisch begleitenden und einen individuellen. Im historischen Sozialisationsprozess bilden sich die Normen aus und werden im Rahmen der Erwachsenensozialisation internalisiert. Die Befolgung der Normen bleibt unsicher. Im individuellen Sozialisationsprozess dagegen werden in der Primär- und Sekundärsozialisation die bestehenden Normen als natürliche Einstellungen internalisiert. Dabei wird der historische Prozess der Generierung von Normen im individuellen Prozess der Internalisierung wiederholt.
3. Rechtsnormen werden in der frühen Phase eines stabilen Gewaltmonopols durch den Souverän gesetzt.
4. Die Verletzung des äußeren Zwangs, den die Rechtsnormen ausüben, definiert der Souverän als Angriff auf sich selbst. Deshalb bestehen die Sanktionen aus harten physischen und öffentlich ausgeführten Strafen. Die Sanktionsform pazifiziert sich in dem Maß, in dem die Rechtsnormen von einer Bevölkerung internalisiert werden und sich das durchschnittliche soziale Verhalten pazifiziert.
5. Die Entstehung von Sittennormen geht aus dem Distinktionsdruck hervor, der auf der modellgebenden Oberschicht lastet. Deren Angehörige sind versucht, die Legitimität ihres hohen sozialen Status durch besonders distinktes Verhalten gegenüber den Angehörigen der anderen Schichten zu beweisen.
6. Der Statuswettbewerb in der gesamten Figuration führt dazu, dass die Angehörigen der statusnahen Schicht dieses Verhalten nachahmen.
7. Dadurch bleibt der Distinktionsdruck auf der Oberschicht erhalten und es entstehen neue Sittennormen.

4.3.4 Scham und Peinlichkeit als interaktiver Sozialisationsmechanismus

Scham und Peinlichkeit stabilisieren Sittennormen

Das historische Fortschreiten der wachsenden Affektkontrollen wird in der Figurationssoziologie auch als Vorrücken der Scham- und Peinlichkeitsschwelle bezeichnet. In dessen Rahmen kann man zum einen die Pazifizierung des Verhaltens (Rechtsnormen) und zum anderen die Ausdifferenzierung von Brauch und Sitte (Sittennormen) beobachten.

Im alltäglichen Interaktionsprozess spielen Scham und Peinlichkeit für die Stabilisierung entstandener Normen eine außerordentlich wichtige Rolle. Diese einander ergänzenden Reaktionen basieren auf gleichen internalisierten Normen und Werten. Nur dann können Scham und Peinlichkeit synchron auftreten. Scham und Peinlichkeit müssen also bei einer Normverletzung gleichzeitig bei den Interaktionspartnern auftreten. Wenn dies geschieht, dann wird durch die internalisierte verletzte Norm eine Art Sanktion ausgelöst: beim Normverletzer eine Selbstsanktion und bei den Interaktionspartnern eine Sanktion gegen den Normverletzer (Elias 1990b, S. 397 ff).

Worin bestehen die Sanktionen? Hierzu müssen zwei Aspekte unterschieden werden. Der erste Aspekt bezeichnet die Antizipation der Sanktion und der zweite die Ausführung oder das Erleiden der Sanktion. Scham ist die Angst eines Akteurs vor sozialer Degradierung infolge der Überlegenheitsgesten der interagierenden Akteure. Peinlichkeit ist ein Gefühl, das zu einer Abstoßungsreaktion gegenüber einem Normverletzer führt.

Diese Wirkungen können erzeugt werden, weil erstens die Akteure in einem Statuswettbewerb stehen. Normkonformität verbessert die Chancen in diesem Wettbewerb, Nonkonformität verschlechtert sie. Allgemeiner ausgedrückt, kann man dies auch als einen Wettbewerb um soziale Anerkennung bezeichnen (vgl. 3.3). Zweitens aber, wenn eine Norm in das Über-Ich eingegangen ist (Selbstzwang), d.h., sie unbewusst wird, dann kommt es zu einer affektiven Reaktion beim Normverletzer, so wie wir es beim Internalisierungsmechanismus von Parsons (vgl. 3.4) gesehen haben. Dies stellt eine durch den Akteur nicht beeinflussbare Selbstbestrafung (Angstgefühl) dar. Ebenso ist die Abstoßungsreaktion der Interaktionspartner an den gleichen Grad der Internalisierung gebunden. Die Abstoßungsreaktion (Peinlichkeit) ist ebenfalls ein unbewusst ausgelöstes Gefühl der Erregung, das durch die Normverletzung entsteht. Ist die Bedingung der Internalisierung einer Norm als Selbstzwang auf einer Seite der Interaktion nicht erfüllt, so wirkt auch dieser Mechanismus der interaktiven Normstabilisierung nicht.

Theoretisch gut gelöst ist mit diesem Mechanismus, dass sich Normen durch das alltägliche Verhalten der Akteure reproduzieren. Die Akteure sind es selbst, die diese Normbestätigung unbewusst ausführen, sofern alle Beteiligten eine Norm tatsächlich internalisiert haben.

Scham und Peinlichkeit als unbewusste Reaktionen auf abweichendes Verhalten

Beispiel

TV-Show prangert Freier von Prostituierten an

Denver (dpa). Eine neue Fernsehshow in Denver (US-Staat Colorado) stellt vorbestrafte Freier von Prostituierten an den Pranger. In der ersten Folge von „John's TV" wurden elf Männer mit Namen und Bild vorgestellt. Ein Polizist warnte dabei die Zuschauer davor, Prostituierte aufzusuchen. Die Kunden, in den USA „Johns" genannt, riskieren eine Ankla- ge und nun auch die Darstellung im Fernsehen. Prostitution und der Erwerb von käuflichem Sex sind in den meisten US-Staaten verboten. Denver verspricht sich von der Show eine abschreckende Wirkung auf mögliche Freier. Damit folgt die Stadt dem Beispiel Auroras (Colorado), das Freier-Fotos in einer Tageszeitung veröffentlicht.

Besonders in den USA werden seit einiger Zeit sogenannte Prangermethoden in der Justiz angewandt. Sie flankieren die eigentlichen Strafen. Die Erwartung besteht darin, dass durch Anprangern von Normverletzern eine nachhaltige Kriminalprävention bewirkt werden kann. Das öffentliche Anprangern soll den geschilderten Mechanismus von Scham und Peinlichkeit auslösen, der schließlich als wirksamer eingeschätzt wird, als die Verhängung von Geldstrafen oder geringen Freiheitsstrafen.[1] Dadurch, dass eine Normverletzung öffentlich gemacht wird, verbindet sich die Erwartung der Entstehung öffentlicher Peinlichkeit gegenüber einem Normverletzer. Dieser soll sich im Sinne einer Kriminalprävention künftig stärker davon abhalten lassen, eine Norm zu brechen.

In Abbildung 18 sind die möglichen Wirkungen auf die Reproduktion von Normen dargestellt. Dies soll nochmals den Grundsatz verdeutlichen, dass die stabilisierende Wirkung von Scham und Peinlichkeit nur dann auftritt, wenn eine Norm für alle Interaktionspartner zum Selbstzwang geworden ist.

---

[1]   Hier geht es nur um ein Beispiel des Mechanismus von Scham und Peinlichkeit. Diskussionswürdig ist dieses Vorgehen, weil es demokratische Grundrechte, von denen Straftäter nicht ausgeschlossen werden dürfen, verletzt. Die theoretische Begründung der erwarteten Wirkung des Beschämens ist bei Braithwaite (1993, besonders Kapitel 7) erläutert. Für die Kritik daran sind Argumente im Etikettierungsansatz entwickelt (Becker 1981).

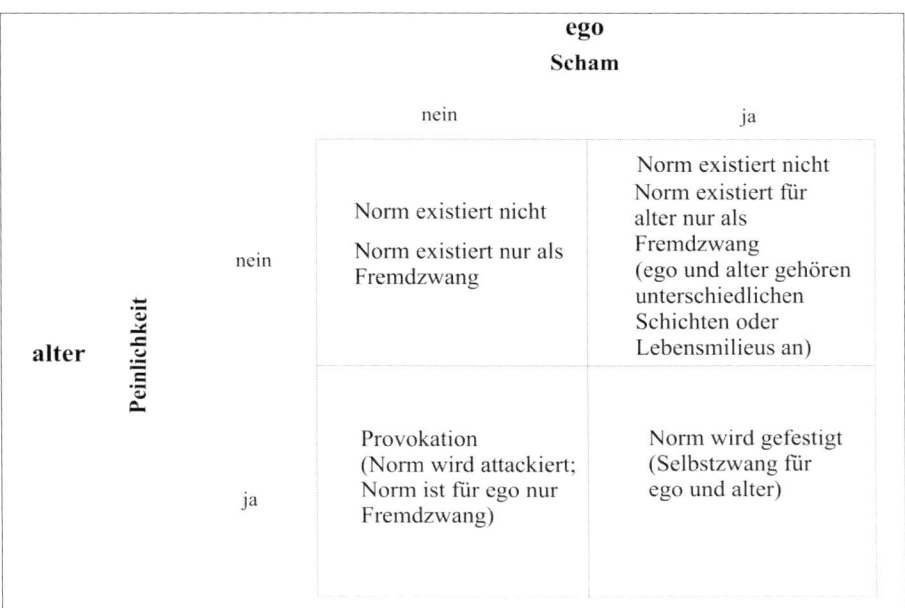

Abb. 18: Scham und Peinlichkeit als Reaktionen der Festigung von Normen

Zusammenfassung

1. Das Niveau der Scham- und Peinlichkeitsschwelle ist auch auf die Charakterisierung des Niveaus des Zivilisationsprozesses anwendbar (zunehmende Kontrolle der Affekte, Rücksicht und Langsicht nehmen zu).
2. Durch Scham und Peinlichkeit werden Normen im Alltagshandeln sowohl für die Figuration als auch für die Akteure selbst gefestigt.
3. Wenn von den Akteuren in einer Austauschbeziehung (Interaktion) eine Norm internalisiert ist (Selbstzwang), dann treten beim Normverletzer Scham und bei den Interaktionspartnern Peinlichkeit auf.
4. Scham besteht in der Angst vor sozialer Degradierung, d.h. der Verringerung von Chancen im Statuswettbewerb.
5. Peinlichkeit besteht in der sozialen Abstoßungsreaktion gegenüber dem Normverletzer.

Vom Fremd- zum Selbstzwang: der Mensch auf dem Weg seiner Pazifizierung   4.3.5

Das Gesamtprojekt der Figurationssoziologie geht letztlich doch von einem unverkennbar evolutionären Verständnis aus. Alle Me-

Elias' Idee einer
die gesamte
Menschheit
umfassenden
Figuration

chanismen stellen darauf ab, dass sich das Niveau der Affektkontrolle durch Fremdzwänge erhöht und infolgedessen im Laufe der Jahrhunderte diese Fremdzwänge erfolgreich internalisiert
werden. Das bedeutet, sie nehmen die Gestalt präreflektiver
Selbstverständlichkeit sowohl für die Gesamtheit der Menschen
in einer Figuration als auch für die individuellen Akteure an.
Elias war der Auffassung, dass dieser Zivilisationsprozess möglicherweise eines Tages die gesamte Menschheit als Figuration
umfassen könnte. Eine solch komplexe Figuration würde, der
Theorie entsprechend, einen sehr differenzierten und umfassenden Selbstzwangapparat der Akteure bewirken, so dass letztlich jede Art zentralisierten Fremdzwangs überflüssig wäre (Elias
1983, S. 124 f).

Verbindung von
Mikro- und
Makroebene

Die theoretischen Grundlagen der Figurationssoziologie entsprechen recht klar der modernen Vorstellung sozialwissenschaftlicher Erklärung, wie sie in 1.2 und 1.3 dargestellt sind. Es gibt
theoretische Annahmen zur Systemebene und Annahmen zur
Akteursebene sowie der Beziehung dieser Ebenen zueinander.
Man kann sagen, dass die Ausführungen der Figurationssoziologie, ebenso wie die Protestantismusthese Max Webers, einen Prototyp des Makro-Mikro-Makro-Links darstellen. In Abbildung 19
sind die grundlegenden theoretischen Mechanismen, welche im
Kern den Prozess der Internalisierung von Fremdzwängen beinhalten, nochmals zusammenhängend dargestellt.

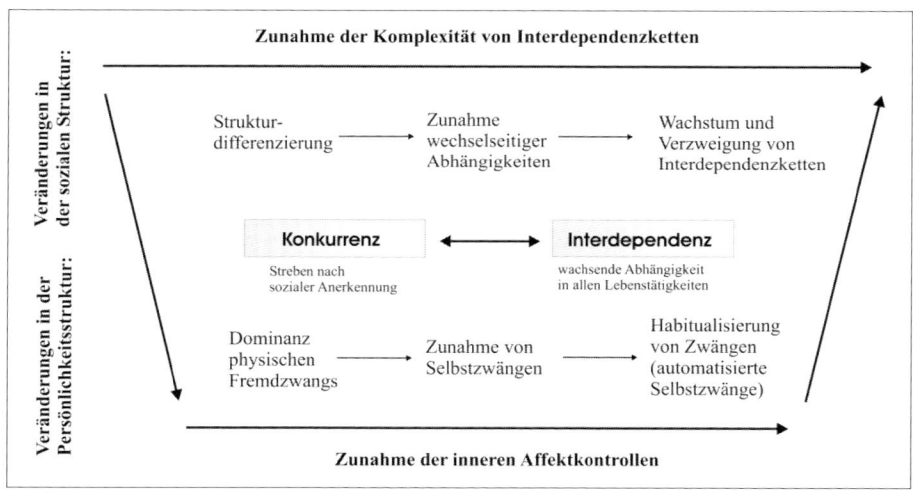

Abb. 19: Die Umformung von Fremdzwängen in Selbstzwänge

Insgesamt münden die Annahmen in die Erklärung eines Prozesses, der unintendiert von den Akteuren durch ihre Interessen
in Gang gehalten wird. Indem sie in einem Wettbewerb um sozialen Status (soziale Anerkennung) miteinander in Konkurrenz
treten und ein Gewaltmonopolist ihnen die Anwendung von Mitteln physischer Gewalt verbietet, setzen sie Prozesse in Bewegung, welche auf sie selbst zurückwirken und ihr Denken und
Verhalten immer nachhaltiger verändern. Die Sozialisation hat
dabei eine Brückenfunktion zwischen Struktur und Akteur.

Es gibt auch kritische Reaktionen auf die Figurationssoziologie. Erwähnenswert sind insbesondere jene von Peter Duerr. Dabei geht es um die Haupthypothese der Figurationssoziologie, die
Zunahme der Affektkontrollen und die Abnahme der Gewaltbereitschaft. In fünf Bänden (besonders Duerr 1995) vertritt Duerr
die Auffassung, dass der Zusammenhang der Haupthypothese
genau umgekehrt sei, also die Affektkontrollen abnehmen. Er
trägt akribisch Material über die Verbreitung von Scham und
Peinlichkeit in einfachen Gesellschaften zusammen und verweist
auf moderne Tendenzen der Schamlosigkeit. Es zeigt sich in
diesem Zusammenhang, dass die Figurationssoziologie vor
allem wegen ihrer evolutionistischen Interpretierbarkeit Kritik
ausgesetzt ist. In einem anderen Zusammenhang versuchte Elias im Rahmen der Figurationssoziologie zu erklären, wie es in-
mitten der Zivilisation zu einem barbarischen Ausbruch wie dem
faschistischen Regime in Deutschland kommen konnte. Zwar
sind die von ihm herangezogenen historischen Fakten über die
Besonderheiten der Deutschen außerordentlich interessant, theoretisch gelingt eine schlüssige Erklärung dennoch nicht (Elias
1994).

Ein anderer Einwand betrifft die Ausbreitung von Sittennormen.
Der Annahme, dass sich Sittennormen von der Oberschicht her
in einer Gesellschaft ausbreiten, werden zahlreiche Fakten entgegengehalten, die darauf verweisen, dass Sittennormen und Werte
in verschiedenen Schichten der Gesellschaft entstehen. So hat der
in den westlichen Gesellschaften beobachtbare Wertewandel
komplexe Ursachen, welche die gesamte Bevölkerung erfassen
(Flap und Kuiper 1981). Dies hat dazu geführt, dass Wouters die
Informalisierungshypothese, welche bereits im Hauptwerk der
Figurationssoziologie (Über den Prozess der Zivilisation) skizziert ist, von Wouters weiter ausgearbeitet wurde (Wouters 1999).
Ihr zufolge wird die Entstehung und Ausbreitung von Werten und
Sittennormen nun auch von einem Prozess mitbestimmt, welcher
aus der Arbeiterschicht hervorgeht.

Kritik an der
Figurationssozio-
logie

Literatur

Elias, Norbert, *Über den Prozeß der Zivilisation. Soziogenetische und psychogenetische Untersuchungen*. Zwei Bände, Frankfurt a.m. 1990.

Elias, Norbert, *Was ist Soziologie?* Weinheim, München, 1993.

Rehberg, Karl-Siegbert (Hrsg.), *Norbert Elias und die Menschenwissenschaften*, Frankfurt a.m., 1996.

Ultee, Wout; Henk Flap und Will Arts, Changing Figurations and Refinement of Manners, in: Regina Metze, Kurt Mühler und Karl-Dieter Opp (Hrsg.), *Normen und Institutionen: Entstehung und Wirkungen*. Leipzig, 2000, S. 157-178.

Wouters, Cas, *Informalisierung. Norbert Elias` Zivilisationstheorie und Zivilisationsprozesse im 20. Jahrhundert*, Opladen, Wiesbaden, 1999.

4.4   Die konstruierte Gesellschaft: Verstehen durch Sozialisation

4.4.1   Bedeutung und das Verstehen von Bedeutung als Grundlagen sozialer Ordnung

Der Konstruktionsgedanke der phänomenologischen Soziologie

In der Literatur findet man modernerweise auch die Bezeichnung Konstruktivismus. Dieses Etikett ist auf keine einheitliche Theorie bezogen und meint hier nur, dass in der zu behandelnden Theorie ein Konstruktionsgedanke enthalten ist. In diesem Abschnitt geht es um die phänomenologische Soziologie von Alfred Schütz (1899-1959) und deren Überarbeitung durch Thomas Luckmann und Peter Berger als Wissenssoziologie. Deren Hauptwerk mit dem programmatischen Titel „Die gesellschaftliche Konstruktion der Wirklichkeit" kann dazu verleiten, die Grundausrichtung misszuverstehen. Wie Plessner im Vorwort zu dieser Arbeit bemerkt, ist damit nicht *die Konstruktion der gesellschaftlichen Wirklichkeit* gemeint (Berger und Luckmann 1991, S. IX). Das Anliegen der Wissenssoziologie beschreibt Luckmann so, dass es darum geht aufzuzeigen, wie im individuellen Bewusstsein eine Welt entsteht und wie der Mensch sich eine Welt konstruiert und nicht darum, Merkmale der objektiven Welt zu erklären.

Die subjektive Definition der Situation

Eine der theoretischen Wurzeln liegt im Thomas-Theorem (vgl. 1.2). Die Entdeckung des Ehepaars Thomas besteht im Grunde darin, dass Menschen nicht nur aufgrund von objektiven Bedingungen handeln, sondern dass es auch eine Rolle spielt, wie sie diese Bedingungen wahrnehmen und wofür sie sie halten. Letzteres wird als Definition der Situation verstanden. In ihrem Aufsatz zu diesem

Problem warnen sie aber davor, die subjektive Definition in ihrer Geltung zu überdehnen (Thomas 1965, S. 113 ff). Es wird also nichts anderes behauptet, als dass Menschen Gegenstände, Handlungen mit Bedeutungen belegen und an diesen Bedeutungen, wenn sie diese in einer Situation wahrnehmen, ihr Handeln orientieren.

Für Schütz bestand das Problem nun darin, wie es überhaupt möglich ist, dass soziale Zusammenhänge dauerhaft entstehen können, da doch jedes Individuum über eine komplexe eigene und für andere unzugängliche kognitive Welt verfügt. Wie ist es also möglich, dass Menschen sich überhaupt wechselseitig verstehen und damit ihr Handeln sozial orientieren können? Dies wird auch als das Problem der Intersubjektivität bezeichnet. Die Stabilität sozialer Ordnung als Kernproblem, wird in diesem theoretischen Kontext als Problem des Verstehens zwischen den Akteuren formuliert. Soziale Ordnung wird von Schütz als Lebenswelt behandelt. Diesen Begriff übernimmt er von Husserl. Genau genommen wird der direkte Bezug der einzelnen Akteure zur sozialen Ordnung aber erst durch Luckmanns Überarbeitung erkennbar. Auf diesen Umstand macht eine der kritischen Arbeiten zur phänomenologischen Soziologie aufmerksam, die den Titel trägt: „Soziologie ohne Gesellschaft?" (Eickelpasch und Lehmann 1983)

Das Problem der Intersubjektivität

Wir finden in der phänomenologischen Soziologie einen denkenden Menschen, statt eines handelnden. Es gibt im Grunde keine Annahmen zum gegenständlichen Handeln. Stattdessen werden theoretische Annahmen darüber gebildet, wie aus Handlungsfolgen Kognitionen entstehen und wie sich diese Kognitionen auf die Konzeption des Handelns auswirken. Eine Sonderstellung nimmt in diesem Zusammenhang das Problem der Relevanz ein. Schütz ging es dabei darum zu erklären, wodurch unsere Aufmerksamkeit gelenkt wird. So ist es nicht unerheblich, welche der schier unüberblickbaren Informationen einer Situation dem Akteur tatsächlich bewusst werden. Die Aufmerksamkeit oder Relevanz ist als das Tor zu betrachten, durch das die Lebenswelt ins Bewusstsein eindringt. Wir kommen darauf zurück, inwiefern dies nicht nur ein psychologisches Problem ist.

Der denkende Mensch als Gegenstand der phänomenologischen Soziologie

Zusammenfassung

1. Theoretischer Schwerpunkt der phänomenologischen Soziologie ist das Individuum. Dies wird auch als egologischer Standpunkt bezeichnet.
2. Ein zweiter theoretischer Schwerpunkt besteht in der Beschäftigung mit der kognitiven Organisation des Individuums. Gegenstand der phänomenolo-

gischen Soziologie ist deshalb nicht ein handelnder, sondern ein denkender und wahrnehmender Mensch.

3. Das Grundproblem besteht darin, wie es trotz der komplizierten und latenten kognitiven Welt des Individuums möglich ist, andere Individuen zu verstehen. Dazu muss das Problem der Intersubjektivität gelöst werden.

4. Die Suche gilt allgemeinen Strukturen und Prozessen der individuellen kognitiven Welt, die allen Akteuren gemeinsam sind.

4.4.2   Das kognitive System des Individuums

Von Schütz werden drei kognitive Werkzeuge ausgearbeitet, die den geistigen Prozessen eines Menschen zugrunde liegen: Wissensvorrat, Relevanzsystem und Typik (vgl. Abbildung 20).

Die Arbeitsweise und die Inhalte dieser drei Werkzeuge müssen erlernt werden. Das heißt bei Schütz, sie sind zuerst problematisch. Später, wenn sie beherrscht werden und weitestgehend unbewusst zur Verfügung stehen, sind sie unproblematisch geworden. Daneben gibt es bei Schütz noch Grundelemente. Auf diese Grundelemente baut alle Erfahrung auf. Sie sind von An-

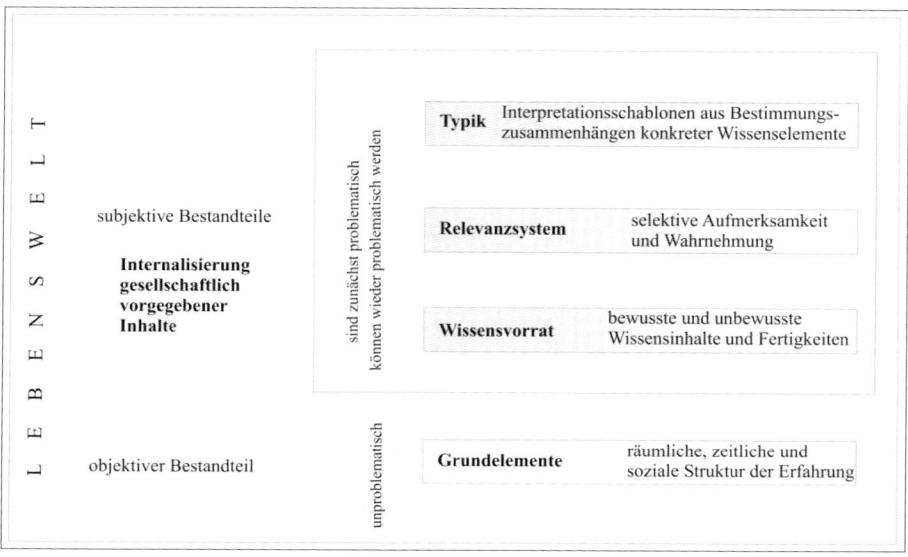

Abb. 20: Die kognitiven Werkzeuge des denkenden Menschen

fang an unproblematisch, d.h., sie werden nicht erlernt, sondern sie existieren unabhängig vom Menschen. Die Grundelemente sind eine objektive Struktur bzw. ein objektives Band zwischen den Individuen einer Lebenswelt. Sie bewirken die räumliche, zeitliche und soziale Strukturiertheit der Erfahrung.

Die Bezeichnung individueller Wissensvorrat weist bereits in der Wortwahl darauf hin, dass die Akteure sich mit Wissen bevorraten, denn schließlich ist ungewiss, auf welche Situationen sie treffen werden. Der Wissensvorrat selbst gliedert sich in verschiedene Bestandteile: Fertigkeiten, Gebrauchswissen, Rezeptwissen und schließlich konkrete Wissensinhalte. Dies ist eine Art Aufschichtung. Die ersten drei Schichten sinken im Laufe ihres Erlernens ins Unbewusste ab. Sie sind bereits im Abschnitt Habitualisierung (vgl. 3.3) erläutert. In Abbildung 21 sind diese Schichten noch einmal dargestellt. *Der Wissensvorrat*

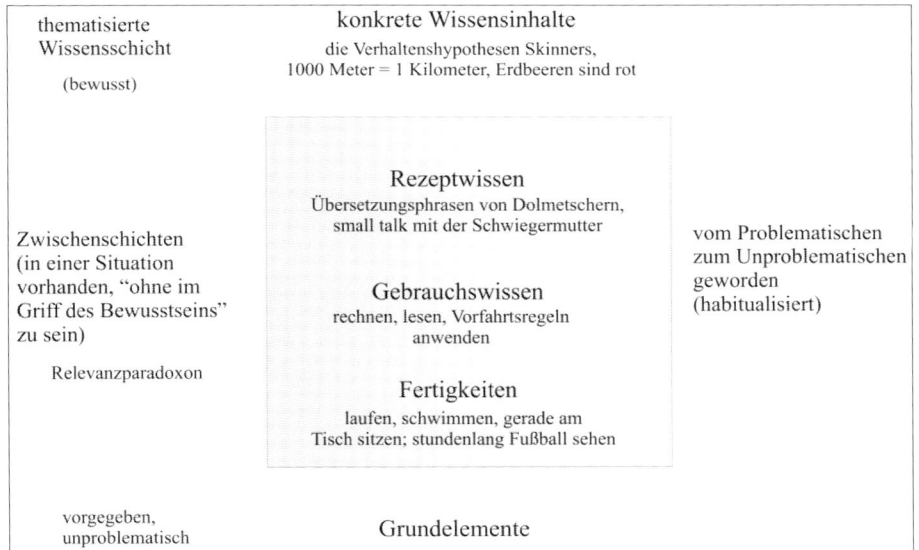

Abb. 21: Die Schichten des Wissensvorrats

Erst jetzt, nach diesen habitualisierten, unbewusst gewordenen Schichten des Wissens kommen unsere bewussten Wissensinhalte ins Spiel, wie z. B. bestimmte Fachausdrücke, der Satz des Pythagoras oder der Inhalt eines gelesenen Buchs.

Das Relevanzsystem beinhaltet den Mechanismus der Aufmerksamkeit (vgl. Abbildung 22). Die drei Ebenen des Relevanz- *Das Relevanzsystem* systems bauen in ihrem Funktionieren aufeinander auf. Das Relevanzsystem insgesamt kann man sich als eine Art Scheinwerfer vorstellen, mit dem ganz bestimmte Ausschnitte einer Situation erhellt werden und andere nicht. Dies ist vergleichbar mit der Wirkung des Framings[14] (Goffman 1989).

Die thematische Relevanz
Die thematische Relevanz bezieht sich darauf, dass sich unser Bewusstsein zu einem Zeitpunkt immer nur mit einem Thema beschäftigen kann (ein Thema ist relevant). Diese thematische Gebundenheit unseres Denkens filtert unsere Wahrnehmung. Von besonderer Bedeutung ist der Themenwechsel. Oftmals sind wir uns gar nicht bewusst darüber, dass wir Glück hatten und ein Themenwechsel stattfand. Wie durch ein Wunder wurde unser Bewusstsein neu auf etwas ausgerichtet, was in einer Situation von großer Bedeutung war.

Beispiel

Putzfrauen entsorgten wertvolle Fossilien

Los Angeles (rtr). Eine Putzkolonne in Los Angeles (Kalifornien) hat 3000 bis 300 000 Jahre alte Fossilien als Unrat weggeworfen und damit die Forschung von zwei Jahren zunichte gemacht. Überreste ausgerotteter Arten von Flaschenna-sen-Delphinen und Seelöwen wurden einfach in den Müll geworfen, abtransportiert und dabei völlig zerstört. Die Fossilien waren provisorisch in einer Schule nahe der Ausgrabungsstätte südlich von Los Angeles untergebracht worden.

Bei der Putzkolonne im Beispiel ist dieser Themenwechsel leider nicht eingetreten. Dadurch entstand ein irreparabler Schaden. Das Thema war Säuberung der Klassenräume. Alte Knochen, vielleicht Reste von Erde und anderes dieser Art haben auf den Tischen einer Schule nichts zu suchen. Ordnung und Sauberkeit herzustellen, ist die Aufgabe einer Putzkolonne oder mit Schütz ausgedrückt, ihr Thema während der Arbeitszeit.

Die Interpretationsrelevanz
Interpretationsrelevanz tritt auf, wenn nach einem Themenwechsel die Auslegungsrichtung (Was ist das? Welche Bedeutung hat

---

[14] Ein Frame (Rahmen) stellt eine Art Wahrnehmungsfilter dar, der durch eine dominante Einstellung des Akteurs maßgeblich beeinflusst ist.

es?) nicht routinemäßig ablaufen kann, weil zwei Auslegungsrichtungen möglich, aber unverträglich sind. Der Akteur muss dann herausfinden, welcher Auslegung er folgt. Auf diese Art können auch neue Bedeutungszuweisungen entstehen.

Beispiel ━━━━━━━

Airbus wegen Banane umgekehrt

Im zweiten nebenstehenden Beispiel wäre auch ein Handy, wenn nicht gar die Banane in der Hosentasche des anderen Passagiers als Auslegungsrichtung in Frage gekommen. Alle anderen Passagiere haben wahrscheinlich diesen Umstand überhaupt nicht bemerkt. Unser Mitpassagier aber entschied sich für eine Pistole und löste damit Luftpiratenalarm aus.

Paris (rtr). Weil ein Passagier in der ausgebeulten Hosentasche eines Mitreisenden eine Waffe vermutete, gab der Pilot eines französischen Airbus gestern auf dem Flug nach Malaga Luftpiratenalarm und kehrte nach Paris zurück. Auf dem Flughafen Orly hatte sich die Polizei auf das Schlimmste vorbereitet, stellte aber fest, daß der verdächtige Passagier nur eine Banane als Zusatzproviant in der Hosentasche hatte.

Dies führt nun direkt zur Motivationsrelevanz. Diese wirkt in die beiden anderen Relevanzen hinein und stellt den Bezug zum Lebenslauf bzw. Lebenssinn her. Über Weil-Motive geschieht dies biografisch. Es könnte sein, dass der Fluggast im obigen Beispiel bereits einmal in einer entführten Maschine saß oder einer seiner Angehörigen. Dies beeinflusst sowohl die thematische als auch die Interpretationsrelevanz. Er ist dann vorsichtiger und neigt zur gefahrvollen Auslegung.

Motivationsrelevanz: Weil-Motiv

Um-zu-Motive richten sich auf die Zukunft. Um ein relevantes Ziel zu erreichen, kann es geschehen, dass sich die anderen Relevanzen unterordnen müssen. Es hätte auch sein können, dass unser Passagier einen sehr wichtigen persönlichen Termin in Malaga hat, den er unter keinen Umständen verpassen will. Unter der Wirkung eines solchen um-zu-Motivs hätte sich seine Auslegungsrichtung auch auf eine Banane hin bewegen können, getragen von der Hoffnung, dass alles gut wird.

Um-zu-Motiv

Der Wechsel der thematischen Relevanz und das Auftreten zweier Auslegungsrichtungen können sowohl bewusst, also motiviert geschehen als auch erzwungen sein. Im erzwungenen Fall drängt sich ein Themenwechsel von außen auf. Dies kann durch den veränderten Ablauf einer Situation, wodurch eine Routine durchbrochen wird, geschehen.

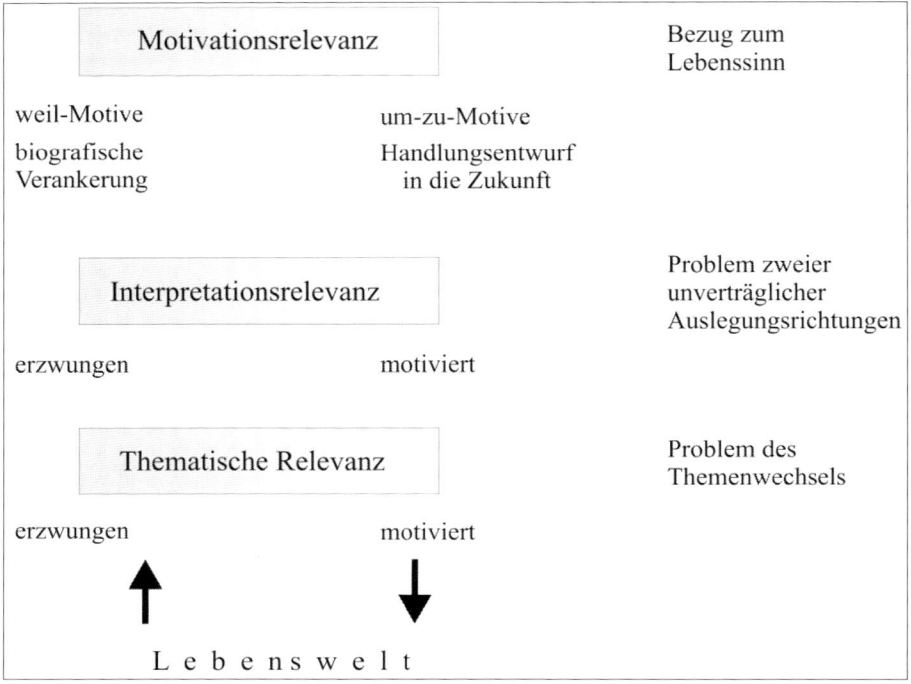

Abb. 22: Das Relevanzsystem als kognitiver Selektionsmechanismus

Die Typik   Die Typik ist eine Art kognitive Schablone mit der Zusammenhänge zwischen Wissenselementen bestimmt werden. Dabei werden
alle irrelevanten Bestimmungsmöglichkeiten, die noch denkbar
sind, unterdrückt. Die Art und Weise der Entstehung und Anwendung solcher Typiken ist außerordentlich kompliziert. Im Zusammenhang mit der Entwicklung künstlicher Intelligenz wird heute
versucht, solche Prozesse zu modellieren. Mit der Typik verbinden
sich Methoden des Erkennens als Wiedererkennen oder Bestimmen. Beim Wiedererkennen ist etwas bereits vertraut. Nachbars
Hund oder das Formular vom Finanzamt sind Objekte, die wie-
dererkannt werden. Fremde Hunde werden der Typik Hund durch
Bestimmung zugeordnet, auch wenn sie noch so weit von Nachbars Hunderasse entfernt sind. Öffentliche Gebäude, wie z. B.
Krankenhäuser, Kirchen, Schulen erkennt man (sofern aufgrund
Modernität nicht die klassischen Bauprinzipien verlassen werden)
auch in einer fremden Stadt meist auf Anhieb als solche. Hier wird
die Methode des Bestimmens eingesetzt. Dabei werden automa-

tisch die einzelnen Elemente einer Schablone abgeglichen. Auch wenn das Alter einer Person geschätzt wird, werden ganz bestimmte Elemente der Altersschablone bewertet (Körperhaltung, Haare, Haut usw.). Aus diesem Stoff sind auch die Stereotype, die im Alltag angewendet werden. Typiken sind also konservierte Zusammenhänge zwischen verschiedenen kognitiven Elementen.

Alle drei Werkzeuge bilden zusammen das Grundgerüst der individuellen kognitiven Welt. Über ihre Inhalte werden sowohl der Sozialisationsprozess als auch die Lösung des Problems der Intersubjektivität begründbar.

Zusammenfassung

1. In der phänomenologischen Soziologie werden allgemeine Elemente und Zusammenhänge der kognitiven Organisation begründet. Diese bestehen aus dem Wissensvorrat, dem Relevanzsystem und den Typiken.

2. Im Prozess der Sozialisation erlernen Akteure Fähigkeiten, Gebrauchswissen und Rezeptwissen. Auf dem Weg des routinemäßigen Gebrauchs habitualisieren sich die Wissenselemente. Abhängig von der kulturellen Spezifik einer Lebenswelt sind diese insofern, als die Lebenswelt und ihre Institutionen vorgeben, welcher Art diese Wissenselemente sind (z. B. Lesen und Schreiben oder Spurensuchen; Radfahren oder Tauchen usw.).

3. Das Relevanzsystem steuert die Aufmerksamkeit des Akteurs. Sie filtert die Informationen einer Situation nach den Vorgaben des Themas und der anderen kognitiven Elemente. Der genaue Mechanismus des Themenwechsels, das Warum etwas in die Aufmerksamkeit gelangt (Problem der Relevanz), ist bei Schütz nicht genau expliziert.

4. Die Typiken kombinieren Wissenselemente zu einem Ganzen. Dabei werden für einen jeweiligen Typ irrelevante Zusammenhänge unterdrückt. Zu einem Pkw-Typ gehören Räder, Lenkrad, Karosse, Scheiben usw. Dagegen sind Motorenart oder Farbe der Sitze irrelevant für die Typbestimmung Pkw.

5. Im Erlernen kognitiver Elemente in der Sozialisation kommt es zu Habitualisierungen. Eine Fertigkeit z. B. ist so lange problematisch, wie sie noch nicht fehlerfrei ausgeführt werden kann und durch das Bewusstsein kontrolliert werden muss. Wenn sie beherrscht wird und automatisch ausgeführt werden kann, dann ist sie unproblematisch (habitualisiert).

Die Generalthese der wechselseitigen Perspektiven als Lösung des Problems der Intersubjektivität   4.4.3

Die Generalthese der wechselseitigen Perspektiven beinhaltet erstens die Idealisierung der Vertauschbarkeit der Standpunkte zwischen den Individuen in einer Interaktion und zweitens die

Die Vertauschbarkeit der Standpunkte und die

Kongruenz der
Relevanzsysteme

Kongruenz der Relevanzsysteme (Schütz und Luckmann 1991, S. 88 f).

Im Grunde ist die Lösung des Problems der Intersubjektivität recht einfach. Benötigt wird erstens eine gleichmäßige Verteilung von Wissen zwischen den interagierenden Akteuren einer Lebenswelt und zweitens müssen die Inhalte ihrer Relevanzsysteme übereinstimmen. Wenn man also in einer fremden Stadt zum ersten Mal einen Supermarkt betritt und schließlich an der Kasse steht, dann läuft alles so automatisch ab, wie immer, obwohl die konkrete Situation noch nie erlebt wurde. Kassiererin und Kunde wissen, dass es sich um eine Verkaufs- (oder Kauf-)situation handelt (Kongruenz der thematischen Relevanz). Sie wissen ferner, dass mit Geld statt mit Naturalien bezahlt wird und normalerweise der Preis nicht verhandelt wird. Es ist auch klar, wer wem das Geld gibt (Kongruenz der Wissensinhalte). So klar uns diese Interaktion auch erscheint. Sie ist eine kulturelle Konstruktion, die erlernt werden muss. Kaufsituationen in anderen Kulturen können andere Elemente beinhalten. Die Generalthese der wechselseitigen Perspektiven weist große Ähnlichkeit zu Garfinkels Hintergrundverstehen auf. Garfinkel (der Begründer der Ethnomethodologie) beschreibt diesen Vorgang wie folgt: „According to Schutz, the person assumes, assumes that the other person assumes as well, and assumes that as he assumes it of the other person the other person assumes the same for him." (Garfinkel 1964, S. 237).

Der subjektive und
der soziale Bereich
der kognitiven
Welt des
Individuums

Die kognitive Welt des Individuums umfasst zwei Bereiche. Ein Bereich existiert als rein individuelle subjektive Welt des Akteurs. Zu ihr hat nur das Individuum selbst Zugang. In diesem Bereich vollziehen sich die umfassenden kognitiven Betätigungen des Individuums: Traum, Fantasie, Auseinandersetzung mit der Vergangenheit, kognitives Experimentieren, Antizipation. Diese von der Alltagswelt getrennten Sinnprovinzen bleiben für andere Akteure unverstehbar. Der zweite Bereich geht aus Sozialisationsprozessen hervor. In ihm sind der Wissensvorrat, die Relevanzen und die Typiken organisiert, die in einer Lebenswelt gelten. Über diesen zweiten Bereich müssen alle Individuen eines sozialen Zusammenhangs verfügen (vgl. nächster Abschnitt). Aufgrund dessen sind nun die Akteure in der Lage sich zu verstehen, wie es in der Generalthese der wechselseitigen Perspektiven angenommen wird. Der durch die Lebenswelt vorgegebene Sinnsetzungsprozess bildet demnach einen eigenen kognitiven Bereich im Bewusstsein, aufgrund dessen sich die Akteure verstehen können.

Das Verstehen des Bewusstseinsprozesses anderer Akteure ba- | Verstehen als
siert also auf *Selbstauslegung*. Der eigene Bewusstseinsprozess | Projektionsleis-
wird generalisiert und der fremde Erlebnisstrom wie der eigene | tung
interpretiert. Anders ausgedrückt: Nur was man selbst kognitiv
nachvollziehen kann, lässt sich verstehen. Verstehen ist also eine
Projektion. Sie kann allerdings nur gelingen, wenn die Voraussetzungen dafür durch entsprechende Sozialisationsprozesse erfüllt
sind.

Zusammenfassung

1. Die kognitive Welt des Individuums besteht aus zwei mehr oder weniger voneinander abgegrenzten Bereichen; einem der rein individuellen Subjektivität,
   die nur dem Individuum selbst zugänglich ist. Sie ist für andere nicht versteh-
   bar.
2. Der andere Bereich entsteht aus der Internalisierung der geltenden Bedeutungen und des Wissens einer Lebenswelt.
3. Nur bei erfolgreicher Sozialisation kann eine kognitive Basis entstehen, welche
   als Brücke des Verstehens zwischen den Individuen fungiert.
4. Die Generalthese der wechselseitigen Perspektiven geht von der Vertauschbarkeit der Standpunkte (Kongruenz der Wissensvorräte) und der Kongruenz der
   Relevanzsysteme aus. Dadurch wird Verstehen als kognitive Selbstauslegung
   möglich.

Sozialisation als soziale Verteilung von Wissen und Relevanz   4.4.4

Die Erzeugung einer kognitiven Kongruenz zwischen den Indivi- | Natürliche
duen einer Lebenswelt erfordert erstens eine gleichmäßige soziale | Einstellungen
Verteilung von Wissen und Relevanz sowie zweitens die Habitualisierung des Relevanzsystems. Letzteres ist eine grundlegende
Voraussetzung, um einen alltagsweltlichen Fluss der Routinen zu
ermöglichen. Dies wird von Schütz auch als natürliche Einstellung oder *Denken wie üblich* bezeichnet. Der Grad der Habitualisierung ist in diesem Fall so hoch, das diese Inhalte als ebenso
selbstverständlich wie natürlich angesehen werden. Diese „natürlichen" Annahmen gelten so lange wie:
   * das soziale Leben immer so sein wird, wie es war,
   * wir uns auf das Wissen verlassen können, das durch unsere
     Eltern, Lehrer und Tradition überliefert wurde,
   * es genügt, etwas über den Typus der Ereignisse zu wissen, die
     uns begegnen, um sie zu handhaben und zu kontrollieren und

＊ diese Rezepte nicht unsere private Angelegenheit sind, sondern in gleicher Weise von unseren Mitmenschen akzeptiert
und angewandt werden (Schütz 1972, S. 58 ff).

Sobald sich diese „natürlichen" Annahmen nicht mehr bewähren,
entsteht eine Krisis, die als problematische Situation bezeichnet
wird.

Identifikation mit | Die Ausführungen von Schütz wurden von Berger und Luck-
einem signifi- | mann durch einen Interaktionsmechanismus erweitert. Dabei
kantem Anderen | lehnen sie sich an die Begrifflichkeit von Mead an (1995). Die
Grundlagen der beiden Sozialisationsphasen sind in 2.2 dargestellt. In den Interaktionen begegnen dem Individuum signifikante Andere. In der Primärsozialisation sind dies normalerweise
die Eltern. Die Herausbildung der ersten Identität geschieht durch
Identifikation mit einem signifikanten Anderen. Dies ist ein bereits vertrauter Vorgang (wir haben sie z. B. in Freuds Lösung des
Ödipusproblems angetroffen). Zu einem signifikanten Anderen
besteht ein besonderes Vertrauensverhältnis. Durch dieses Verhältnis wird die Übernahme der sozialen Realität (Wissen und
Relevanz) entscheidend bestimmt.

Des Weiteren gibt es sonstige Andere. Damit sind Personen
gemeint, die mehr oder weniger flüchtig in Interaktionen eintreten
können oder einfach nur eine Art Hintergrund darstellen. Dies
kann durchaus wichtig werden, z. B. bei Fragen der Mode, Kunst-
rezeption, Interpretation politischer Ereignisse. Über die sonstigen
Anderen nehmen wir z. B. die öffentliche Meinung wahr.

Der generalisierte Andere schließlich ist keine Person, sondern
das Produkt einer Verallgemeinerung der Anwendung kognitiver
Elemente zu etwas Regelhaftem, einer Norm. Diese Fähigkeit
wird in der Primärsozialisation erlernt. Wir hatten diesen Prozess
im Mechanismus von Parsons bereits kennengelernt (vgl. 3.4).
Das Individuum lernt aus einzelnen Handlungen und den Reaktionen der signifikanten Anderen darauf, die Norm, die dahinter
steht, zu entdecken. Dieser generalisierte Andere erscheint in der
kognitiven Welt als „man". Bei Berger und Luckmann findet sich
das einfache Beispiel des Übergangs von „ich soll meine Suppe
nicht verschütten" zu „man verschüttet seine Suppe nicht".

Allgemein- und | Die Gerichtetheit der Sozialisation ist durch die kognitive Kom-
Sonderwissen | plexität der Alltagswelt bedingt. Diese wiederum wurzelt in der
Differenziertheit der Lebenswelt. Daraus folgt die Unterscheidung zwischen Allgemein- und Sonderwissen (Schütz und Luckmann 1991, S. 365 ff).

Allgemeinwissen ist Wissen, das für jedermann wichtig ist, weil
es zur Ausführung der Alltagsroutinen benötigt wird. Seine Ver-

mittlung ist institutionell gesichert. Das fundamentale Erfordernis des Zusammenhangs der Lebenswelt besteht darin, dass dieses Wissen gleichmäßig unter den Individuen verteilt ist.

Das Sonderwissen entsteht aus Rollendifferenzierungen in der Lebenswelt. Je komplexer diese Differenzierung ist, desto umfangreicher und differenzierter ist das Sonderwissen insgesamt. Zu den historisch frühen Rollendifferenzierungen gehören Geschlechterrollen. In deren Ausführung generiert sich spezielles Wissen, das nicht gleichmäßig zwischen den Individuen einer Lebenswelt verteilt ist.

Wissen bezieht sich auch auf Relevanz. Während Wissen die Frage beantwortet, was ist das? Oder, was bedeutet das? wird durch Relevanz entschieden, wann welches Wissen oder Wissensschema (Typik) anzuwenden ist. Die Erzeugung von Wissen steht also mit der Erzeugung von Relevanz in Beziehung.

Was Allgemeinwissen ist, folgt aus der Beschaffenheit der Lebenswelt, d.h., welche Problemlösungen in den Interaktionen im Alltag für alle Individuen bedeutsam sind. Damit hängt auch die Relativität dessen, was als Allgemein- oder Sonderwissen bezeichnet wird, zusammen. So verweisen Schütz und Luckmann darauf, dass z. B. pragmatische Kenntnisse des Pflanzenklassifikationssystems zum Allgemeinwissen von Nomadenstämmen gehören. Demgegenüber ist Lesen und Schreiben aber Sonderwissen. In modernen Gesellschaften dagegen können manche Städter Schnittlauch nicht von Porree unterscheiden, wenn sie nicht gerade Köche oder Biologielehrer sind. Viele Kenntnisse über Pflanzen sind zum Sonderwissen geworden, weil dieses Wissen für die Alltagsroutinen mehr oder weniger irrelevant ist. Dagegen ist Lesen und Schreiben nun Alltagswissen.

Der Wandel von Allgemein- und Sonderwissen

Eine zweite Tendenz besteht in der Relation des Umfangs zwischen Allgemein- und Sonderwissen. Je höher die Differenzierung der Rollenstruktur in der Lebenswelt ist, desto mehr Sonderwissen wird erzeugt. Dies wird als komplexe soziale Verteilung des Wissens bezeichnet. Demzufolge sinkt der Anteil des Allgemeinwissens im gesellschaftlichen Wissensvorrat, während der Anteil des Sonderwissens steigt. Immer mehr Menschen werden deshalb auf immer mehr Gebieten zu Laien und benötigen Experten für die Lösung von Alltagsproblemen. Dies birgt zunehmende Probleme im Verstehen zwischen den Individuen. Denn Verstehen hängt von der tatsächlichen Überschneidungsmenge von Wissen und Relevanz zwischen den Individuen ab. Je geringer diese Überschneidungsmenge, desto umfangreicher werden Verständigungsprobleme (Generalthese).

Zusammenfassung

1. „Natürliche" Einstellungen oder „natürliche" Annahmen über das Funktionieren der Alltagswelt sind Ergebnisse der Sozialisation. Durch Habitualisierung werden kognitive Inhalte in einen unbezweifelten Status gehoben.

2. Sozialisation wird von Interaktionsprozessen getragen. Einen besonderen Einfluss auf die Ausbildung der subjektiven Realität haben die signifikanten Anderen, deren subjektives Verstehen der Lebenswelt in der primären Sozialisation internalisiert wird.

3. Die Erzeugung von Wissen basiert auf der Lösung typischer Probleme des Alltagshandelns. Alltagshandeln folgt sozialen Rollen. Je differenzierter die Rollenstruktur ist, desto differenzierter ist das erzeugte Wissen.

4. Die soziale Verteilung des Wissens wird als einfach bezeichnet, wenn die Differenzierung der Rollen gering ist. Dann ist der Anteil des Allgemeinwissens im subjektiven Wissensvorrat hoch.

5. Eine komplexe soziale Verteilung des Wissens liegt bei einer hoch differenzierten Rollenstruktur vor. Diese wirkt sich dahingehend aus, dass der Umfang des Sonderwissens im gesellschaftlichen Wissensvorrat steigt.

4.4.5   Die kognitive Beziehung von Individuum und Gesellschaft

Der Zusammenhang von subjektivem und gesellschaftlichem Wissensvorrat

Wir haben gesehen, dass es einen gesellschaftlichen Wissensvorrat und subjektive Wissensvorräte gibt. Die Frage ist nun, in welchem Zusammenhang diese Wissensvorräte stehen und wann neues Wissen entsteht. Zum einen wird der gesellschaftliche Wissensvorrat durch die Individuen erzeugt. Zum anderen aber ist der subjektive Wissensvorrat der Individuen durch den gesellschaftlichen Wissensvorrat geprägt. Die Lösung dieses Widerspruchs durch Berger und Luckmann (Abbildung 23) ist kongruent mit der Idee des Makro-Mikro-Makro-Link. Zugleich wird finden wir hier den Standpunkt der Gleichursprünglichkeit und wechselseitigen Erzeugung von Mensch und Gesellschaft, wie er im Abschnitt 1.1 erläutert wird, ausgeführt. Darüber hinaus erweitern Berger und Luckmann die phänomenologische Soziologie von Schütz um nichtkognitive Elemente. Selbst wenn die Kognitionen dominant bleiben, so wird stärker ein handelnder und nicht nur denkender Akteur zugänglich.

Die Akteure externalisieren beständig durch ihr Handeln, Wissen und Relevanz. Durch diese Erfahrungen baut sich ein Teil ihres subjektiven Wissensvorrats auf. Dieses Wissen ist an den eigenen Lebensvollzug gebunden.

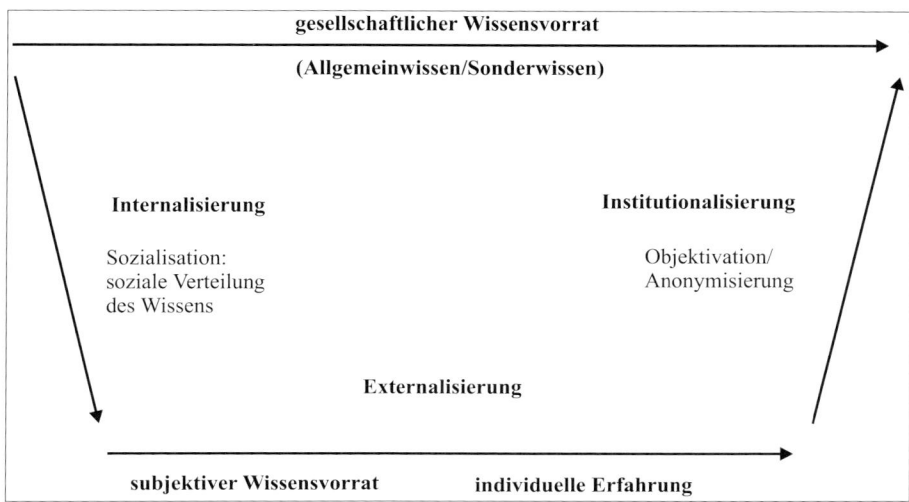

Abb. 23: Der Zusammenhang von gesellschaftlichem und subjektivem Wissensvorrat

Der entscheidende Teil für das lebensweltliche Verstehen in Interaktionen und damit auch der überwiegende Teil des subjektiven Wissensvorrats wird jedoch aus dem gesellschaftlichen Wissensvorrat durch Sozialisation übernommen. Entscheidend ist für das theoretische Verständnis aber, dass der gesellschaftliche Wissensvorrat ausschließlich durch die Externalisierungen der Individuen zustande kommt. Wissen und Relevanz werden durch die Lösung von (Bestimmungs-)Problemen erzeugt. Solche Probleme der Bestimmung von Bedeutungen können in Alltagssituationen auftreten. Die Individuen erzeugen im Rahmen der Lösung eines (kognitiven) Alltagsproblems Wissen. Konsequenterweise markieren Berger und Luckmann dies als Feststellung, dass der Mensch sich selbst produziert (Berger und Luckmann 1994, S. 52). Mit anderen Worten: Die Inhalte der Internalisierungen sind Produkte vorherig menschlicher kognitiver Tätigkeit. Dabei handelt es sich um anonymisierte Erfahrungen. Durch die Aggregation werden diese individuenbezogenen Erfahrungen zu objektivierten Lösungen von Problemen, die für jedermann bedeutsam sind. Im spontanen Prozess der Objektivierung werden die Erfahrungen gefiltert. Nicht alle Problemlösungen können sich durchsetzen. Dabei kann man von einem Prozess der Institutionalisierung sprechen. Diese kognitiven Lösungen stellen wie Normen regelhafte Festlegungen dar.

Dann kehren diese Lösungen zurück auf die Akteursebene als etwas Fremdes und Objektives und werden von den Akteuren einer Lebenswelt internalisiert, wodurch sie in der Lage sind, sich wechselseitig zu verstehen und Handlungszusammenhänge zu bilden und zu festigen.

Wie entsteht neues Wissen?

Der Zusammenhang zwischen subjektivem und gesellschaftlichem Wissensvorrat führt zu der Frage, wie entsteht neues Wissen? Zwei Arten von Situationen können im Alltag unterschieden werden: Eine Situation kann unproblematisch oder sie kann problematisch sein. Im ersten Fall reicht der subjektive Wissensvorrat der Akteure aus, um eine Situation zu definieren, d.h., Relevanz und Wissen können routinemäßig angewandt werden. Die Lebenswelt der Akteure ist in diesem Fall hinreichend bestimmt bzw. institutionalisiert. Die sozial bestimmte Welt ist aber auch Gegenstand von Versuchen, Bedeutungen zu verändern. Weiterhin kann nach Schütz jederzeit Unbestimmtes in eine Situation plötzlich einbrechen und deren routinehaften Ablauf ins Stocken bringen. Jede Situation besteht demnach aus offenen und auferlegten Elementen. Während die auferlegten (geltenden) eine Situation in ihrer Bedeutung vorstrukturieren und festlegen, bezeichnen die offenen Elemente deren Gestaltbarkeit. Die soziale Bestimmung der Lebenswelt wird also erstens durch aktive Akteure ausgehandelt und zweitens kann sie durch das unerwartete Auftreten nicht mit Bedeutung belegter Ereignisse mehr oder weniger erheblich gestört werden.

Zwei Wege aus problematischen Situationen

Zwei Wege können in einer problematischen Situation grob unterschieden werden, um das Bedeutungsproblem zu lösen: das Aushandeln eines Konsenses zwischen den konfligierenden Gruppen oder Akteuren oder das Anrufen von „Schlichtern" z. B. Gerichte. Diese entscheiden dann die Frage: Was ist passiert? Welche Bedeutung liegt vor?

Anders ging ein solcher Fall in der Bundesrepublik aus, als der Bundesärztekammer-Präsident Vilmar in Anbetracht der Vorschläge zur Gesundheitsreform im Jahre 1998 mit der Bedeutungssetzung Ironie in einem Interview sinngemäß äußerte: Wenn die Patienten mit weniger ärztlicher Leistung zufrieden sein müssen, dann müssen die Ärzte überlegen, ob diese Zählebigkeit anhalten kann oder ob wir das sozialverträgliche Frühableben fördern müssen. Ironie und etwas schärfer Sarkasmus sind durchaus übliche Formen des Protests. Vilmar protestierte aus seiner subjektiven Sicht gegen die Forderung, mit weniger Budget mehr Leistungen zu erbringen. Die Reaktionen waren heftig und vielfältig. U.a. ist das sozialverträgliche Frühableben zum Unwort

Im ersten Beispiel geht es um pragmatische Schweden. Die öffentliche Diskussion entzündet sich daran, ob Verstorbene die Bedeutung von Brennstoffen haben können oder ob eine sakrale Bedeutung alle anderen Bedeutungszuweisungen ausschließt. Dazu können Gerichte angerufen werden, um festzustellen, ob eine Übertretung strafrechtlicher Normen stattfindet (z. B. Gotteslästerung oder Störung der Totenruhe).[15] Gerichte definieren häufig in modernen Gesellschaften im dogmatischen Sinn die Bedeutung von Handlungen. Der andere Weg ist der öffentliche, meist durch Medien oder Schlichtungsgremien vermittelte Diskurs, um eine Einigung über die Bedeutung auszuhandeln.

Beispiel

Schweden diskutieren um Wärme aus Krematorium

Stockholm (rtr). Die Krematorien Helsingborg und Boras haben in Schweden eine heftige Diskussion ausgelöst, ob mit der Verbrennungswärme von Toten Wohnungen beheizt werden dürfen. Der Tageszeitung „Expressen" sagte der Helsingborger Pastor Lennart Nilsson, an einem kalten Novembertag müßten sich die Verwandten schon fragen, „ob Tante Astrid ihr Haus wärmt". Das Krematorium liefert Wärme für Wohnungen von 60 000 Menschen.

Exkurs

Der Werberat als Vermittler der Bedeutungsaushandlung:

Ein komplexes Feld solcher Auseinandersetzungen um Bedeutung ist in der modernen Gesellschaft die Werbung. In vielen westlichen Ländern gibt es deshalb ein vorgerichtliches Gremium, das in Streitfällen schlichten soll. In der Bundesrepublik ist dies der Werberat als eine selbstdisziplinäre Organisation. Ein Blick auf dessen Homepage lohnt sich. Im Jahre 2006 wurden z. B. 1116 Eingaben behandelt. Stellt der Werberat fest, dass die Beschwerde berechtigt ist, dann rät er dem Werber, die Werbung zurückzuziehen. Schlimmstenfalls kann eine Rüge ausgesprochen werden. Das Tadeln des Werberats kann auf eine hohe Wirksamkeit verweisen: In seiner Tätigkeit seit Gründung 1972 wurden reichlich 2000 Werbekampagnen eingestellt oder geändert und 71 öffentliche Rügen erteilt.

---

[15] Beides sind z. B. in der Bundesrepublik Straftatbestände. Im Jahre 2006 prüfte die Staatsanwaltschaft Düsseldorf, ob die Bühnenshow der Sängerin Madonna (!) „Life To Tell" möglicherweise den Straftatbestand der Gotteslästerung erfüllt.

Beispiel

Plakate mit Rentnerleichen sind nicht anstößig

London (dpa). Plakate und Anzeigen, mit denen auf die Armut britischer Rentner hingewiesen wurde, haben nicht gegen deren Würde verstoßen. Zu diesem Schluß kam die britische Werbeaufsicht. Auf der Abbildung waren Tote im Leichenhaus mit der Aufschrift abgebildet: „Tausende ältere Menschen werden in diesem Winter nicht mehr frieren." Die Organisation „Helft den Alten" hatte die Plakate mit der „schockierenden Zahl von Kältetoten" begründet. Zeitungen hatten die Anzeigen verweigert.

Im nebenstehenden Beispiel entschied der britische Werberat, dass die Bedeutung der Werbekampagne nicht gegen die Würde verarmter alter Menschen verstößt. Entschieden wurde im Grunde darüber, ob der Bedeutung nach Ironie oder Sarkasmus vorliegen oder die Werbebotschaft wörtlich und diskriminierend zu verstehen ist.[16]

des Jahres 1998 gewählt worden. Es soll auch eine Anzeige wegen öffentlichen Aufrufs zu Straftaten gestellt worden sein; ferner wurden Bedeutungszusammenhänge zum nationalsozialistischen Sprachgebrauch hergestellt. In manchen Repliken dazu wird die Meinung vertreten, dass viele Menschen die Ironie nicht verstanden hätten. Das ist eher eine unzutreffende Auffassung. Hier wurde von Interessengruppen ausgehandelt, ob im vorliegenden Zusammenhang Ironie angewendet werden darf oder nicht. Letztlich hat sich im öffentlichen Diskurs die Definition durchgesetzt, dass dies in diesem Fall nicht sein darf. Vilmar trat nicht wieder zur Wahl an. Das Deutsche Ärzteblatt dankte ihm 1999 dafür, dass er die Meinungsfreiheit auch gegen Widerstände verteidigt hat.

Wir sehen an diesen Beispielen, dass die Modifikation der phänomenologischen Soziologie durch die Wissenssoziologie dazu geführt hat, dass diese Theorie nicht mehr nur auf sich wechselseitig verstehende kognitive „Monaden" anwendbar ist. Die Auseinandersetzungen um Bedeutungen können als Teil der sozialen Praxis mit objektiven Konsequenzen theoretisch gefasst und analysiert werden. Eine Grundlage dieser Auseinandersetzungen sind stets die in den Wissensvorräten internalisierten Wissens-

---

[16]   Dies entspricht dem Grundschema von Thomas. danach ist zunächst zu entscheiden, ob eine Situation real, ironisch oder der Phantasie (Traum) zuzurechnen ist. Bei Schütz findet man ähnliche Differenzierungen als Sinnprovinzen.

elemente und Relevanzsysteme. Um deren Konservierung oder Modifikation geschehen zwischen Akteuren Aushandlungen, die sehr konfliktreich sein können.

Zusammenfassung

1. In der Wissenssoziologie werden Akteurs- und Aggregatebene auf der Grundlage kognitiver Bestimmungen behandelt. Die geschieht in Gestalt des Zusammenhangs von subjektivem und gesellschaftlichem Wissensvorrat.

2. Die Beziehung zwischen diesen Wissensvorräten geschieht durch Objektivation (Lösung des Problems der Aggregation) und durch Sozialisation (Lösung des Problems der Situation).

3. Die Akteure generieren in ihrem Alltagshandeln kognitive Schemata und Relevanzen. Wenn sich diese bewähren, gehen sie in ihren subjektiven Wissensvorrat ein und habitualisieren sich (Selbstsozialisation).

4. Wenn sich diese Lösungen nicht nur in einzelnen Interaktionen bewähren, sondern für eine Lebenswelt oder allgemeiner, eine soziale Ordnung Geltung erlangen, dann lösen sie sich von den konkreten ursprünglichen Interaktionszusammenhängen und objektivieren zu kognitiven Institutionen. Dabei trennen sich diese Lösungen vollständig von den Individuen, die sie hervorgebracht haben (Anonymisierung).

5. Durch Sozialisation werden Wissen und Relevanz in einer Lebenswelt verteilt.

6. Der überwiegende Teil des Wissens im subjektiven Wissensvorrats ist sozialisiert.

7. In einer problematischen Situation, in der die routinehaften Lösungen angezweifelt werden oder nicht anwendbar sind (unintendierte Dominanz von offenen, unbestimmten Elementen einer Situation), versuchen Akteure vorhandene Bedeutungen zu modifizierten oder neuen Bedeutungen Geltung zu verschaffen. Dies geschieht durch Aushandlungsprozesse.

Literatur

Schütz, Alfred und Thomas Luckmann, *Strukturen der Lebenswelt*. Bd. 1. Frankfurt a.M. 1991.

Schütz, Alfred, *Der Fremde*, in: Ders., Gesammelte Aufsätze, Den Haag, 1972, Bd. 2, S. 53-69.

Abels, Heinz, *Interaktion, Identität, Präsentation*, Wiesbaden, 2007.

Berger, Peter L., Luckmann, Thomas, *Die gesellschaftliche Konstruktion der Wirklichkeit. Eine Theorie der Wissenssoziologie*, Frankfurt a.M., 1991.

Esser, Hartmut, *Alltagshandeln und Verstehen*, Tübingen, 1994.

Welz, Frank, *Kritik der Lebenswelt*, Opladen, 1996.

4.5   Klassenkultur und Sozialisation: feine Unterschiede

4.5.1   Das Kapital der Akteure

Pierre Bourdieu (1930-2002) hinterlässt ein umfangreiches und durch Brüche und Inkonsistenzen gezeichnetes Gesamtwerk. Das ist nichts Ungewöhnliches für ein produktives und über Jahrzehnte währendes Forschen. Ähnliches trifft auf Parsons wie auch Elias zu. Für eine Beschäftigung mit dem Gesamtwerk empfehlen sich inzwischen gut fundierte Arbeiten (Bohn 1991, Rehbein 2006 und Schwingel 1998).

Vorbehalte gegenüber dem Begriff „Kapital" Von Bedeutung für die folgenden theoretischen Zusammenhänge ist der Begriff des Kapitals. Der Kapitalbegriff wird normalerweise mit einem ökonomischen Geschehen verbunden. Wem fallen in diesem Zusammenhang nicht Karl Marx oder Begriffe wie Profit, Wirtschaftsunternehmen, Investition usw. ein? In der Rational Choice Theorie ist der Kapitalbegriff ebenfalls selbstverständlich. Aber auch in der Demografie wird er seit geraumer Zeit verwendet. Dort bezeichnet das Humankapital das Bildungsvolumen einer Bevölkerung. Auf diese Weise werden z. B. internationale Vergleiche oder aber auch die systematische Untersuchung von Investitionen in Bildung und deren Wirkung auf die Entwicklung der Wirtschaft, die Zahl der Patente usw. möglich. Es lässt sich aber auch eine tiefsitzende Aversion des moralischen Bewusstseins gegenüber allem, was mit Geld zu tun hat, beobachten (der Mammon aus dem christlichen Kontext). Deshalb ist bei einer Erweiterung der Anwendung des Kapitals auch mit kritischen Einwänden zu rechnen. So wurde z. B. Humankapital zum Unwort des Jahres 2004 gewählt. Wissenschaftstheoretisch ist diese Aufregung kaum verständlich, denn Begriffe können weder wahr noch falsch, noch moralisch oder unmoralisch sein. Sie sind lediglich Instrumente zur Formulierung von prüfbaren Aussagen (Popper 2005, S. 21).

Theoretische Vorteile des Kapitalbegriffs Welche Vorteile bietet der Begriff des Kapitals in der sozialwissenschaftlichen Forschung? Implizit kritisiert Bourdieu das Vorgehen der Vertreter des Strukturfunktionalismus. Die soziale Welt ist nach Bourdieu nicht eine Aneinanderreihung von kurzlebigen und mechanischen Gleichgewichtszuständen, in denen die Menschen austauschbare Teilchen darstellen (Bourdieu 1983, S. 183). Mit Hilfe des Begriffs Kapital sieht Bourdieu die Möglichkeit, sowohl die Festlegung von Handlungsspielräumen als auch die Aktivität der Akteure theoretisch besser bestimmen zu können. Seine Attraktivität gewinnt der Kapitalbegriff letztlich aus der Formalisierbarkeit zu analysierender Prozesse, die durch ihn erfasst werden. Es lassen sich vier Aktivitäten benennen, die mit der Anwendung des Kapitalbegriffs deutlich werden.

* Akkumulation von Kapital als Folge des Handelns des Akteurs;

Erfassung von Aktivitäten der Akteure mit Hilfe des Kapitalbegriffs

* die Notwendigkeit der Investition in Kapital, um einer Entwertung entgegenzuwirken,
* die Vererbbarkeit von Kapital (vorrangig in der Familie) und
* die Transformierbarkeit zwischen den Kapitalarten.

Bourdieu erfasst diese sozialen Aktivitäten als Arbeit. Kapital ist demnach akkumulierte Arbeit ebenso wie die Umwandlung zwischen Kapitalarten, die Erhaltung und Vererbung von Kapital. Er bezeichnet diese Arbeit auch als eine Form der Aneignung sozialer Energie, die dem Prinzip der Erhaltung sozialer Energie folgt.

Welche Kapitalarten werden unterschieden? Es gibt verschiedene Varianten der Ausarbeitung und im späteren Werk wird der Kapitalbegriff sehr weit gefasst. Deshalb soll hier nur von der Grundform die Rede sein. Danach unterscheidet Bourdieu zwischen ökonomischem, kulturellem und sozialem Kapital (Bourdieu 1983). Etwas später kommt als eine vierte Grundform das symbolische Kapital hinzu. Aus jeder der drei vorgenannten Kapitalarten kann symbolisches Kapital entstehen, wenn diese ein bestimmtes Maß an Anerkennung erhalten (Bourdieu 2001a, S. 311).

Zum kulturellen Kapital gehören inkorporiertes Kulturkapital (Bildung im weitesten Sinn), objektiviertes Kulturkapital (Fähigkeiten zum Kunstgenuss bis Bedienung von Maschinen) und institutionalisiertes Kapital (akademische bis Adelstitel). Das kulturelle Kapital ist von besonderer Bedeutung für die impliziten Sozialisationsannahmen und wird deshalb später ausführlicher behandelt.

Bestandteile des kulturellen Kapitals

Soziales Kapital wird, ähnlich wie dies z. B. auch in der Netzwerkforschung üblich ist, als Gesamtheit der Ressourcen definiert, die mit der Verfügbarkeit von mehr oder weniger festen Beziehungen gegenseitigen Kennens oder Anerkennens verbunden sind (Bourdieu 1983, S. 190). Bourdieu geht davon aus, dass Akteure mit gleichwertigem kulturellen und ökonomischen Kapital bei ungleichem sozialen Kapital recht ungleiche Erträge erzielen können. An dieser Kapitalart wird besonders deutlich, dass zu deren Erhalt unablässige (Beziehungs-) Arbeit erforderlich ist. Es wird ferner deutlich, dass die Erträge aus akkumulierter und reproduzierender Arbeit umso größer sind, je größer das soziale

Soziales Kapital

Kapital selbst ist. Kenntlich macht Bourdieu diesen Zusammenhang anhand eines berühmten Familiennamens, der auf ererbtes Sozialkapital hinweist. Solche Akteure sind wegen ihres Sozialkapitals von anderen Akteuren sehr gefragt. Es lohnt sich, sie zu kennen, weil sie sehr bekannt sind. Dadurch sind sie mehr Menschen bekannt, als sie selber kennen.

Ökonomisches Kapital Eine explizite begriffliche Fixierung ökonomischen Kapitals unternimmt Bourdieu nicht. Dafür ist es zu selbstverständlich im Rahmen ökonomischer Theorieprogramme ausgearbeitet. Es soll bei Bourdieu auch keinen neuen Inhalt bekommen, sondern stattdessen in einem neuen Kontext verwendet werden.

Das strategische Gewinnstreben eigeninteressierter Akteure Wonach streben die Akteure? Anders ausgedrückt, mit welchem Ziel wird Kapital eingesetzt? Verständlich wird das theoretische Gesamtkonzept erst im Kontext der Begriffe Feld und Habitus. Dennoch kann zunächst knapp die theoretische Grundausrichtung beschrieben werden. Akteure handeln auf der Grundlage strategischen Gewinnstrebens im sozialen Raum: sie wollen ihre soziale Position verbessern. Die Konkurrenz zwischen den Akteuren um Gewinne geschieht auf verschiedenen Feldern des sozialen Raums. Je besser ihnen die Kapitalakkumulation und der Kapitaleinsatz gelingen, desto besser gelingt es ihnen auch, entsprechende höherwertige Positionen für sich zu erringen. Solche Positionsgewinne beinhalten soziale Anerkennung in einem Feld sowie auch insgesamt in der Gesellschaft. Eingeschränkt wird das Handeln der Akteure, neben der Begrenztheit ihrer Kapitalien, durch die vorgefundenen Feldstrukturen und die Habitusdispositionen. Dazu in den nächsten Abschnitten.

Zusammenfassung

1. Der Kapitalbegriff wird in der Theorie Bourdieus für die systematische Erfassung des zielgerichteten Einsatzes individuell verfügbarer Ressourcen verwendet.
2. Der Kapitalbegriff bietet den Vorteil, individuelle Aktivitäten zu formalisieren. Dabei geht es um Prozesse der Akkumulation, Investition, Vererbbarkeit und Transformation von kapitalgewordener sozialer Energie.
3. Es wird zwischen kulturellem, sozialem und ökonomischem Kapital unterschieden. In Abhängigkeit der errungenen Anerkennung werden diese Kapitalarten auch zu symbolischem Kapital.
4. Die theoretische Grundlage für den Kapitaleinsatz bilden eigeninteressierte Akteure, die nach sozialer Anerkennung streben, wozu sie zielgerichtet ihr Kapital einsetzen, um bessere Positionen in einem Feld zu erreichen.
5. Die Aktivität der Akteure wird durch deren Habitusdispositionen und die Feldstrukturen begrenzt.

Felder und äußerer Zwang   4.5.2

Mit dem Feldbegriff werden spontan physikalische Prozesse assoziiert. So z. B. im Sinne eines Kraftfeldes. Damit wird eine Begrenzung der Wirkkraft eines Körpers definierbar und ein Zusammenhang zwischen Körper und Raum systematisiert.

Exkurs

Ursprung des Begriffs Feld

In die Sozialwissenschaften hat Kurt Lewin (1890-1947), der Begründer der modernen Sozialpsychologie, diesen Begriff eingebracht. Ihm zufolge bezeichnet ein Feld den Lebensraum einer Person. Aus sozialpsychologischer Perspektive setzte er den Schwerpunkt in der Bestimmung des Feldes auf die Wahrnehmung und Bewertung des Lebensraums durch den Akteur. Aus dessen Bedürfnissen und Absichten heraus entstehen positive und negative Valenzen, die zu Kraftfeldern werden. Diese üben dann spezifische Abstoßungs- und Anziehungsreaktionen gegenüber Interaktionspartnern aus. Dieses Spiel der Kräfte stellte Lewin formal als $V = f(P,U)$[17] dar (Lewin 1963).

Erklärung

Bourdieu definiert Felder als ein komplexeres Phänomen. Felder weisen Merkmale eines Spielfelds im Sport auf, in dem viele Akteure um knappe Güter konkurrieren. Im Folgenden wird nur auf einige markante Merkmale des Feldes eingegangen, die im nächsten Schritt für den Habitus von Bedeutung sind.

Ein Grundmerkmal des Feldes besteht darin, es als einen strukturierten Raum zur Herstellung eines Gutes anzusehen. Ein Feld ist also mehr oder weniger klar durch das abgegrenzt, was in seinem Zusammenhang produziert wird. In gewisser Weise kann man ein Feld mit einem Subsystem bei Parsons vergleichen. Nur dass dort keine wirklichen Akteure sichtbar wurden und die Subsysteme in einer hierarchischen Ordnung zueinanderstehen. Bei Bourdieu existieren die Felder nicht in einer vertikalen, sondern einer horizontalen Ordnung. Sie sind also relativ unabhängig voneinander. Bei Parsons wird das Subsystem durch die Funktion begrenzt. Das Subsystem leistet für das Gesamtsystem einen Beitrag über seine Funktion, indem es ein Medium (Zahlungsmittel)

---

[17]   Verhalten ist eine Funktion von Personen- und Umweltvariablen.

herstellt. Bei Bourdieu haben wir dagegen ein bestimmtes symbolisches oder materielles Gut, das in einem Feld durch die Akteure hergestellt wird. Felder sind z. B. Wirtschaft, Sport, Wissenschaft, Politik, Kunst[18] usw. Eine strenge Systematik der Felder
lässt sich allerdings nicht erkennen. Im Prinzip kann man jedes
symbolische oder materielle Gut als in einem spezifischen Feld
hergestellt betrachten. Dennoch ist es sinnvoll Felder zu benennen, um theoretische Annahmen über deren Stellenwert für das
soziale Handeln zu begründen.

Jedes Feld weist spezifische Normen auf
Ein weiteres Merkmal des Feldes besteht in der Spezifik seiner
(Spiel-)regeln. Bei Bourdieu findet sich auch der Begriff der eige-
nen Logik eines Feldes. Dies wird einsichtig, wenn man z. B. die
generellen Felder Wirtschaft und Kunst miteinander vergleicht.
Hier gelten gänzlich verschiedene Regeln. Die Akteure, die in
einem Feld agieren, müssen also nach dessen Regeln handeln.
Man kann auch von Normen sprechen. Jedes Feld hat spezifische
Normen, so wie es im sportlichen Wettkampf Normen gibt, nach
denen die Akteure ihre Kräfte messen. Einerseits sehen sich die
Akteure mit verbindlichen Erwartungen konfrontiert, andererseits müssen sie über Fähigkeiten verfügen, diese Regeln ge-
schickt für ihre Zwecke zu nutzen.

Die Akteure eines Feldes teilen einen gemeinsamen Glauben an den Sinn ihres Spiels
Jedes Feld weist eine eigene Illusio bzw. einen Sinn des Spiels
auf. Illusio bezeichnet einen kollektiven Glauben, den die in
einem Feld handelnden Akteure teilen. Es besteht also eine Konvention zwischen dem, was von Bourdieu auch als sozialer Kampf
bezeichnet wird, obwohl die Akteure gegeneinander konkurrieren. Die Illusio umfasst deren gemeinsame Auffassung über ihr
Spiel in der Öffentlichkeit sowie über die Spezifik ihres Feldes.
Dieser Glaube an die Eigenart eines Spiels bedingt das Freisein
von Zweifel an der Richtigkeit des Einsatzes bzw. der Spielbetei-
ligung selbst. Diese Selbstverständlichkeit des Geschehens im
Feld muss von Unbeteiligten nicht geteilt werden. So bemerkt
Bourdieu z. B., dass der Kampf des Journalisten um einen Platz
in der ersten Reihe einem Bankier nahezu völlig unverständlich
bleibt (Bourdieu 2001a, S. 123). So haben Wissenschaft, Politik,
Medizin usw. ihre eigene Illusio als den Glauben der Spieler in
diesen Feldern an die Legitimität, Notwendigkeit und Vorbildlich-
keit ihres Spiels. Diesen Glauben teilen alle beteiligten Spieler
trotz ihrer individuellen Interessen und des Kampfes zwischen
ihnen.

---

[18]   Die Idee des Feldes wurde von Bourdieu ursprünglich am literarischen Feld
ausgearbeitet (vgl. Krais, Gebauer 2002, S. 55 ff).

Ein weiterer Effekt besteht in der Aufrechterhaltung der Grenzen des Feldes durch die Akteure. So beschreibt Bourdieu z. B. anhand des politischen Feldes, dass dadurch, dass alle Akteure einen gemeinsamen Sinn für das politische Spiel teilen, die Grenzen des Feldes bewahrt werden (Bourdieu 2001b, S. 60 f). Die Bezeichnung Illusio mag auch daher rühren, dass die nicht in das Spiel einbezogenen Akteure eine andere Sicht auf den Sinn eines Spiels vertreten.

Ein Feld besteht aus Positionen, welche die Standorte der Akteure bezeichnen. Von diesen Positionen aus kämpfen sie um eine Verbesserung ihrer Position. Das bedeutet, Positionen strukturieren ein Feld vertikal, sofern sie durch Machtunterschiede gekennzeichnet sind. Man kann auch sagen, Positionen unterscheiden sich in ihrem Grad, auf ein Feld Einfluss zu nehmen und Interessen durchsetzen zu können.

Vertikale Strukturierung der Positionen

Macht kann man als den Grad bezeichnen, ein Spiel zu beherrschen. Beherrschen wiederum ist die Fähigkeit, auf die Regeln und den Spielverlauf Einfluss zu nehmen. Damit wird deutlich, dass die Regeln zum einen Vorgaben sind. Diese Vorgaben richten sich auf die Definition von Legitimität der Art und Weise des Einsatzes des individuell verfügbaren Kapitals. Durch die Art der Regeln wird auch die Wirksamkeit der individuellen Ressourcen im Spiel mitbestimmt (ihr Wert zur Erringung einer besseren Position). Zum anderen können die Spielregeln selbst Gegenstand des Interesses der Akteure werden. Demnach sind die Akteure auch bestrebt, auf die Regeln Einfluss zu nehmen, wenn sie damit eine höhere Wirkung ihrer verfügbaren Kapitalien erzielen können. Die Anwendung von Regeln ist deshalb gewissen Schwankungen unterworfen und die Regeln selbst einer Modifikation. Das besagt nicht, dass diese Schwankungen der Regeln etwa nur beabsichtigten Veränderungen folgen. Wo immer eine Vielzahl von Akteuren den eigenen Interessen folgend den Status quo von etwas verändern will, treten unintendierte Folgen auf. So ist es auch mit den Regeln in den Feldern Bourdieus.

Die Regeln eines Feldes

Jedes Feld weist also eine bestimmte Eigenart auf. Diese Spezifik eröffnet den im Feld agierenden Spielern ganz bestimmte Möglichkeiten und verschließt andere. Zum einen sind Ziele und Regeln sowie der Wert der Kapitalsorten vorgegeben. Zum anderen wird auf die Akteure durch Regeln Zwang ausgeübt. Feldspezifik sowie Kapitalstruktur und -umfang bilden die äußeren Zwänge. Im nächsten Schritt betrachten wir die inneren Zwänge.

Zusammenfassung

1. Ein Feld ist ein strukturierter Raum zur Herstellung eines materiellen oder symbolischen Gutes. Felder sind relativ abgegrenzt und folgen einer spezifischen Logik (Rationalität). Typische Felder sind Politik, Wirtschaft, Sport und Wissenschaft.
2. Felder werden durch Positionen strukturiert. Das Bestreben der Akteure ist es, in einem Feld eine möglichst einflussreiche Position in Konkurrenz zu den anderen Akteuren zu erringen. Dazu setzen sie ihre Kapitalien möglichst effizient ein. Je mehr Kapital ein Akteur besitzt und je effizienter er es einsetzt, desto einflussreicher ist die Position, die er erringen kann. Je einflussreicher die Position ist, desto weniger stark ist der Zwang der Feldstruktur auf den Akteur.
3. Diese Konkurrenz findet auf der Grundlage legitimer (Spiel-)Regeln statt. Diese Regeln sind vorgegeben. Gleichzeitig sind sie jedoch auch ein Objekt des strategischen Interesses der Akteure, weil die Regeln auch den Wert ihres Kapitals bzw. der Kapitalsorten bestimmen.
4. Je mächtiger und einflussreicher eine Position ist, desto eher ist es möglich, eigene Interessen durchzusetzen. Die Regeln bleiben aber ein unintendiertes Aggregat, das nicht willkürlich geändert werden kann.
5. Die Spezifik des Feldes sowie die Kapitalstruktur und -umfang bilden die äußeren, vorgegebenen Zwänge, mit denen sich die Akteure arrangieren müssen.

4.5.3 Innerer Zwang durch Sozialisation: die Elemente des Habitus

Das Konstrukt Habitus ist eng mit sozialisatorischen Prozessen verbunden. Wenngleich diese Vorgänge weitestgehend theoretisch implizit bleiben wie auch bei anderen soziologischen Theorien, verbindet sich bei Bourdieu damit der Zugang zur Beantwortung grundlegender sozialwissenschaftlicher Fragen zur sozialen Ungleichheit.

Die theoretische Bedeutung des Begriffs Habitus — Den Begriff des Habitus haben wir bereits kennengelernt. Im Abschnitt 3.3. ist Habitualisierung als ein Baustein der Festigung und Sicherung von Erfahrung behandelt worden. Wir haben es dabei mit einer Art unbewusster Konditionierung zu tun. Der Organismus besitzt die Fähigkeit, sich an wiederkehrende Bedingungen und komplexe Abläufe anzupassen. In der phänomenologischen Soziologie von Alfred Schütz (vgl. 4.4) ist dieses theoretische Konzept differenziert ausgebaut und von Berger und Luckmann in einen sozialwissenschaftlich relevanten Kontext eingefügt worden. Auch in der Zivilisationstheorie von Elias nimmt der soziale Habitus als Niveau automatisierter Affektkontrollen eine zentrale Stellung ein.

Der Habitus in der Theorie Bourdieus ist diesen Konstrukten sehr verwandt. In ihm sind beide vorgenannten theoretischen Elemente enthalten: Habitus ist demnach sowohl ein individuelles als auch ein aggregiertes soziales Phänomen. Die individuellen Akteure variieren einen kollektiven Habitus in ihrem Alltagshandeln. Jene Vorgänge in der Theorie von Schütz, denen zufolge durch Wiederholungen ein konditionierender Lernprozess der Zwischenschichten des Wissens entsteht, bilden bei Bourdieu einen umfassenden Grundprozess. Dieser Prozess betrifft nicht einen Teil der kognitiven Welt der Akteure, sondern richtet sich auf die Gesamtheit der Person. Bei Schütz geht es darum, dass bestimmte Arten des Wissens unproblematisch werden und damit zu unbewussten Bestandteilen der Handlungskompetenz. Laufen, schreiben, berufliche Fertigkeiten werden zu unbewussten Routinen. Bourdieu betrachtet diesen Vorgang als für den Habitus insgesamt gültig. Über sozialisatorische Prozesse verankert sich sozialer Sinn im Organismus. Der gesamte Organismus wird durch habituelle Schemata durchformt. Von besonderer Bedeutung ist dabei die Körperlichkeit. Sozialisation prägt nicht lediglich bestimmte Dispositionen oder Kognitionen, sondern wirkt auf den gesamten Organismus.

Habitus nach Bourdieu

Die Sozialisationswirkung ist also psychisch und physisch. So wie das Radfahren bei Schütz kognitive und motorische Komponenten als unbewusst gewordenes Schema umfasst, finden wir dieses Prinzip bei Bourdieu auf die gesamte soziale Handlungskompetenz der Akteure angewandt. Was der Leib gelernt hat, das besitzt man nicht wie ein wiederbetrachtbares Wissen, sondern das ist man (Bourdieu 1987, S. 135).

Damit ist ein grundlegendes Merkmal des Habitus gekennzeichnet, das zugleich ein Grundmerkmal von Sozialisationsprozessen darstellt: die Unbewusstheit oder Präreflexivität des Habitus. Dadurch ist er individueller Willkürlichkeit vollständig entzogen. Des Weiteren wird sichtbar, dass der Habitus nicht ein abtrennbares Segment des Akteurs ist, sondern der Akteur ist sein Habitus. Bezeichnenderweise spielt Bourdieu auf einen spezifischen Kontext der Philosophie an, wenn er die Verkörperlichung durch Sozialisation als Fortschreiten vom „Haben" zum „Sein" bezeichnet (Bourdieu 1983, S. 187).

Um diese Körperlichkeit der Sozialisationsfolgen zu unterstreichen, verwendet Bourdieu auch die Bezeichnung Inkorporation.

Inkorporation von Erfahrungen durch Sozialisation

Der Habitus ist demnach Leib gewordene Geschichte (Bourdieu 1985, S. 69). Hier wird deutlich, der Habitus ist das Produkt eines kollektiven Prozesses. Er synthetisiert kollektive (institutionalisierte) und individuelle Erfahrung zum Habitus. Diesbezüglich wird auch der Anteil von Routinen am Alltagshandeln betont. Bei der Konstitution von Routinen sind die kollektiven Erfahrungen die entscheidenden.

Habitus als innerer Zwang
Die Folge des Habitus ist die Routine sozialen Handelns. Mit Blick auf Leibniz bemerkt Bourdieu, dass wir in Dreiviertel unserer Handlungen Automaten sind (Bourdieu 1991, S. 740). Dadurch wird der innere Zwangscharakter des Habitus besonders deutlich, ohne dass die Akteure dies als Zwang empfinden.

Die Struktur des Habitus verdeutlicht, wie umfassend diese Routinen anzusehen sind:
* Wahrnehmungsschemata,
* Denkschemata (z. B. Alltagstheorien) und
* Handlungsschemata (Bourdieu 1991, S. 177 ff).

Der untrennbare Zusammenhang zwischen Feld und Habitus
In Bezug auf die Ausführungen zum Habitus muss stets mit bedacht werden, dass Feld und Habitus unauflöslich miteinander verbunden sind. Das in 1.1 behandelte Prinzip der Gleichursprünglichkeit von Mensch und Gesellschaft ist in Bourdieus Theorie strikt angewendet. Ohne Felder gibt es keinen Habitus und ohne Habitus gibt es keine Felder. Ihre Gemeinsamkeit besteht darin, dass beide etwas darstellen, was sich in sozialen Prozessen generiert hat. Daraus resultiert auch der Zwangscharakter von Feld und Habitus auf das Handeln der Akteure. So ist der Habitus Leib gewordene und das Feld Ding gewordene Geschichte (vgl. Bohn 1991, S. 31). Dieses Verhältnis kann als wechselseitige Begrenzung und Ermöglichung angesehen werden, so dass sich beide nicht in einer lediglich reproduktiven Wirkung erschöpfen. So wie die Regeln des Feldes elastisch sind, ermöglicht der Habitus eine freie Tätigkeit in den Grenzen seiner Bedingungen (Bourdieu 1987, S. 102 f).

Zusammenfassung

1. Der soziale Habitus ist ein kollektives geschichtliches Produkt. Habitus und Feld sind untrennbar miteinander verbunden. Sie stehen in einer Wechselwirkung und führen zur jeweiligen Fixierung als „Leib" und „Ding".
2. Durch Sozialisation werden kognitive und motorische Prozesse des Akteurs geprägt, die als Inkorporation bezeichnet werden. Der Habitus wird dadurch der subjektiven Reflexion entzogen, er ist der Akteur.
3. Der Habitus bezeichnet den sozial bedingten inneren Zwang auf die Wahrnehmung, das Denken und Handeln des Akteurs. Diese habituell ausgeformte Regelmäßigkeit ist eine Grundlage sozialer Kontinuität.

Die Entstehung des Habitus

Für die sozialisatorische Ausbildung des Habitus und die Beteiligung vorgefundener kollektiver Ausprägungen daran nehmen das kulturelle Kapital und die Lebensstile eine Sonderstellung ein. Von besonderer Bedeutung ist bei Bourdieu die Primärsozialisation. Auf die soziale Auswirkung der primärsozialisatorischen Folgen wird im nächsten Abschnitt eingegangen. Gleichwohl gilt auch für Bourdieu, dass Sozialisation lebenslang währt. In späteren Phasen der Sozialisation ist mit dem Eintritt in ein Feld vor allem Kompatibilität und Formbarkeit erforderlich, um sich in einen feldkonformen Habitus modifizieren zu lassen (vgl. Krais und Gebauer 2002, S. 61 ff).

Besondere Bedeutung der Primärsozialisation

Während sich manche Sozialisationsannahmen in erster Linie auf die Prägung von Dispositionen beziehen, hebt Bourdieu die akteursbezogene Ganzheitlichkeit der sozialisatorischen Prägung hervor. Wir finden bei Foucault eine gewisse Ähnlichkeit dieser theoretischen Konzeption. Dort wird Habitualisierung als Disziplinierung des Körpers behandelt. Foucault bezeichnet die Entstehung des modernen Menschen als Produkt totaler disziplinierender Institutionen (Foucault 1994). Die soziale Welt prägt den Körper als eine Verschmelzung von sozialen, psychischen und physischen Fähigkeiten, um eine bestimmte soziale Handlungspraxis ausführen zu können.

Sozialisation als ganzheitliche Prägung der Person

Das inkorporierte Kulturkapital nimmt eine Schlüsselstellung im Sozialisationsprozess ein. Es wird von Bourdieu im weitesten Sinne als Bildung und mit Bezugnahme auf das französische „culture" (Bourdieu 1983, S. 186) verwendet. Typischerweise kann man dies auch als Ausbildung eines kulturellen Geschmacks fassen, wie die Art sich zu kleiden, zu sprechen, die Fähigkeit Kunst zu genießen und bestimmte Sportarten zu betreiben. Geschmack ist immer auch klassenbedingt. Deshalb weist Bourdieu der Primärsozialisation, die nahezu ausschließlich in der Familie stattfindet, eine so herausgehobene Bedeutung zu. Jede Klasse oder Schicht lebt eine bestimmte kulturelle Praxis (Lebensstil). Gleichsam existiert eine Hochkultur, die durch die Oberschicht hervorgebracht wird (Ähnlichkeit zur Figurationssoziologie). Die kulturellen Praxen der anderen Klassen oder Schichten weisen eine mehr oder weniger große Distanz zur Hochkultur auf. In Abbildung 24 ist der Rahmen der Sozialisation als Zusammenhang zwischen klassenspezifischen Bedingungen und Ausbildung eines Habitus dargestellt. Dieser Mechanismus weist eine deutliche Verwandtschaft zu Durkheims Annahme der Begren-

Habitus und klassenbedingte Primärsozialisation

zung der Bedürfnisse auf (vgl. 3.4). Die Bezeichnung Rahmen soll
darauf hinweisen, dass die impliziten Sozialisationsannahmen
bei Bourdieu sowohl unintendierte (Arrangement mit den sozialen Bedingungen) als auch intendierte (Erziehung) Prozesse umfassen.

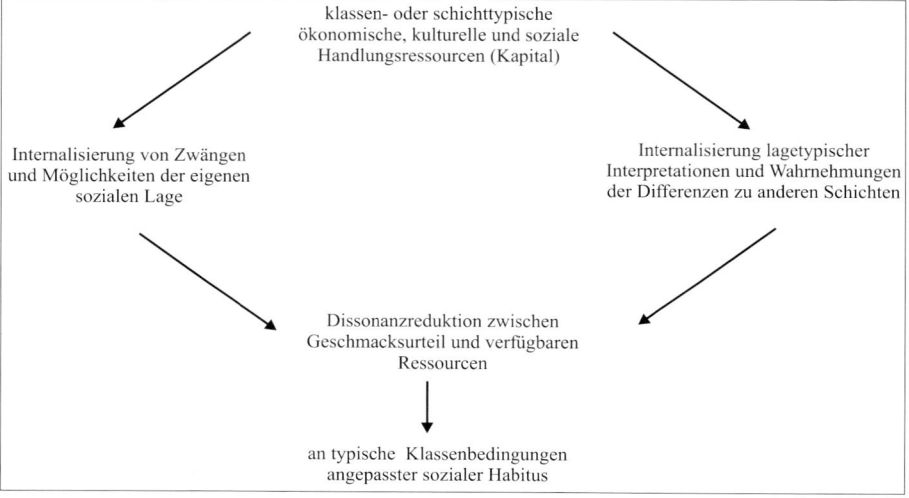

Abb. 24: Der Zusammenhang von Klasse und Habitus

Der Klassenbegriff   Mit der Bezugnahme auf Klassen assoziieren sich zum einen die
Grundzüge der Klassentheorie von Marx und zum anderen die
Vorstellung von etwas nicht mehr Zeitgemäßem. Letzteres bedarf keiner näheren Betrachtung. Es muss sich erweisen, ob
moderne theoretische Konstrukte wie z. B. Milieus zur Analyse
der Sozialstruktur geeigneter sind. Die Auffassung Bourdieus
zur Klasse ähnelt, wenn überhaupt, der Marxschen Annahme
der „Klasse an sich". Im Grunde handelt es sich um eine statistische Gruppe. Sie wird aus der Ähnlichkeit von Positionen gebildet, die Akteure im sozialen Raum der verschiedenen Felder
einnehmen. Das bedeutet, wenn Akteure ein ähnliches Kapital-
volumen und eine ähnliche Kapitalstruktur aufweisen, werden
sie über eine spezifische kulturelle Praxis einer Klasse zugeordnet (Bourdieu 1991, S. 708). Damit ist aber nicht ausgeschlossen,
dass soziale Zusammenhänge kultureller Organisation entstehen können.

Die Klassen- oder Schichtspezifik findet ihren Niederschlag in der Entstehung von kulturellen Kriterien. Sie beziehen sich auf das Verhältnis zwischen typischen Ressourcen und kultureller Praxis bei der Ausprägung des Habitus: Diese Kriterien sind Distinktion und Luxus (Oberschicht); Bildung (Mittelschicht) und Funktionalität/Notwendigkeit (Arbeiterklasse). Sie regulieren auf spontane Weise einen bestimmten kulturellen Geschmack. In einem seiner Hauptwerke, *Die feinen Unterschiede*, widmet sich Bourdieu diesen klassenspezifischen Geschmacksurteilen. Der Mechanismus, für den die Theorie der kognitiven Dissonanz passende theoretische Annahmen bereitstellt, ist bereits in 3.4 ausführlich dargestellt.

Klassenspezifische Kriterien des Habitus

Die Nachhaltigkeit früher Sozialisation drückt sich im „Hysteresis"-Effekt aus. Demzufolge unterliegt der Habitus einem nachweisbaren Beharrungsvermögen. Zudem haften ihm die Bedingungen seines Erwerbs an. Anhand von zwei Konstellationen lässt sich dies empirisch nachweisen. Zum einen, wenn sich die sozialen Bedingungen ändern. So verweist Bourdieu auf das „aristokratische" Image von Sportarten wie Tennis, Reiten oder Golf und dessen Fortbestehen, auch wenn sich die materiellen Zugangsbedingungen verändert haben. Die habituelle Barriere bleibt, zumindest eine gewisse Zeit lang, bestehen. Auffällig wird dies zum anderen im Fall des sozialen Aufstiegs einer Person. Der erworbene kulturelle Geschmack (Kleidung, Sprache) verrät den Aufsteiger in seiner neuen sozialen Umgebung. Dies ist ein auch Beispiel für die Verkörperlichung des kulturellen Kapitals einer Person. Dieses inkorporierte Kapital bleibt von den Umständen seiner ersten (unbewussten) Aneignung geprägt (Bourdieu 1983, S. 187).

Der „Hysteresis"-Effekt

Zusammenfassung

1. Die Primärsozialisation ist für die Herausbildung des Habitus von besonderer Bedeutung.
2. In der Primärsozialisation kommt es zur Übertragung des kulturellen Kapitals durch die Herkunftsfamilie.
3. Damit wird der soziale (Klassen-)Kontext der Herkunft bedeutsam. Er lässt sich als Gesamtheit der lagetypischen Ressourcen zusammenfassen.
4. Daraus ergibt sich ein Mechanismus, der zur Ausformung eines klassenbezogenen kulturellen Geschmacks und damit zu einer entsprechenden kulturellen Praxis führt.
5. Sozialisation wird als lebenslanger Prozess betrachtet, der im Rahmen verschiedener Felder, in denen ein Akteur spielt, stattfindet. Gleichzeitig unterliegt der Habitus aber auch einem Hysteresis-Effekt, mit dem Bourdieu das starke Beharrungsvermögen des früh sozialisierten Habitus betont.

4.5.5   Primärsozialisation und soziale Ungleichheit

Warum führt
höhere Bildung
nicht automatisch
zu sozialer
Mobilität?

Ein sozial bedeutsames Anwendungsgebiet der Habitustheorie und ihrer Verankerung in Sozialisationsannahmen stellt die Beschäftigung mit sozialer Ungleichheit dar. Die generelle Frage richtet sich darauf, wie es möglich ist, dass sich trotz zahlreicher Maßnahmen staatlicher Regulation soziale Ungleichheit beständig reproduziert. Besonderes Augenmerk gilt dabei der Reproduktion von Eliten oder etwas moderater ausgedrückt Schichten mit hohem Prestige und Einkommen. Es geht also um die Frage, warum trotz Angleichung der Zugänge zu höherer Bildung seit den 1960er Jahren die soziale Mobilität deutlich geringer ist als erwartet.

Soziale Mobilität wird in westlichen Gesellschaften vor allem in der öffentlichen Meinung oftmals überschätzt. Grundlage dafür ist eine generelle Schlussfolgerung, derzufolge Demokratie, gleiche Rechte und Leistungsakzeptanz mehr oder weniger selbstverständlich zu hoher sozialer Mobilität führen. Bourdieu hat einen bedeutsamen Beitrag dafür geleistet, soziale Reproduktionsmechanismen aufzuzeigen, welche sozialer Mobilität entgegenwirken.

Boudon, ein anderer französischer Soziologe, hat sich bereits in den 1970er Jahren systematisch mit dem Problem der geringen Wirksamkeit staatlicher Intervention im Bildungssystem beschäftigt. Seine theoretische Lösung bestand in Folgendem: Universitätsabschlüsse stellen eine Art Berechtigungsschein für Positionen mit hohem Einkommen und Prestige dar. Seit den 1960er Jahren ist das Wachstum höherer Bildungstitel viel höher als jenes der Positionen, die diesen Berechtigungsscheinen entsprechen. Dadurch kommt es zum Anwachsen einer Warteschlange (Boudon 1980, S. 93 ff).

Bourdieus
Erklärung
verminderter
sozialer Mobilität

Damit begründet Boudon eine Variante der Erklärung dafür, dass die soziale Mobilität hinter den Erwartungen zurückbleibt. Ebenso gut könnte es aber sein, dass sich vor allem Personen aus Arbeiterschichten besonders weit vorn in der Warteschlange befinden und dadurch soziale Mobilität ansteigt. Warum dies nicht so ist, darauf versucht Bourdieu eine Antwort zu finden. Ausgangspunkt ist, dass staatliche Maßnahmen sich auf das „beobachtbare" ökonomische Kapital der Akteure richten. Durch Besteuerung und Subvention nimmt der Staat auf das ökonomische Kapital der Familien bzw. dessen Wirkung Einfluss.

Bourdieus theoretische Annahme ist folgende: Je mehr die offizielle Übertragung ökonomischen Kapitals innerhalb der Familien kontrolliert und gebremst wird, desto stärker bestimmt die geheime Zirkulation des kulturellen Kapitals die Reproduktion der sozialen Struktur (Bourdieu 1983, S. 198).

Inkorporiertes kulturelles Kapital ist eine entscheidende Bedingung für die Beständigkeit sozialer Reproduktion. Die Aneignung der Grundinhalte des Habitus über kulturelles Kapital findet in der Primärsozialisation statt. Dies ist bedeutsam, weil diese Lebensphase nahezu frei von aktiven staatlichen Regulationen ist, also durch die Familie selbst bestimmt wird. Anders ausgedrückt, die Primärsozialisation geschieht nicht unter den Augen der Öffentlichkeit und ihrer Kontrolle, sondern in der intimen Lebenssphäre der Familie, also im „Geheimen". Es ist so gesehen die am besten verschleierte Form erblicher Übertragung von Kapital (Bourdieu 1983, S. 188). Die Übertragung ist keineswegs ausschließlich an bewusste Erziehungsmaßnahmen gebunden. Inkorporation bedeutet, dass Elemente der Grundpersönlichkeit ebenso spontan entstehen. Sozialisation wird von Bourdieu als Akkumulationsprozess verstanden. Je günstiger also die Ausgangsbedingungen sind, desto erfolgreicher ist der Akkumulationsprozess im Ganzen. Die Akkumulation kulturellen Kapitals von frühester Kindheit an ist die Voraussetzung zur schnellen und mühelosen Aneignung nützlicher Fähigkeiten jeglicher Art.

Die heimliche Zirkulation kulturellen Kapitals

Worauf basiert diese Wirkung kulturellen Kapitals? In erster Linie sichert es eine bestimmte Kulturkompetenz und damit die Möglichkeit Extraprofite zu erzielen. Je höher und herausgehobener demnach das kulturelle Kapital der Herkunftsfamilie ist, desto wahrscheinlicher ist der soziale Erfolg der Kinder durch Übertragung dieses kulturellen Kapitals (Bourdieu 1991, S. 405 ff).

Mit diesen Annahmen zur frühen Sozialisation sowie des engen Zusammenhangs zwischen dem kulturellen Kapital der Herkunftsfamilie und dem Habitus der Kinder will Bourdieu erklären, warum trotz formal gleicher Bildungschancen nach Jahrzehnten ihrer Praktizierung die besten Schulen von Kindern aus den besten Familien besucht werden. Bereits im Verlauf des obligatorischen Schulbesuchs kommt es zu einem Konflikt hinsichtlich der Pass-

Kulturelle Passfähigkeit zum Schulsystem und soziale Herkunft fähigkeit zwischen den im Rahmen der Schule geforderten kulturellen Fertigkeiten und jenen, über welche die Kinder infolge ihrer sozialen Herkunft verfügen. Dieser Konflikt wirkt sich vor allem auf Unterschichtkinder aus. Das Schulsystem ist dominant durch die kulturellen Fähigkeiten und das Selbstverständnis der bildungsorientierten Mittelschichten geprägt. Bourdieu spricht von einer regelrechten Entfremdungsleistung der Schule gegenüber Unterschichtkindern. Hier geht es nicht allein um die Erlangung konkreter Techniken des Schreibens oder Lesens, sondern um die verdeckte Dominanz einer bestimmten Kultur. Diese beinhaltet Präferenzen wie den geringen Wert körperlicher Arbeit, die Geringschätzung des Umgangs mit Mangel oder die Selbstverständlichkeit eines hohen Wertes von Büchern und Kunst. Der Lebensalltag von Unterschichtkindern ist weitestgehend dazu nicht passfähig. Sie erleben in der Schule eine Abwertung ihres Lebensalltags (Bourdieu, Das Elend der Welt, S. 211 ff).

Kulturelle Passfähigkeit zur Universität und soziale Herkunft
Dieser Prozess setzt sich in den Hochschulen fort. Im Kern nimmt Bourdieu an, dass ausgezeichnete Universitäten dem Habitus der Oberschicht entsprechen. Das kulturelle Kapital wirkt weitestgehend im Unbewussten. So wie die kulturelle Praxis eines Akteurs unbewusst durch dessen inkorporierten Geschmack reguliert wird, so wird auch die kulturelle Wahrnehmung anderer Akteure durch den eigenen Geschmack bestimmt. Die soziale Herkunft ist aus diesem Grund für Bourdieu der stärkste Differenzierungsfaktor in den Einrichtungen höherer Bildung. Hier kommen nun der Hysteresis-Effekt des durch die soziale Herkunft geprägten Habitus und die Bedingungen höherer Schulen, deren Alltagszusammenhang durch die Hochkultur geprägt ist, zusammen. Nach eigenen Untersuchungen fand Bourdieu heraus, dass Kinder aus Unterschichten, wenn sie nicht frühzeitig aus dem Bildungssystem ausscheiden, in Spitzenuniversitäten zum einen länger studieren und zum anderen selten in Fächern anzutreffen sind, die nach dem Studium zu Spitzenpositionen (z. B. Medizin, Jura) führen (vgl. Rehbein 2006, S. 131).

Mit dem Studienabschluss ist nun die Voraussetzung für die Erlangung von Positionen mit hohem Prestige, Macht und Einfluss gegeben. Bis dahin wird ein mehrstufiger selektiver Prozess durchlaufen, der auf dem Kriterium kultureller Passfähigkeit im Sinne bestimmter kultureller Fähigkeiten und eines kulturellen Klassengeschmacks basiert. In dessen Verlauf sinkt die Wahrscheinlichkeit, dass Personen aus Herkunftsmilieus mit großer Distanz zur Hochkultur nach dem Studium höhere soziale Positionen erreichen können.

Den Theorieentwurf Bourdieus in einen Makro-Mikro-Makro-Link zu übersetzen, ist nicht ohne weiteres möglich. Diese Theorie akzentuiert besonders die Reproduktion der Aggregate, ohne allerdings die Starrheit der am Systemgleichgewicht orientierten Theorie Parsons aufzuweisen. Zwei Momente müssen dabei beachtet werden:

Akteurs- und Systemebene in der Theorie Bourdieus

Erstens sind Habitus und Feld nicht in die Dichotomie von Individuum und Gesellschaft übersetzbar. Beides sind Aggregate. Der Habitus ist einerseits wie in der Figurationssoziologie ein sozialer Habitus. Er steht hier nicht für ein bestimmtes Zivilisationsniveau, sondern eine Klassenspezifik. Andererseits entsteht der Habitus individuell in der Sozialisation des Akteurs.

Zweitens wird die Möglichkeit von Effekten auf Institutionen, die aus eigeninteressiertem Handeln hervorgehen, erhalten. Allerdings werden solche Effekte als eher untergeordnet behandelt (Schwankungen der Regeln). Zudem sind sie von den Positionen der Akteure abhängig. So steigt die Möglichkeit, auf Regeln eines Feldes Einfluss zu nehmen, mit der Macht einer Position.

Der Zusammenhang zwischen Individuum und Systemebene

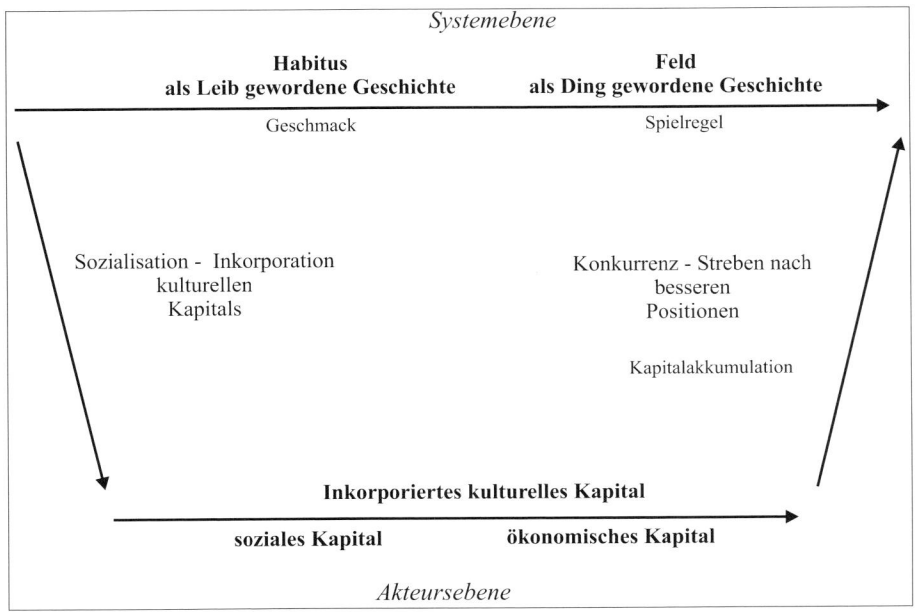

Abb. 25: Akteur und Feld als Makro-Mikro-Makro-Link

In Abbildung 25 sind die Besonderheiten dieses Zusammenhangs dargestellt. Die höchste Dynamik ist auf der Akteursebene in Form von Kapitalakkumulation zu sehen und die geringste Dynamik auf der Aggregatebene. Spielregeln und Geschmack wandeln sich nur langfristig. Dazwischen ereignen sich die Positionsveränderungen der Akteure, welche die Wirkungen zwischen Aggregat- und Akteursebene vermitteln.

Zusammenfassung

1. Bourdieu nimmt eine nachhaltige Wirkung der Primär- und Sekundärsozialisation auf die Reproduktion sozialer Ungleichheit an.
2. Diese sozialisationsbedingte Reproduktion nimmt in der Primärsozialisation ihren Anfang und wird im Bildungssystem verstärkt und wirkt als Selektionskriterium.
3. Je stärker die Übertragung und Wirkung ökonomischen Kapitals durch staatliche Einrichtungen im Sinne von Chancengleichheit kontrolliert wird, desto stärker entfaltet sich die Wirkung der Übertragung und Inkorporation kulturellen Kapitals auf die Erreichung höherer sozialer Positionen durch Bildung.
4. Die Grundlagen für die Inkorporation kulturellen Kapitals werden in der Familie im Rahmen der Primärsozialisation gelegt.
5. Dadurch entstehen die Voraussetzungen für den Grad der Bewältigung von Selektionsprozessen kultureller Passfähigkeit im Bildungssystem.
6. Das obligatorische Schulsystem ist von der kulturellen Praxis der bildungsorientierten Mittelschicht geprägt. Die geringe Passfähigkeit der kulturellen Fertigkeiten von Unterschichtkindern führt zu deren Schwierigkeiten den schulischen Anforderungen zu entsprechen.
7. Im Rahmen der Universität setzt sich dieser latente Selektionsprozess fort, sodass Unterschichtkinder in Fächer abgedrängt werden, die nach Studienabschluss kaum einen Zugang zu sozialen Spitzenpositionen ermöglichen.

Literatur

Bourdieu, Pierre, *Die feinen Unterschiede. Kritik der gesellschaftlichen Urteilskraft,* Frankfurt a.M., 1991.
Bohn, Cornelia, *Habitus und Kontext,* Opladen, 1991.
Krais, Beate und Gunter Gebauer, *Habitus,* Bielefeld, 2002.
Rehbein, Boike, *Die Soziologie Pierre Bourdieus,* Konstanz, 2006.
Schwingel, M.: *Pierre Bourdieu zur Einführung.* Hamburg 1998.

Eigeninteressierter Austausch und Internalisierung von Normen 4.6

Der Austausch von Ressourcen als Grundlage sozialer Ordnung 4.6.1

Die bisher verwendete theoretische Figur des Makro-Mikro-Makro-Link stammt in dieser systematisierten Form von James Coleman (1926-1995). Er formulierte eine allgemeine sozialwissenschaftliche Theorie auf der Grundlage von Austauschprozessen. Diese Theorie gehört der Gruppe der Rational-Choice-Theorien (RCT) an. In Sozialisationslehrbüchern findet man üblicherweise diese Theorien nicht, wenn überhaupt, dann in Form einer kritischen Auseinandersetzung. Woran liegt die geringe Bereitwilligkeit, sich im Kontext von Sozialisationstheorien mit diesen Theorien zu beschäftigen? Auf den ersten Blick scheint sich jede Form von Rational-Choice-Theorie und Sozialisationstheorie auszuschließen. Coleman gilt als ein prominenter Vertreter der Rational-Choice-Theorie. Diese dem ökonomischen Theorieprogramm verpflichtete Theorie betont die Wirkung von Restriktionen auf das Verhalten. Dennoch werden in dieser Grundrichtung, wie wir sehen werden, auch Annahmen über Sozialisation getroffen.

Sind Sozialisation und Rational-Choice-Theorie miteinander vereinbar?

Theoretische Annahmen zum rationalen Akteur
Folgende Annahmen trifft Coleman zum Akteur, den er bewusst als eine extrem vereinfachte Abstraktion menschlicher Individuen entwirft:
   * die Akteure sind hedonistisch,
   * sie ziehen in unterschiedlichem Maße Befriedigung aus den Ergebnissen verschiedener Ereignisse und
   * aus dem Erwerb oder Verbrauch verschiedener Ressourcen.
   * Die Erwartung einer solchen Befriedigung veranlasst ihn auf eine Weise zu handeln, welche die Befriedigung verstärken soll (Coleman 1992, S. 233).
Knapper ausgedrückt: Menschliche Akteure sind eigeninteressiert und rational. Im Hinblick auf die Eigeninteressiertheit unterscheidet sich die RCT, wie wir bereits gesehen haben, nicht von anderen soziologischen Grundrichtungen, wenngleich die theoretischen Folgerungen daraus unterschiedlich sind. Ein anderes Moment der Vorbehalte bezieht sich auf die Rationalitätsannahme. In der RCT werden rationale Akteure angenommen. Das bedeutet nichts anderes, als dass Akteure bemüht sind, in einer Situation die für sie möglichst günstigste Handlungsalternative auszuwählen. Die Austauschtheorie Colemans geht dabei nicht

von einer perfekten Rationalität (Informiertheit) aus. Es wird berücksichtigt, dass Informationsbeschaffung Kosten verursacht. Man spricht deshalb auch von *bounded rationality*. Rationale Akteure brechen also zu einem bestimmten Zeitpunkt die Informationssuche ab und geben sich mit den verfügbaren Informationen zufrieden, um eine Wahlentscheidung für eine Handlung treffen zu können. Zudem verfügen nicht alle Akteure über die gleichen kognitiven Voraussetzungen. Coleman geht deshalb von einem Akteur aus, der über ein wenig Intelligenz verfügt, aber keineswegs perfekt intelligent ist.

Theoretische Annahmen zum Austausch

Eigeninteressierter Austausch mit anderen Akteuren

Mit der Außenwelt ist ein individueller Akteur über zwei Relationen verbunden, um seine Ziele zu erreichen: dem Interesse an Ressourcen und an den Ergebnissen gewisser Ereignisse sowie an der Kontrolle über gewisse Ressourcen und die Kontrolle über die Ergebnisse gewisser Ereignisse (Coleman 1992, S. 233). Um seine Ziele zu erreichen, ist der Akteur also bestrebt, ihn interessierende Ressourcen und Ereignisse, die andere Akteure kontrollieren, in seinen Einflussbereich zu bekommen. Dazu muss er Ressourcen, die er kontrolliert, opfern, d.h. zum Tausch anbieten. Solange ein Akteur nicht alle Ressourcen und Ereignisse kontrolliert, an denen er aufgrund seiner Ziele interessiert ist, ist er bestrebt, den Austausch mit anderen Akteuren aufrecht zu erhalten. Das bedeutet, dass von einem individuellen Akteur ausgegangen wird, aber zugleich theoretisch plausibel begründet ist, dass jeder Akteur soziale Beziehungen sucht und zu erhalten trachtet. Die soziale Beziehung selbst muss deshalb nicht als elementares Konstrukt bestimmt werden, sondern sie ist das erste Produkt der Akteure und genauso beständig, als würde man soziale Interaktion als eine eigenständige Elementarkategorie betrachten.

Zusammenfassung

1. Mit der Austauschtheorie Colemans soll erklärt werden, wie soziale Ordnung durch das Handeln der Akteure zustande kommt und sich verändert.
2. Die theoretischen Annahmen zu den individuellen Akteuren besagen, dass diese aufgrund von Präferenzen handeln, durch Restriktionen in ihrem Handeln eingeschränkt werden und bestrebt sind, mit ihren Handlungen bestmögliche Ergebnisse für sich zu erzielen.
3. Stabilität und Wandel sozialer Ordnung werden durch Austausch erklärt. Das Interesse der Akteure am Austausch richtet sich auf die Kontrolle von Ressour-

cen und die Ergebnisse von Ereignissen. Da diese Kontrollmöglichkeiten zwischen den Akteuren sehr unterschiedlich verteilt sind und immer wieder neue Disproportionen zwischen Kontrolle und Kontrollbedürfnis entstehen, kann Austausch als langfristig stabile Grundlage sozialer Ordnung angesehen werden. Es müssen deshalb auch keine höheren, nichtmenschlichen Ursachen angenommen werden.

Das kognitive System des Individuums   4.6.2

Kontrollrechte über Handlungen

Coleman schlägt eine Erweiterung des üblichen Handlungsbegriffs vor. In Übereinstimmung damit, dass Handeln Sinn (Absicht) zugrunde liegt, wie dies Weber definierte, ist Coleman der Auffassung, dass ein Akteur auch das Recht haben muss, gemäß dieses Sinns zu handeln. Ein solches Recht nennt er das Kontrollrecht über eine Handlung. Erst wenn ein Akteur über ein Kontrollrecht verfügt, darf er demgemäß handeln. Z. B. gibt es Kontrollrechte über Sexualität. Man könnte meinen, dass jeder Mensch von vornherein das Kontrollrecht über sein sexuelles Handeln besitzen muss. Dem ist aber nicht so. Bereits in frühen und einfachen Gesellschaften trifft man die Bestrebung an, letztlich das gesamte Spektrum der Sexualität zu regulieren. Die Meinung, dass Sexualität reine Privatsache sei, ist ein historisch spätes Produkt. Man bedenke nur, dass sogar in Bezug auf Sexualstellungen normative (religiös initiierte) Vorgaben existier(t)en. Inzest, Ehebruch, voreheliche Geschlechtsverkehr, Sexualität während der Schwangerschaft, Sexualität während der Menstruation, Homosexualität, Masturbation sind Handlungen, die in zahlreichen Gesellschaften bestraft wurden oder werden.[19] Wer also über welches Kontrollrecht verfügt, wandelt sich im Laufe der Jahrhunderte und ist das Resultat sozialer Auseinandersetzungen zwischen Interessengruppen, welche die Kontrollrechte ausgehandelt haben.

Erweiterung des
Handlungsbegriffs

Die Entstehung von Normen

Die Verteilung von Kontrollrechten hat etwas mit den normativen Vorstellungen in einer Gesellschaft zu tun, wer was darf oder nicht darf. Soziologen sollten also auch erklären, wie diese Nor-

---

[19] Eine vergleichende Zusammenstellung von Sexualnormen aus 93 Gesellschaften stellt Brown (1952) vor.

men überhaupt entstehen. Zwei Aspekte in Colemans Bemühungen, die Entstehung von Normen zu erklären, fallen auf. Zum einen basieren seine Ausführungen auf dem zielgerichteten Handeln von individuellen Akteuren. Anders ausgedrückt, Normentstehung ist nicht allein auf der Systemebene angesiedelt. Zum anderen ist die Entstehung von Normen auf die ressourcenbedingte Durchsetzungsfähigkeit der Interessenten angewiesen. Damit werden theoretische Lösungen aus der Konflikttheorie, Theorie sozialer Bewegungen und Organisationssoziologie anwendbar.

Normen richten sich auf externe Effekte von Handlungen

Worauf basiert das Interesse, eine Handlung zu regulieren bzw. den Akteuren ein Kontrollrecht über eine Handlung zu entziehen? In erster Linie sind davon Handlungen betroffen, die *externe Effekte* aufweisen. Die Bezeichnung externe Effekte bedeutet, dass Effekte einer Handlung die Handlungserträge anderer Akteure steigern oder vermindern. Dadurch generiert sich deren Interesse, diese Handlung, von Coleman Fokalhandlung genannt, zu fördern oder zu unterbinden. Förderung oder Verbot drücken sich in Normen aus. Zurück zu unserem Beispiel. Sexualität dient – aus kollektiver Sicht – der Reproduktion von Bevölkerung. Daran besteht ein öffentliches Interesse. Da diese Reproduktion nicht nur aus einer einzigen elementaren Handlung besteht, sondern einen langjährigen verpflichtenden Erziehungsprozess umfasst, entstehen Sexual- und Familiennormen. Dies geschieht über die Verteilung von Kontrollrechten bzw. deren Entzug bei Handlungen, die als gefährdend für den erwarteten kollektiven Nutzen betrachtet werden.

Korporative und natürliche Akteure

Wer bestimmt das? Das sind nach Coleman relevante Akteure. Das sind erstens solche Akteure, die ein Interesse an einer Handlung aufweisen und zweitens über die Ressourcen verfügen, diesem Interesse auch Nachdruck zu verleihen (Coleman 1991, S. 84 ff). Relevante Akteure sind meist keine natürlichen Akteure. In der Austauschtheorie Colemans werden zwei Arten von Akteuren begründet: natürliche und korporative Akteure. Natürliche Akteure sind einzelne Menschen. Korporative Akteure entstehen durch Ressourcenzusammenlegung natürlicher Akteure. Zu den Ressourcen, die zusammengelegt werden können, gehören auch Kontrollrechte über Handlungen. Der Staat z. B. ist ein korporativer Akteur, der über ein beträchtliches Reservoir an Kontrollrechten über Handlungen verfügt. Er ist deshalb zugleich eine Art Schiedsrichter in der Auseinandersetzung zwischen natürlichen und anderen korporativen Akteuren. Damit sind Wirtschaftsunternehmen, politische Parteien, politische Bewegungen usw. gemeint. Dadurch, dass auch solche Akteure über Kontrollrechte verfügen, die sie durch Zusammenlegung oder Tausch von natürlichen Akteuren erhalten haben, ist es möglich, sie auch als tatsächlich handelnd zu modellieren. Korporative Akteure handeln durch *Agenten*. Das sind natürliche Akteure, die Kontrollrechte an einen korporativen Akteur im Tausch gegen eine extrinsische oder intrinsische Bezahlung zeitlich begrenzt abgeben. Sie handeln also im Auftrag des korporativen Akteurs. Ausführlich sind diese theoretischen Annahmen in Coleman (1986) entwickelt. Korporative Akteure werden also z. B. auch gegründet, um die (übereinstimmenden) Interessen von natürlichen Akteuren besser durchsetzen zu können, wie dies bei Gewerkschaften oder politischen Bewegungen der Fall ist. Die Eigner eines korporativen Akteurs, welche die Ressourcen zusammengelegt haben, werden *Prinzipale* genannt.

Wenn im Ringen um ein Kontrollrecht (die Setzung einer Norm) relevante Akteure mit gegensätzlichen Interessen auftreten, dann muss ein sozialer Konsens gefunden werden. Dies setzt natürlich voraus, dass alle Beteiligten am Bestand einer sozialen Ordnung interessiert sind und deshalb ihre Auseinandersetzung

> Die Verfügbarkeit von Kontrollrechten wird ausgehandelt

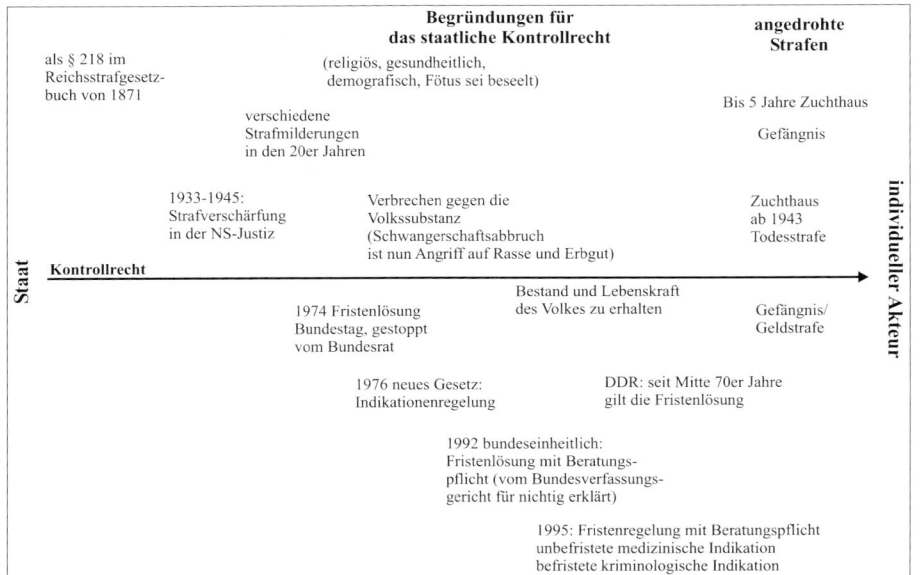

Abb. 26: Entkriminalisierung des Schwangerschaftsabbruchs als Verschiebung des Kontrollrechts

mit friedlichen Mitteln bewältigen wollen. Das jahrzehntelange
Ringen um den Paragrafen 218 des Strafgesetzbuches ist ein Beispiel für die Prozesshaftigkeit der Vergabe oder des Entzugs von
Kontrollrechten durch relevante Akteure, wie z. B. politische Parteien, religiöse Verbände, Frauenbewegungen, Gewerkschaften
usw. Man kann sagen, der Prozess des Zeugens, Gebärens und
Erziehens von Kindern bezeichnet Handlungen mit erheblichen
externen Effekten, die zu einem großen Interesse an der Regulation dieser Handlungen führen. In Abbildung 26 sind die in den
letzten 130 Jahren beobachtbaren Veränderungen der Rechtsnorm
zum Schwangerschaftsabbruch skizziert. Trotz der Auf- und Ab-
bewegungen lässt sich insgesamt erkennen, dass sukzessive immer mehr Elemente dieses Kontrollrechts zu den natürlichen
Akteuren hin wandern. Aus der Perspektive der Austauschtheorie
Colemans ist dies das Resultat eines zähen Aushandelns zwischen
verschiedenen korporativen Akteuren.

Zusammenfassung

1. Webers Handlungsbegriff erfährt eine Erweiterung, indem angenommen wird,
   dass der individuelle Akteur neben der Sinnsetzung für eine Handlung auch
   über das Kontrollrecht dieser Handlung verfügen muss. Anders ausgedrückt:
   Solange ein individueller Akteur das Recht hat, seine eigene Handlung zu
   kontrollieren, existiert zu dieser Handlung keine Norm, die sein Handeln einschränkt oder verbietet.

2. Neben natürlichen Akteuren werden auch Annahmen zu korporativen Akteuren
   entwickelt. Diese entstehen durch Zusammenlegung von Ressourcen, über die
   natürliche Akteure verfügen. Diese Akteure werden dann Prinzipale oder im
   Fall von Interessenorganisationen Mitglieder genannt.

3. Korporative Akteure verfolgen satzungsgemäß einen Zweck und müssen wie
   natürliche Akteure Kontrollrechte über Handlungen besitzen. Diese erhalten
   sie durch Tausch mit natürlichen Akteuren, die dann (gemäß eines Vertrags
   oder einer demokratischen Wahl als Funktionär) im satzungsgemäßen Interesse des korporativen Akteurs als Agenten desselben handeln.

4. Die Verteilung von Kontrollrechten über Handlungen ist nicht unveränderlich.
   Über relevante Akteure (meist korporative Akteure) nehmen natürliche Akteure
   darauf Einfluss, wer über welche Kontrollrechte verfügt. Das Interesse an der
   Verfügung über Kontrollrechte hängt davon ab, ob eine Handlung externe Effekte aufweist und wer davon betroffen ist.

5. Aus dieser Konstellation entsteht das Interesse an der Kontrolle (Förderung
   oder Unterdrückung) einer (Fokal-)Handlung. Zur Durchsetzung solcher Interessen werden relevante Akteure mobilisiert.

Das Interesse an der Internalisierung von Normen bei anderen Akteuren   4.6.3

Eigeninteressiertheit als Grundlage für die Erklärung menschlichen Verhaltens ist für nicht wenige Sozialisationsforscher unvereinbar mit der Sozialisationsannahme. Im Grunde geht es dabei darum, dass gerade die Verfolgung des Eigeninteresses durch Sozialisation deutlich vermindert werden soll. Coleman zeigt eine theoretische Lösung auf, wie sich Eigeninteressiertheit und Sozialisationsannahme vereinbaren lassen. Ein solches Bemühen hatten wir schon im Zusammenhang mit der Figurationssoziologie kennengelernt. Coleman vertritt den theoretischen Standpunkt, möglichst stets von Akteuren und deren Interessen auszugehen und nicht auf emergente Strukturgesetze oder andere „höhere Mächte" zurückzugreifen (Methodologischer Individualismus – 1. Kapitel). Zwei Aspekte sind im Zusammenhang mit einer Sozialisationsannahme von Belang: Unter welchen Bedingungen entsteht ein Interesse daran, dass Akteure eine Norm internalisieren und unter welchen Bedingungen haben Akteure selbst ein Interesse, eine Norm zu internalisieren? In diesem Abschnitt wenden wir uns der ersten Frage zu.

Internalisierung wird als Entstehung eines inneren Sanktionssystems bezeichnet (Coleman 1991, S. 380). Das ist eine Bestimmung, wie sie auch in anderen Sozialisationsannahmen vorkommt. Ein inneres Sanktionssystem im Hinblick auf eine Norm existiert dann, wenn im Falle des Übertretens dieser Norm durch den Akteur innere, z. B. psychische Kosten (unangenehme Gefühle) entstehen. Oftmals wird davon ausgegangen, dass die Internalisierung von Normen etwas Selbstverständliches ist. Im Rahmen der RCT werden Kausalerklärungen angestrebt. Deshalb sind stets die Bedingungen zu formulieren, die erforderlich sind, damit ein Ereignis eintritt. Unter welchen Bedingungen soll also eine bestimmte Norm internalisiert werden?

Sozialisation als Entstehung eines inneren Sanktionssystems

Unter welchen Bedingungen entsteht ein Interesse, die Internalisierung von Normen zu fördern? Ein Interesse entsteht immer dann, wenn Akteure Nutznießer der Einhaltung bestimmter Normen sind. Die Gruppe der Nutznießer und die der Normadressaten können identisch sein, dann nennt man eine Norm konjunkt (Fairplayregeln im Sport). Wenn die Gruppen nicht identisch sind, dann werden Normen disjunkt genannt (Rauchernormen). Das Interesse an der normativen Regulation einer Handlung entsteht dann, wie wir im vorangegangenen Abschnitt gesehen haben, wenn andere Akteure von den externen Effekten

Das Interesse an der Internalisierung einer Norm

einer Handlung betroffen sind, d.h., sich dadurch deren Nutzen oder Kosten erhöhen (deshalb werden sie Nutznießer genannt). Diejenigen, die eine Handlung ausführen oder unterdrücken sollen, tun dies nicht, um anderen eine Freude zu bereiten. Sie sind ebenfalls bestrebt den Nutzen aus ihren Handlungen zu erhöhen. Das kann dazu führen, dass sie zunächst nicht geneigt sind eine Norm einzuhalten. Darum müssen die Nutznießer einer Norm die Einhaltung der Norm durch die Normadressaten kontrollieren. Da Kontrolle immer auch Kosten verursacht, steht also die Entscheidung an: Soll eine Norm extern oder intern kontrolliert werden?

Unter welchen Bedingungen werden Normen internalisiert?

Die Kosten werden dadurch beeinflusst, wie groß die Menge an Handlungen ist, die kontrolliert werden sollen. Je größer diese Menge ist, desto kostengünstiger ist es, in den Aufbau eines internen Sanktionssystems zu investieren. Der Grundprozess der Sozialisation wird von Coleman als Versuch definiert, eine Identifizierung des zu Sozialisierenden mit dem Sozialisationsagenten zu erreichen. Diese Sozialisationsfigur haben wir bereits im 1. Kapitel kennengelernt. Sie gehört zum Grundbestand der Sozialisationsannahme. Hauptsächlich ist sie durch Freud ausgearbeitet, weiterentwickelt durch Mead und umfassend angewendet in Parsons' Strukturfunktionalismus. Mit anderen Worten, durch Sozialisation verändert sich das Selbst des zu Sozialisierenden. Sozialisation ist auch in der Theorie Colemans ein lebenslanger Prozess. Wann immer die skizzierten Bedingungen auftreten, die das Interesse am Aufbau eines inneren Sanktionssystems begünstigen, setzt Sozialisation ein.

Das Interesse von Eltern an der Internalisierung von Normen

Wer kann ein Interesse daran haben, dass bestimmte Normen internalisiert werden? Das betrifft sowohl natürliche als auch korporative Akteure. Als natürliche Akteure treten vor allem Eltern auf. Sie haben ein Interesse daran, dass ihre Kinder bestimmte Normen internalisieren und dabei ein bestimmtes Selbst ausbilden. Die Investition in die Ausbildung eines inneren Sanktionssystems führt zu einem Gewinn für die Eltern. Weil dieses innere Sanktionssystem zu einem auch in der Zukunft stabilen (normkonformen) Handeln führt, werden aber vorrangig andere Akteure, nachdem die Kinder das Elternhaus verlassen haben, die Gewinne aus den Investitionen der Eltern erhalten. Wenn Eltern in die Internalisierung von Normen zur sozialen Gerechtigkeit (mit anderen teilen, anderen Menschen helfen usw.) investieren, dann werden sie selbst nur einen kleinen Teil davon zurückerhalten. Ehepartner, Freunde, Arbeitskollegen dagegen werden eher in den Genuss von Gewinnen aus diesem Handeln kommen.

Daraus ergibt sich folgende Tendenz: Es ist zu erwarten, dass Eltern in die Internalisierung von Normen, die mit Handlungen im Elternhaus am wenigsten zu tun haben, wenn keine weiteren Bedingungen vorliegen, unterinvestieren. Grundtugenden wie z. B. Ehrlichkeit oder Offenheit kommen dagegen unmittelbar auch den Eltern bzw. dem Familienleben zugute. Also werden sie vorrangig in die Internalisierung solcher Normen investieren.

Auch korporative Akteure haben ein Interesse daran, dass Akteure durch Identifikation mit ihnen ein inneres Sanktionssystem aufbauen, das zu einem Nutzen für diese korporativen Akteure führt. Der Staat ist z. B. daran interessiert, dass sich die Bürger mit ihrer Nation identifizieren, Fußballvereine sind daran interessiert, dass sich ihre Fans mit der Mannschaft identifizieren, Wirtschaftsunternehmen sind daran interessiert, dass sich die Arbeitnehmer mit ihrem Betrieb identifizieren. Wenngleich die konkreten Bedingungen recht verschieden sind, insbesondere zwischen Vereinen und Wirtschaftsunternehmen, so entstehen dennoch diesen Körperschaften durch Identifikation höhere Gewinne aus den Handlungen der individuellen Akteure, weil die Kosten für deren Handlungskontrolle sinken. Für Wirtschaftsunternehmen z. B. entsteht das Kontrollproblem daraus, dass natürliche Akteure, die einen Arbeitsvertrag eingehen (Agenten der Körperschaft), dadurch ihre eigenen Interessen nicht verlieren. Ein Agent wird sich also eher nicht verausgaben, denn immerhin gibt es ein Leben nach der Arbeit. Dem Unternehmen entstehen also Kosten für die Kontrolle der Agenten und deren Arbeitsleistung. Kontrollen werden z. B. durch Stechkarten, Normierung der Arbeitsleistung und Bewertung durch Vorgesetzte durchgeführt. Darüber hinaus versuchen Wirtschaftsunternehmen, ihre Agenten möglichst auch außerhalb der Arbeitszeit zu kontrollieren, so z. B. deren Lebenswandel, der nicht dem Firmenimage entgegenstehen soll. Selbstverständlich sollen die Agenten auch ausgeruht zur Arbeit kommen. Dies ist Gegenstand schon lange währender Auseinandersetzungen zwischen Wirtschaftsunternehmen und Gewerkschaften. Weniger aufwendig ist es demgegenüber, wenn Agenten freiwillig ihre Arbeitskraft maximal für das Unternehmen einsetzen, weil sie sich mit ihm identifizieren. In diesem Fall entsteht ein intrinsischer Nutzen, der darauf beruht, dass das Interesse des Unternehmens in das eigene Selbst eingeht. Tatsächlich versuchen moderne Großunternehmen in ihrer Personalauswahl durch entsprechende Tests herauszufinden, ob Bewerber eine hohe Bereitschaft zur Identifizierung mit dem Unternehmen aufweisen. Dazu erstellen Psychologen Prognosen

Das Interesse korporativer Akteure an der Internalisierung von Normen

und bei gleicher Qualifikation ist es natürlich eine günstigere
Identifikationsprognose, welche die Chance auf einen Arbeitsplatz erhöht. Eine völlige Identifikation mit einem Unternehmen
bezeichnet Coleman als affine Agentschaft. Dies dürfte allerdings
sehr selten sein. Englische Butler, zumindest die in alten Filmen,
haben etwas von affinen Agenten. Sie identifizieren sich mit seiner Lordschaft und gehen darin auf, wenn sie von „wir" sprechen.

Zusammenfassung

1. Die Nutznießer von Normen sind daran interessiert, dass die Normadressaten
   sich normkonform verhalten.
2. Da die Normadressaten ebenfalls eigene Interessen verfolgen, sind sie wenig
   geneigt, die Norm von sich aus einzuhalten. Deshalb müssen sie kontrolliert
   werden.
3. Handeln kann extern oder intern kontrolliert werden. Letzteres wird möglich,
   wenn die Normadressaten eine Norm internalisieren.
4. Immer dann, wenn die Kosten für externe Kontrollen höher sind, als die Investition in Internalisierung oder wenn eine große Menge von Handlungen kontrolliert werden soll, investieren Sozialisationsagenten in den Aufbau eines internen Sanktionssystems.
5. Der Aufbau eines internen Sanktionssystems gelingt am besten, wenn natürliche Akteure zur Identifizierung mit dem (natürlichen oder korporativen) Sozialisationsagenten gebracht werden können.

4.6.4   Das Eigeninteresse an der Internalisierung von Normen

Warum andere Akteure daran interessiert sind, dass Normen internalisiert werden, liegt auf der Hand. Internalisierung senkt
deren Kontrollkosten und erhöht damit den Nutzen für sie aus
der Normkonformität der Normadressaten. Aber warum sollen
die Normadressaten selbst ein Interesse an der Internalisierung
von Normen haben?

Objektselbst und   In der Struktur des Selbst der individuellen Akteure gibt es
Handlungsselbst   keine gänzlich neuen theoretischen Annahmen. Es ist, ähnlich
wie bei Mead, dichotom angelegt. Coleman nennt die beiden Teile
Objektselbst und Handlungsselbst. Das Objektselbst beherbergt
die individuellen Motive und das Prinzip der Nutzenmaximierung. Das Handlungsselbst ist der ausführende Teil. Dies ist ana-
log zur Konstruktion des korporativen Akteurs angelegt. Das Objektselbst entspricht einem Prinzipal und das Handlungsselbst

einem Agenten. Das Handlungsselbst soll also entsprechend der Absichten des Objektselbst handeln. Wir hatten aber bereits gesehen, dass dabei ein Kontrollproblem auftreten kann. Beide Teile des Selbst werden durch Interessen miteinander verbunden. Je komplexer eine Umwelt ist, desto komplizierter ist die Abstimmung zwischen diesen Teilen des Selbst (Coleman 1992, S. 234 ff). Daran ist nur die Begrifflichkeit etwas ungewöhnlich, nicht aber der Vorgang selbst, denn dass Menschen nicht immer in Übereinstimmung mit ihren Einstellungen handeln, entspringt bereits unserer alltäglichen Primärerfahrung. Die Vermittlung zwischen beiden Teilen des Selbst obliegt im Grunde den Interessen eines Akteurs. Dadurch entsteht eine doppelte Funktion von Interessen, jeweils in Bezug auf das Objektselbst und auf das Handlungsselbst. Dies ist in Abbildung 27 wiedergegeben.

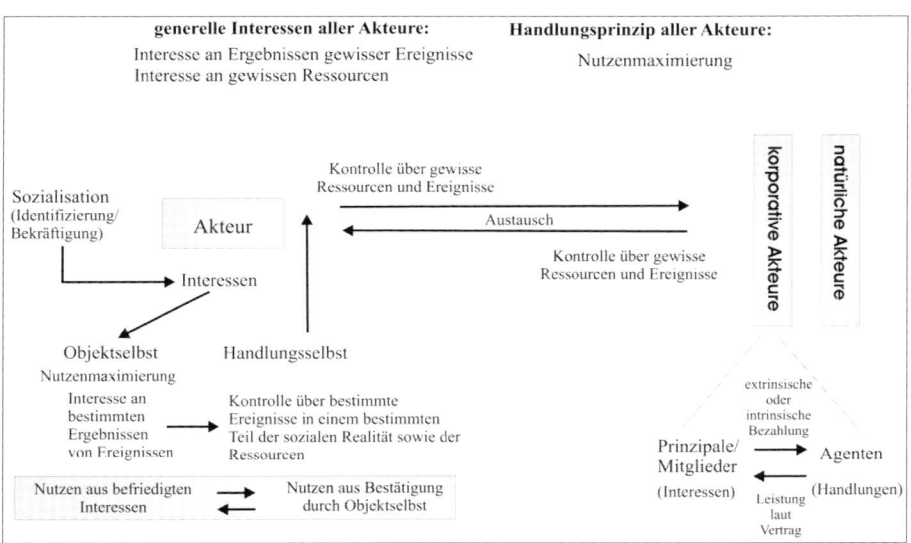

Abb. 27: Anreiz zum Austausch und Struktur des Selbst bei Coleman

Es stellt sich nun die Frage, woher die individuellen Interessen überhaupt kommen. Im Prinzip lehnt sich Coleman an die behavioristische Lerntheorie an. Wir haben im 3. Kapitel gesehen, dass im Rahmen dieser Verhaltenstheorie zwischen primären und sekundären Verstärkern unterschieden wird. Dies rührt daher, dass man zwischen primären und sekundären Bedürfnissen unterscheiden kann. Primäre Bedürfnisse sind angeboren, sie ergeben

Wie entstehen Interessen?

sich aus der Existenzsicherung (Nahrung, Kleidung, Behausung, Fortpflanzung). Diese Kernbedürfnisse oder Interessen sind von Anfang an Teil des Objektselbst. Andere (sekundäre) Bedürfnisse, die mit den primären Verstärkern zusammen auftreten, werden im Rahmen der Sozialisation als kognitive Assoziationen gelernt. Sie können später selbst Verstärkung auslösen (vgl. 3.4). Dadurch entsteht ein komplexes System von Bedürfnissen bzw. in Colemans Theorie von Interessen. Die Suche nach Reizen (operantes Verhalten), wie dies Skinner bezeichnete, kann man mit der Verfolgung von Interessen gleichsetzen. Daraus geht hervor, dass individuelle Akteure spontan individuelle Interessen entwickeln und nach deren Erfüllung streben. In diesem Prozess bilden sich immer wieder neue Interessen oder Bedürfnisse. Identifikation bezeichnet bei Coleman, in Anlehnung an verbreitete theoretische Auffassungen, einen Vorgang, bei dem Interessen derjenigen, mit denen sich ein Akteur identifiziert, zu seinen eigenen werden.

Zwei Wege zur Erhöhung individueller Handlungserträge Ist die Identifikation mit anderen Akteuren (individuellen oder korporativen) eine Verletzung des Prinzips des Methodologischen Individualismus? Die theoretische Schwierigkeit, die sich nun ergibt, besteht darin, dass Identifikation auf der Grundlage der individuellen Interessenverfolgung erklärt werden muss. Zwei Wege stehen offen, um die Handlungserträge zu erhöhen. Zum einen sind Akteure bestrebt, wie wir bisher gesehen haben, geleitet durch ihre Interessen mittels Austausch Einfluss auf die äußere Welt zu nehmen. Sie haben aber zweitens auch die Möglichkeit, durch Veränderung ihres Selbst sich bestimmten Gegebenheiten der äußeren Welt anzupassen. Auch dadurch lässt sich ihr Nutzen erhöhen (Coleman 1992, S. 251 f). Bei diesem psychischen Wandlungsprozess stützt sich Coleman auf Forschungsergebnisse der Psychologie.

Identifikation ist ein solcher psychischer Vorgang. Bei der Identifizierung mit einem Sozialisationsagenten (z. B. auf der Grundlage von Sympathie, intimer Nähe, intensiver Interaktion) werden Interessen von ihm internalisiert. Die folgenden fünf Situationen können Identifizierung fördern.

Gewinnversprechende Identifikation mit einem Interaktionspartner Eine erste Situation, in der sich eine Person mit einer anderen identifiziert, besteht darin, dass durch diese Erweiterung des Objektselbst Gewinne erwartet werden. Wenn also ein Akteur sich identifiziert, dann führt dies zu einer Interessenübereinstimmung mit einem Interaktionspartner. In diesem Fall ergreift eine Person eine Handlung, um einer anderen Person einen Gewinn zu verschaffen, und profitiert dann selbst von diesem Gewinn (Zusatzgewinn), weil die Interessen übereinstimmen.

In einer zweiten Situation entsteht Identifizierung dadurch, dass die Person, mit der sich ein Akteur identifiziert, erfolgreich ist. Für Jugendliche und Heranwachsende spielen Idole aus den verschiedenen Musikszenen die Rolle von Identifikationsobjekten. Aber auch Fußballstars oder erfolgreiche Sportvereine können aus diesem Grund Identifikationsobjekte werden. Transportiert über die modernen Medien entstehen kognitive Zusammenhänge, die solche Identifikationsmöglichkeiten schaffen.

Identifikation mit erfolgreichen Personen

Eine dritte Situation besteht darin, dass die gleichen Erfahrungen über Konsequenzen von Handlungen gemacht werden. Man kann hier auch von einer Schicksalsverwandtschaft sprechen. Gemeinsame Kriegs- oder Krisenerlebnisse können eine starke Identifikation zwischen den Betroffenen schaffen.

Identifikation aufgrund einer Schicksalsverwandtschaft

Eine vierte Situation entsteht aus der Abhängigkeit zu anderen Personen heraus. Dies ist die klassische Kind-Eltern-Identifikation. Wir haben bereits im 2. Kapitel gesehen, dass in der Primärsozialisation vor Ausbildung der Sprachfähigkeit besonders nachhaltige Internalisierungen durch den intensiven und exklusiven Kontakt zu den Eltern entstehen. Diese Grundsituation sieht Coleman aber auch in anderen Abhängigkeitsverhältnissen gegeben, so z. B. zwischen Wärtern und Gefangenen. Wenn also die Abhängigkeit besonders intensiv ist und einen hohen Grad an Exklusivität aufweist, kann es zur Identifizierung kommen.

Identifikation durch Abhängigkeit

Eine letzte Situation, die Coleman nennt, besteht in der Übertragung von Kontrollrechten über Handlungen auf einen anderen Akteur. Eine solche Situation ist in der Beziehung zu einem charismatischen Führer oder einer Liebesbeziehung gegeben. Das Resultat besteht dabei in einer gesteigerten Empathie des Akteurs zum Identifikationsobjekt.

Identifikation durch Übertragung von Kontrollrechten

Diese empirischen Fakten ergeben zusammen ein Bild über Bedingungen der Identifikation, die der Internalisierung von Interessen anderer Akteure zugrunde liegen. Dieser Prozess führt zu einer Erweiterung des Objektselbst, welches für die Absichten und Bedürfnisse eines Akteurs steht.

Zusammenfassung

1. Die Identität natürlicher Akteure setzt sich aus einem Objektselbst und einem Handlungsselbst zusammen.
2. Das Objektselbst umfasst die Absichten, Interessen und das Prinzip der Nutzenmaximierung, auf dessen Grundlage sich der Akteur für eine Handlung entscheidet. Auf dieser Grundlage wird das Handlungsselbst bestimmt.

234 Sozialisationsannahmen in Grundrichtungen der Soziologie | 4

3. Dem Handlungsselbst unterliegt die Ausführung von Handlungen. Es kontrolliert Ressourcen und bestimmte Ereignisse.
4. Der Austausch zwischen Objektselbst und Handlungsselbst besteht einerseits in der Bestätigung des Handlungsselbst durch das Objektselbst und andererseits in der Befriedigung der Bedürfnisse des Objektselbst durch das Handlungsselbst.
5. Das Objektselbst erfährt durch den lebenslangen Sozialisationsprozess eine Erweiterung der Bedürfnisse. Ein entscheidender Prozess dieser Erweiterung besteht in der Identifikation mit Interaktionspartnern (natürlichen und korporativen). Dabei werden Interessen dieser Interaktionspartner internalisiert. Das Objektselbst wird dadurch komplexer und ein Ausdruck der erlebten sozialen Realität.
6. Identifikationen können durch verschiedene Bedingungen ausgelöst werden: um anderen einen Gewinn zu verschaffen, wenn andere erfolgreich sind, man von den gleichen Ereignissen betroffen ist, stark von anderen abhängig ist oder Kontrollrechte über Handlungen überträgt.
7. Die internalisierten Interessen unterliegen ebenfalls, wie die von Anfang an vorhandenen Grundinteressen (Grundbedürfnisse wie Nahrung, Kleidung, Sicherheit usw.) dem Prinzip der Nutzenmaximierung, die das Objektselbst durch seinen Einfluss auf das Handlungsselbst zu erreichen trachtet.

4.6.5 Das Problem der Sozialisation in der neuen Sozialstruktur

Der Zusammenhang zwischen Akteurs- und Aggregatebene

Folgt man dem Makro-Mikro-Makro-Link, dann stellt sich nun die Frage, welche theoretischen Annahmen zur Aggregatebene aus den Annahmen zur Internalisierung auf der Akteursebene und umgekehrt folgen. Besonders interessant sind Colemans Annahmen über Veränderungen von Bedingungen auf der Aggregatebene, die den Prozess der Internalisierung beeinflussen. Diese veränderten Bedingungen wirken dann über das Handeln der Akteure zurück auf die Aggregatebene.

Coleman formuliert dazu zwei zentrale theoretische Annahmen:

Es gibt in der modernen Gesellschaft zwei Sozialstrukturen, die aus unterschiedlichen Elementen bestehen: Die Elemente ursprünglicher Körperschaften (z. B. Familie) sind Personen. Die Elemente korporativer Akteure sind Positionen, die von Personen nur vorübergehend besetzt werden.

Hinzu kommt ein zweiter Unterschied: Das Interesse von Eltern an ihren Kindern ist ein ganzheitliches, es richtet sich auf die ganze Person des Kindes. Korporative Akteure hingegen verfolgen einen bestimmten Zweck, zu dessen Erfüllung sie gegründet wurden. Insofern als sie direkt im Sozialisationsprozess der Kinder und Jugendlichen (z. B. als Hersteller von Spielzeug, Lebensmitteln, Kleidung, Musik) in Erscheinung treten, geschieht dies stets nur, um ihren Zweck zu erfüllen. Beide Unterschiede (Personen oder Positionen, ganzheitliches oder partikulares Interesse) haben für die Herausbildung der Persönlichkeit der Kinder und Jugendlichen Folgen.

Erklärung

Auswirkungen korporativer Akteure auf die Familie und deren Sozialisationsaufgabe

Korporative Akteure entstehen, wie wir gesehen hatten, durch Zusammenlegung von Ressourcen ihrer Gründer (Prinzipale oder Mitglieder) zu einem bestimmten Zweck (Körperschaftsziel) und dem Erwerb von Kontrollrechten über Handlungen natürlicher Akteure. Diese Kontrollrechte werden im Sinne des Körperschaftsziels durch Tausch erworben. Dadurch werden natürliche Akteure temporär (entsprechend der vertraglichen Regelungen des Tauschs) zu Agenten der Körperschaft. Durch dieses Konstrukt ist es möglich zu erklären, auf welche Weise Körperschaften eigene Interessen verfolgen können.

Das Ansteigen der Zahl korporativer Akteure in den letzten 100 Jahren ist beträchtlich. Zwischen natürlichen und korporativen Akteuren sind vielfältige und zahlreiche Interaktionen entstanden. Faktisch treten wir im Alltag permanent mit korporativen Akteuren in Beziehung: mit Versicherungen, Banken, Arbeitgebern, Freizeiteinrichtungen, Gewerkschaften, Hausverwaltung usw. Zwischen natürlichen Akteuren und korporativen Akteuren besteht eine mehr oder weniger große Asymmetrie hinsichtlich ihrer Macht, die sich aus deren Differenz zwischen materiellen und immateriellen Ressourcen ergibt (Coleman 1986).

Das Problem besteht nun darin, dass soziale Ordnung eines gewissen Mindestmaßes an verantwortungsvollem Handeln aller Akteure bedarf (Moral). In diesem Zusammenhang bezeichnet Coleman Personen, die jede Situation ausnutzen, um sich noch so kleine Gewinne zu sichern, als Soziopathen. Sie sind der Prototyp für erfolglose Sozialisation (Coleman 1992, S. 306). Auf der anderen Seite sind übersozialisierte Personen ebenso unfähig wirksame Mitglieder einer Gesellschaft zu sein. Verantwortung heißt deshalb, Rücksicht auf die Interessen anderer zu nehmen. Diesem Zweck dient insgesamt der Prozess der Sozialisation. Da-

Verantwortung und Moral als Grundlage sozialer Ordnung

durch lernen Menschen auch ohne externe Kontrolle verantwortlich zu handeln. Keine Gesellschaft könnte die Kosten aufbringen, die erforderlich wären, wenn das gesamte Handeln der Menschen (aus dem externe Effekte folgen) kontrolliert werden müsste.

Das Problem der mangelnden Verantwortung korporativer Akteure

Bei korporativen Akteuren ist dies allerdings schwieriger – zum einen, weil korporative Akteure auf einen Zweck hin handeln, zu dem sie gegründet wurden und zum anderen, weil sie sehr mächtig sein können. Zudem besitzen korporative Akteure keine Psyche, sie bilden also auch kein Über-Ich (Gewissen) aus. Die Verantwortung korporativer Akteure kann sich z. B. in der Einhaltung von Richtwerten bei der Herstellung von Nahrung, einer genauen Prüfung bei der Vergabe von Krediten oder der Erhöhung der Sicherheit von Fahrzeugen durch Automobilhersteller äußern. Eine Möglichkeit, korporative Akteure zu verantwortungsvollem Handeln zu bewegen, ergibt sich aus der Tätigkeit von Aufsichtsbehörden. Deren Zahl ist beträchtlich angewachsen, ebenso jene der gesetzlichen Regelungen. Die Wirksamkeit dieser Maßnahmen sollte jedoch nicht überschätzt werden. Entwickelt hat sich u.a. der Verbraucherschutz. Insgesamt ist das Bemühen, korporative Akteure zu verantwortungsbewusstem Handeln zu veranlassen, eine langwierige und konfliktreiche Auseinandersetzung zwischen ihnen und natürlichen Akteuren, nicht-gewinnorientierten Organisationen und Regierungsorganisationen.

Negative externe Effekte korporativer Akteure auf die Familie

Das entscheidende soziale Problem, das sich aus einer mangelnden Verantwortung korporativer Akteure ergibt, resultiert aus den negativen externen Effekten ihres Handelns auf die Familie. Vor allem moderne Wirtschaftsunternehmen haben Sozialisationsbedingungen wie z. B. Kinderpflege oder Betreuung anderer abhängiger Personen für die Ehepartner unökonomisch werden lassen. Dadurch haben sich die familialen Sozialisationsbedingungen in den letzten 100 Jahren verschlechtert. Die Familie aber ist der entscheidende Sozialisationsagent, schon weil hier die nachhaltig wirkende Grundpersönlichkeit der Kinder entsteht. Die Beeinträchtigung der Familie, insbesondere durch die wirtschaftlichen korporativen Akteure, hat zuerst zu einer Entfremdung des Ehemanns und Vaters vom Haushalt geführt. Die Trennung von Haushalt und Arbeitsplatz wurde in der nächsten Stufe durch die zunehmende Berufstätigkeit der Ehefrau und Mutter gesteigert. Das ist eine allgemeine Feststellung, die auch in anderen theoretischen Kontexten anzutreffen ist. Mit der Industrialisierung verliert die Familie wichtige Aufgaben oder muss sie mit anderen Akteuren teilen.

Verschlechterung familialer Sozialisationsbedingungen

Aus dem Verlust der produktiven Aufgabe der Familie an korporative Akteure, dem damit verbundenen langen außerhäusigen

Arbeiten der Ehemänner und Väter sowie der ansteigenden Berufsarbeit der Ehefrauen und Mütter folgt nach Coleman, dass sich die Sozialisationsbedingungen in der Familie verschlechtern. Dazu trägt auch bei, dass bestimmte andere Tätigkeiten in der Familie, die Nebenprodukte der Kindererziehung sind, ebenfalls allmählich aus dem Tätigkeitsspektrum der Familie verschwinden.

Diese theoretischen Annahmen zu den Sozialisationsbedingungen mögen recht konservativ erscheinen. Sie sollten deshalb aus einer geschlechtsneutralen Perspektive betrachtet werden, also nur in Bezug auf familiale Sozialisationsressourcen, ungeachtet dessen, ob sich dieser Aufgaben Väter oder Mütter annehmen sollten.

Die Verringerung sozialen Kapitals für Kinder und Jugendliche

Ein entscheidender Effekt des Ausbreitens korporativer Akteure in der modernen Sozialstruktur besteht darin, dass das soziale Kapital, was Kindern und Jugendlichen in der Familie zur Verfügung steht, sinkt. Der Grundgedanke, der in diesem Zusammenhang anklingt, lässt sich letztlich auch dahingehend fassen, dass Coleman insbesondere im Hinblick auf die urbane Organisation des Alltags einen zunehmenden Wandel von Gemeinschaft in Gesellschaft beklagt. Einerseits ist diese Vorstellung Teil der sozialwissenschaftlichen Ideengeschichte, wenn man an Durkheim (1977 [1893]) und Tönnies (1963 [1887]) denkt, andererseits lässt sich aber auch eine Renaissance beobachten, die mit den Kommunitariern (u.a. Etzioni, 1995) oder auch zeitgenössischen Überlegungen der Kriminalprävention wieder anklingt. Die Auseinandersetzung um Gemeinschaft und Gesellschaft ist also keineswegs überwunden. Der Kernpunkt bezieht sich auf das „Schicksal" der Familie in der modernen Gesellschaft. Genau darum geht es auch Coleman.

Der Wandel von Gemeinschaft in Gesellschaft

Den Begriff des sozialen Kapitals hatten wir bereits im Zusammenhang mit der Theorie Bourdieus kennengelernt. Colemans Auffassung ist damit weitgehend identisch. Darüber hinaus differenziert er aber stärker, worin das soziale Kapital von Kindern besteht. Dazu unterscheidet er drei Grundfiguren sozialen Kapitals:

Grundfiguren sozialen Kapitals

* die Beziehung Erwachsener – Kind; dies umfasst die Zeit, Mühe und Intensität der Interaktion zwischen einem Elternteil und dessen Kind;
* die Beziehung Erwachsener – Erwachsener zum Kind als sozialstrukturelle Geschlossenheit eines Netzwerks; hier geht

es um die Beziehung zwischen den Eltern und ihrem Kind, aber auch zwischen einem Elternteil und einer Lehrerin oder einem Lehrer, oder zwischen Elternteilen unterschiedlicher Familien sowie zwischen den Kindern dieser Familie z. B., wenn diese Kinder befreundet sind;

* schließlich hat die Langlebigkeit solcher Beziehungen einen eigenständigen Effekt auf die Sozialisation des Kindes.

Die Wirkung sozialen Kapitals Worin bestehen die Wirkungen des sozialen Kapitals auf die Herausbildung der Persönlichkeit des Kindes?

* Die Wirkung sozialen Kapitals besteht darin, den Beteiligten etwas zu vermitteln, z. B. Emotionen, Wissen, Fertigkeiten, Urteile. Von Erwachsenen gehen beträchtliche Vorbildeffekte aus, die relevant für die Herausbildung der Identität sind (vgl. 2.3). Letztlich bietet soziales Kapital Schutz vor sozialer Isolation.

* Soziales Kapital als Geschlossenheit eines Netzwerks (drei oder mehr Personen), begünstigt die Entstehung, Festigung und Vermittlung von Normen. Über den Mechanismus der Handlungsbestätigung und der Unterstützung erhöht sich die Sozialisationswirkung im Unterschied zu einer einzelnen Beziehung zwischen Erwachsenem und Kind. In der Familie und um die Familie herum können mikrogemeinschaftliche soziale Beziehungen entstehen (soziale Einbettung der Familie).

* Die Zeit-Geschlossenheit, wie die Stabilität solcher Beziehungen von Coleman bezeichnet wird, weist zwei Wirkungen auf. Prospektiv begünstigt sie die Investitionen in eine Beziehung, die sich erst nach einiger Zeit auszahlen. Das setzt Vertrauen voraus, da die Zukunft ungewiss ist, also ein Investitionsrisiko darstellt. Vertrauen entsteht vor allem retrospektiv, indem aus gemeinsamen (positiven) Erinnerungen positive Erfahrungen hervorgehen, die zu Investitionen in die Zukunft anregen. Vertrauen ist in Colemans Theorie eine mächtige Ressource sozialen Kapitals. Generell lässt sich feststellen, dass Vertrauen als eine Fähigkeit bezeichnet werden kann, die sozialisiert ist und in der Familie ihren Ursprung hat.

Beeinträchtigung der Wirkung sozialen Kapitals durch korporative Akteure In diesem Zusammenhang ist Colemans Ausgangsannahme zu verstehen, wonach die Ausbreitung korporativer Akteure die Herausbildung sozialen Kapitals in der Primär- und Sekundärsozialisation zunehmend beeinträchtigt. Zum Sinken des sozialisationsrelevanten sozialen Kapitals gehören auch Prozesse wie die Zunahme von Ehescheidungen, das zahlenmäßige Kleinerwerden der Kernfamilie (weniger Geschwister) und zunehmende Wohnortmobilität. Im Hinblick auf die Primär- und Sekundärsozialisation geht es um zwei Tendenzen:

Zum einen wird das soziale Kapital für Kinder geschwächt, weil insbesondere korporative Wirtschaftsakteure die Eltern immer stärker von Familie abziehen. In der Bundesrepublik gibt es eine Reihe von Initiativen, mit denen ein Ausgleich zwischen dieser Tendenz und dem Interesse von Müttern, berufstätig zu sein, angestrebt wird. Dabei wird angeregt, die Zeit für Berufsarbeit zwischen den Elternteilen gerechter zu verteilen, statt sie einseitig oder insgesamt zu erhöhen. Eine solche Initiative ist die Werbung dafür, die Väter wieder in die Familie zurückzuholen, indem sie mehr Zeit mit ihren Kindern verbringen. Das seit 2007 mögliche Splitting der Elternzeit ist ein weiterer Versuch, eine gerechtere Aufteilung der Berufsarbeit zwischen den Eltern herbeizuführen. Dieses Problem kann jedoch nicht ohne die beteiligten korporativen Akteure gelöst werden.

Schwächung des sozialen Kapitals für Kinder durch steigende Berufstätigkeit

Zum anderen ersetzen korporative Akteure jene Tätigkeiten oder Beziehungen, die im Rahmen der Familien geschwächt sind. Im Zusammenhang mit dem einseitigen zweckorientierten Interesse dieser Akteure entstehen Probleme im Sozialisationsprozess der Kinder und Jugendlichen. Dazu zählt z. B. das Kochen von Mahlzeiten. Diese Tätigkeit wandert zunehmend in das Handeln korporativer Akteure ab, was durch das deutliche Ansteigen von Imbissketten und die fast-food-Ernährungsgewohnheiten für einen nicht unbeträchtlichen Teil der Bevölkerung empirisch evident ist. Damit wirkt sich die ökonomische Interessenstruktur dieser korporativen Akteure (Gewinnmaximierung) nachhaltig auf die Essgewohnheiten der Heranwachsenden aus, indem eine entstandene Lücke in der Erfüllung familialer Aufgaben ausgefüllt wird. Das mag lapidar erscheinen, aber die Aggregateffekte in Form gesundheitlicher Probleme und der Veränderung der sozialen Normen des Essens stellen durchaus bedeutsame Tendenzen dar. Ein anderer Aspekt ergibt sich aus der Wirkung von Medien. Sie nehmen nach Coleman immer mehr Einfluss auf die Primär- und Sekundärsozialisation. Dadurch wird der Einfluss der Eltern insbesondere auf die Vermittlung von Werten und Normen deutlich eingeschränkt. Auch wenn dies nicht auf alle korporativen Akteure zutrifft, so besteht der Zweck zahlreicher korporativer Akteure, die sich für Kinder und Jugendliche interessieren, darin, ihnen Produkte zu verkaufen und nicht darin, aus Kindern moralische Wesen werden zu lassen (Coleman 1992, S. 360 ff).

Erhöhung des Anteils korporativer Akteure an der Sozialisation

Das Sozialisations-Dilemma in modernen Gesellschaften

Das Dilemma, das aus dem sinkenden sozialen Kapital für die Primär- und Sekundärsozialisation entsteht, bewegt sich zwischen folgenden Alternativen: Entweder sollte durch eine entsprechende Sozialpolitik das natürliche Interesse von Eltern gegenüber ihren Kindern verstärkt werden oder es sollte versucht werden, Bedingungen zu schaffen, welche Agenten des korporativen Akteurs Staat dazu bringen, ein langfristiges persönliches Interesse und Verantwortungsbewusstsein gegenüber Kindern, die ihnen anvertraut sind, zu entwickeln (Coleman 1992, S. 372).

Der Charakter eines Dilemmas ergibt sich daraus, dass entweder bestimmte Individualisierungs- und Rationalisierungstendenzen in den modernen Gesellschaften umgekehrt werden müssten oder dass politische Maßnahmen ergriffen werden sollten, in deren Folge zunehmend der Staat anstelle der Eltern zur Fürsorge und Zuwendung der Kinder tritt. Sowohl die erste als auch die zweite Alternative sind im Grunde nicht realisierbar.

Zusammenfassung

1. Das zahlenmäßige Wachstum korporativer Akteure und deren maßgeblicher Einfluss auf die Gestaltung des Lebens in der modernen Gesellschaft führen dazu, dass sich das soziale Kapital, das Kindern in der Familie zur Sozialisation zur Verfügung steht, verringert.

2. Zu diesem Prozess gehört, dass die Familie zentrale Aufgaben an korporative Akteure verloren hat (Aufgabe der Herstellung von Gütern, Aufgabe der Bildung) oder mit ihnen teilen muss (Aufgabe der Erziehung der Kinder) und beide Elternteile zunehmend weniger Zeit und Tätigkeiten in der Familie ausführen.

3. Das soziale Kapital, das bei der Sozialisation in der Familie wirksam wird, betrifft sowohl die Enge der Bindungen innerhalb der Familie als auch deren Einbettung in gemeinschaftliche Zusammenhänge wie Verwandtschaft, Nachbarschaft und religiöse Gruppen.

4. Die Wichtigkeit der Sozialisation in der Familie ergibt sich insbesondere aus deren engen Beziehungen zur Ausbildung von Vertrauen und Vermittlung von Werten und Normen sowie sozialen Fähigkeiten.

5. Der familiale Sozialisationsprozess basiert auf dem ganzheitlichen Interesse und dem Verantwortungsbewusstsein der Eltern gegenüber dem Kind. Korporative Akteure, die in den Sozialisationsprozess hineinwirken, verfolgen dagegen nur spezifische Interessen.

6. Das Dilemma für die Sozialisation ergibt sich daraus, dass weder der Prozess der Rationalisierung und Individualisierung umgekehrt werden kann, in deren Folge das familiale soziale Kapital sinkt, noch für die Eltern bzw. Familie eine Ersatzinstitution konstruiert werden kann, die die ganzheitliche Verantwortung für die Sozialisation der Kinder übernehmen kann.

Literatur

Coleman, James S., *Die asymmetrische Gesellschaft*, Weinheim 1986.
Coleman, James S., *Grundlagen der Sozialtheorie*. Bd. 2: Körperschaften und die moderne Gesellschaft, München 1992.
Coleman, James S., *Social Theory, Social Research, and a Theory of Action*, in: American Journal of Sociology, 91, 1986, S. 1309-1335.
Coleman, James S., *The Rational Reconstruction of Society*, in: American Sociological Review, 58, 1993, S. 1-15.

Sozialisationsannahmen in theoretischen Grundrichtungen der Soziologie – Zusammenfassung 4.7

Das Verhältnis von Soziologie und Sozialisation ist in den sechs Abschnitten dieses Kapitels an Hand besonders verbreiteter theoretischer Grundrichtungen erläutert worden. Ausschlaggebend für die Anwendung von Sozialisationsannahmen in der Soziologie ist das Verhältnis zwischen Akteurs- und Aggregatebene. Aus diesen beiden Ebenen sozialer Ordnung lässt sich auch eine grobe Differenzierung der Wechselbeziehung verschiedener einzelwissenschaftlicher Disziplinen herleiten sowie der Stellenwert bestimmen, den Akteursannahmen in der Soziologie einnehmen. Dies führt zur zentralen Frage, in welcher Weise das Handeln individueller Akteure durch Sozialisation nachhaltig beeinflusst wird.

Folgende Voraussetzungen sind dabei von grundlegender Bedeutung:

* In der Soziologie werden theoretische Annahmen über individuelle Akteure benötigt, um kollektive Ereignisse (Aggregatereignisse) erklären zu können.
* Für die Bildung solcher Annahmen müssen Ergebnisse anderer einzelwissenschaftlicher Disziplinen berücksichtigt werden, deren Gegenstand es ist, Ereignisse auf der Akteursebene zu erklären.
* Dabei kommt es zum einen darauf an, dass die Akteursannahmen in der Soziologie eine möglichst geringe Komplexität aufweisen. Je komplexer die Annahmen sind, desto eingeschränkter sind die Möglichkeiten Aggregatereignisse zu erklären, weil diese Ausgangsbedingungen zu einem theoretisch nicht mehr beherrschbaren Maß an Komplexität führen würden.
* Zum anderen dürfen diese Akteursannahmen nicht im Widerspruch zu den Forschungsergebnissen anderer Disziplinen stehen.

Die Mechanismen, welche bestimmten Sozialisationsannahmen zugrunde liegen, bleiben deshalb in soziologischen Theorien meist implizit. Aus diesem Grund werden abschließend die im 3. Kapitel erläuterten Sozialisationsmechanismen und deren Bausteine mit den behandelten soziologischen Theorien noch einmal in Beziehung gesetzt.

Sozialisation im Zusammenhang mit Generationen

Die Rede von Generationen hat längst Eingang in die Alltagssprache gefunden. Die Unschärfe dieses Wortes in der Alltagssprache, welche insbesondere in den Generationenetiketten zum Ausdruck kommt, kann bisher auch durch wissenschaftliche Forschungen nicht vermindert werden. Die Grundidee moderner Theorie der Generation geht auf Mannheim zurück. Dieser theoretische Ansatz ist bis heute grundlegend. Der Kern besteht in der Annahme einer impressiven Phase während der Sekundärsozialisation. In dieser Phase bilden sich lebenslang wirkende Grundwerte und -einstellungen bei jenen Menschen aus, die sich gleichzeitig in dieser Sozialisationsphase befinden. Verursacht wird dies sowohl spontan durch historische Ereignisse oder den sozialen Charakter der gesellschaftlichen Grundsituation als auch intendiert durch einen vorherrschenden Erziehungsstil. In diesem Prozess spielen Habitualisierungen, also die psychische und physische Anpassung an eine spezifische soziale Umwelt, eine besondere Rolle. Der Gesamtmechanismus kann mit Durkheims Auffassung der Begrenzung der Bedürfnisse abgebildet werden. Es entsteht ein spezifisches Arrangement zwischen wertbasierten Erwartungen und Zielen einerseits sowie den sozialen Bedingungen während der impressiven Phase andererseits. Diese statistische Gemeinsamkeit von Menschen, die in einer bestimmten Zeitspanne geboren wurden, kann unter bestimmten Umständen zu einer kollektiven Wertorientierung und einem kollektiven Handeln dieser Menschen als Generation führen.

Sozialisation in der strukturfunktionalistischen Theorie

Die strukturfunktionalistische Theorie ist das sozialisationstheoretische Schwergewicht in der Soziologie. Der Hauptgrund besteht darin, dass mit Sozialisation erklärt werden soll, wie Akteure trotz ihres naturgegebenen Eigeninteresses in den Dienst der Erhaltung des Gleichgewichts einer Gesellschaft gestellt werden können. Die vollständige Adaption des Menschen an die gesellschaftlichen Gegebenheiten lässt keine Möglichkeit mehr für die theoretische Begründung individueller Autonomie zu. Die sozialisierten Akteure unterscheiden sich letztlich nur noch im Umfang ihrer sozialen Partizipationsfähigkeit. Je vollständiger der Sozialisationsprozess als Vermittlung von Bildung und Werten ist, desto umfangreicher ist die soziale Partizipationsfähigkeit. Die strukturfunktionalistische Theorie stützt sich dabei besonders auf die Bausteine der Assoziation und Habitualisierung. Die Wirkung von Sozialisation bezieht sich auf zwei Mechanismen. Zunächst auf jenen des Lernens am Erfolg und darauf aufbauend dem der Entstehung von Selbstbelohnung. Obwohl die Primärsozialisation für die Ausbildung der Grundpersönlichkeit entscheidend ist, entstehen in der Sekundärsozialisation die Grundlagen der sozialen Partizipationsfähigkeit. Der selektive Charakter des Bildungssystems hat dafür entscheidend Bedeutung. Der Sozialisationsprozess trägt weitestgehend intendierten Charakter.

In der Figurationssoziologie ist Sozialisation ein sich weitestgehend spontan entfaltender Prozess, welcher der Veränderung der sozialen Struktur (Komplexität der Interdependenzen) folgt. Gesellschaftlicher Wandel setzt sich aus Sozio- und Psychogenese zusammen. Die Akteure folgen ihren individuellen Interessen und konkurrieren miteinander um knappe Güter. Dieser Konkurrenz werden einerseits durch die Entstehung eines Gewaltmonopols Rechtsnormen auferlegt, andererseits entstehen aus dieser Konkurrenz um knappe Güter Sittennormen. Beide Arten von Normen wirken zuerst als Fremdzwang. Sozialisation umfasst die Umwandlung von Fremdzwängen in Selbstzwänge und basiert auf Habitualisierung, Assoziation und Selbstbehauptung. Dies sind Bausteine der Sozialisationsmechanismen des Lernens am Erfolg sowie der Begrenzung der Bedürfnisse. Der Mechanismus des Lernens am Erfolg steht für Austauschhandlungen in den Interdependenzketten. Dadurch entstehen wechselseitige Begrenzungen der Affekte durch Sanktion und Verstärkung. Im Grunde lässt sich der von Durkheim konstruierte Mechanismus im Rahmen der Figurationssoziologie dahingehend anwenden, dass eine Reduktion der Affektivität auch eine Reduktion der Ziele oder Bedürfnisse herbeiführt. Das Gewaltmonopol, das wechselseitige Sanktionspotenzial der interagierenden Akteure sowie der Prozess der Dauerhaftigkeit der Interaktion bilden den Rahmen für diesen spontanen Sozialisationsprozess, der zu einem sich historisch entwickelnden sozialen Habitus führt.

Sozialisation in der Figurationssoziologie

In der phänomenologischen Soziologie bzw. der Wissenssoziologie dominiert ein kognitiver Zusammenhang zwischen Akteur und Gesellschaft. Im Rahmen der Sozialisation werden psychische und physische Fähigkeiten habitualisiert, die in einer Lebenswelt erforderlich sind. Sozialisation führt als Resultat dazu, dass ein Akteur in der Lage ist, aufgrund des gemeinsamen Wissensvorrats und entsprechender Fähigkeiten andere Akteure und Situationen in einer Lebenswelt zu verstehen und sein Handeln daran

Sozialisation in der phänomenologischen Soziologie

routinehaft zu orientieren. Auf der Akteursebene entsteht jenes Wissen, das durch spontane Aggregation den gesellschaftlichen Wissensvorrat bildet. Dieser wiederum ist Voraussetzung für den weiteren Sozialisationsprozess.

Die Entstehung neuen Wissens geschieht in problematischen Situationen. Immer dann, wenn die sozialisierten Routinen nicht erfolgreich angewendet werden können, entstehen neue Erfahrungen in der Definition einer Situation oder der Zuweisung von Bedeutungen. Anders ausgedrückt entsteht in einer problematischen Situation kognitive Dissonanz zwischen der gewohnten Auslegung einer Situation und einer unverträglichen Alternative oder dem Nichtvorhandensein einer alternativ geltenden Auslegung einer Situation. Habitualisierung und Assoziation treten darüber hinaus als Bausteine im Rahmen der sozialisatorischen Festigung von Kognitionen auf. Diese drei Bausteine bilden die Elemente für den Sozialisationsmechanismus der Bedürfnisbegrenzung im Sinne einer Orientierung des Akteurs an den kognitiv geltenden Gegebenheiten einer Lebenswelt. In der wissenssoziologischen Erweiterung der Theorie weist die Primärsozialisation eine herausgehobene Bedeutung auf, weil hier die Grundpersönlichkeit des Menschen entsteht.

Sozialisation als Inkorporation eines kulturellen Klassengeschmacks

In der Klassentheorie Bourdieus weist Sozialisation ebenfalls intendierte und spontane Aspekte auf. Intendiert geschieht die Weitergabe von kulturellem Kapital in der Familie mit der Primärsozialisation beginnend. Dadurch entstehen bereits in früher Kindheit kaum noch ausgleichbare Differenzen im kulturellen Kapital zwischen Kindern sozial unterschiedlicher Herkunftsfamilien. Das kulturelle Kapital bestimmt später in den verschiedenen Feldern ganz erheblich die Chancen eines Akteurs im Kampf um begehrte soziale Positionen. Unintendiert geschieht eine Anpassung des Habitus an die lagetypischen Ressourcen, die einem Akteur zur Verfügung stehen. Ein solcher Prozess kann als Bewältigung kognitiver Dissonanzen erfasst werden, in deren Folge sich Akteure an die ihnen zur Verfügung stehenden lagetypischen Ressourcen anpassen. Charakteristisch für die impliziten Sozialisationsannahmen in der Theorie Bourdieus sind Prozesse der Habitualisierung sowohl psychischer als auch physischer Art. Damit wird die Unbewusstheit von Sozialisationsergebnissen betont. Darüber hinaus ist durchgängig das Prinzip der Konkurrenz oder, wie Bourdieu es häufig bezeichnet, des Kampfes (Selbstbehauptung) zwischen den Akteuren um bessere Positionen in verschiedenen Feldern typisch.

Die Sozialisation rationaler Akteure

In der Austauschtheorie Colemans wird Sozialisation durch das Streben aller Akteure nach Maximierung ihres Nutzens bestimmt.

Dabei entsteht ein Interesse an Normen, durch welche jenes Handeln beeinflusst werden soll, das externe Effekte aufweist. Die Gruppen, deren Handlungserträge durch externe Effekte positiv oder negativ beeinflusst werden, entwickeln ein Interesse, dieses Handeln durch Normen zu fördern oder zu unterdrücken. Die Einhaltung von Normen erfordert Kontrolle. Kontrolle kann entweder extern erfolgen oder auf dem Weg der Internalisierung von Normen als innere Kontrolle aufgebaut werden. Letztlich entscheiden die Kosten, ob innere Kontrolle durch Sozialisation angestrebt oder durch externe Kontrollen die Einhaltung von Normen herbeigeführt werden soll. Die Entstehung innerer Kontrollen geschieht hauptsächlich durch Identifizierung, indem die vorher fremden Interessen zu eigenen Interessen werden. Dadurch wird die Einhaltung der Normen zum Eigeninteresse. Diese Prozesse bauen auf Assoziation, Habitualisierung und Selbstbehauptung auf. Der Mechanismus besteht im Kern aus dem Lernen am Erfolg als Verstärkung durch Austausch.

Tabelle 8: Vergleich der Sozialisationsannahmen in verschiedenen soziologischen Theorien

	Bausteine	Sozialisationsmechanismen	Bedeutsamkeit einer Sozialisationsphase	Sozialisationsresultat
Generationenkonstrukt	Habitualisierung	Begrenzung der Bedürfnisse/ Fixierung von Grundwerten	Impressive Phase während der Sekundärsozialisation	Spezifische Werte und Einstellungen, die mit einem Teil der Geburtskohorte gemeinsam sind und sich von Angehörigen anderer Kohorten unterscheiden
Strukturfunktionalistische Theorie	Assoziation, Habitualisierung	Lernen am Erfolg Selbstbelohnung (Wert, Norm und Affekt)	Primärsozialisation Sekundärsozialisation	Soziale Partizipationsfähigkeit in Abhängigkeit der Vollständigkeit von Sozialisation (Treuhänder)
Figurationssoziologie	Assoziation, Habitualisierung Selbstbehauptung	Lernen am Erfolg Begrenzung der Bedürfnisse	lebenslang	habitualisierte Affektkontrolle auf einem konkreten historischen Niveau (sozialer Habitus)
Phänomenologische Soziologie/ Wissenssoziologie	Dissonanzreduktion Assoziation, Habitualisierung	Begrenzung der Bedürfnisse/ kognitiven Auslegung	Primärsozialisation Sekundärsozialisation	Fähigkeit andere Akteure in der Lebenswelt zu verstehen und zielgerichtet mit ihnen zu interagieren
Klassentheorie Bourdieus	Assoziation Habitualisierung Selbstbehauptung	Begrenzung der Bedürfnisse	Primärsozialisation	Internalisierung kulturellen Kapitals für die Konkurrenz in verschiedenen Feldern um bessere soziale Positionen (Klassenhabitus)
Austauschtheorie Colemans	Assoziation Habitualisierung Selbstbehauptung	Lernen am Erfolg	Primärsozialisation Sekundärsozialisation	Identifizierung mit nahen Personen, Internalisierung von Interessen, die interne Verhaltenskontrollen bewirken

Literaturverzeichnis

Adorno, Theodor W., Else Frenkel-Brunswik, Daniel J. Levinson u. Robert N. Sanford, *Studien zum autoritären Charakter*, Frankfurt a. M., 1973.

Aristoteles, *Politik und Staat der Athener*, hg. v. Olof Gigon, Zürich, 1955.

Aronson, Elliot, Timothy D. Wilson u. Robin M. Akert, *Sozialpsychologie*, München, Boston, San Francisco, Harlow, Don Mills, Sydney, Mexico City, Madrid, Amsterdam, 2006.

Asch, Solomon E., "Opinions and social pressure", in: *Scientific American,* 193(5), 1955, S. 31-35.

Bamberg, Sebastian, „Habitualisierte Pkw-Nutzung. Integration des Konstrukts ‚Habit' in die Theorie des geplanten Verhaltens", in: *Zeitschrift für Sozialpsychologie,* 27(4), 1996, S. 295-310.

Bamberg, Sebastian u. Alexander Braun, „Umweltbewußtsein. Ein Ansatz zur Vermarktung von Ökostrom", in: *Umweltpsychologie,* 5(2), 2001, S. 88-105.

Bargh, John A., Peter M. Gollwitzer, Annette Lee-Chai, Kimberly Barndollar u. Roman Troetschel, „The automated will: Nonconscious activation and pursuit of behavioral goals", *Journal of Personality and Social Psychology,* 81(6), 2001, S. 1014-1027.

Bargh, John A., Tanya L. Chartrand, „The unbearable automaticity of being", in: *American Psychologist,* 54, 1999, S. 462-479.

Becker, Egon u. Jürgen Ritsert, „Auf der Weltbaustelle – Einführung in die Condition Humaine bei Talcott Parsons", in: Egon Becker u. Jürgen Ritsert, *Drei Beiträge zur fröhlichen Wissenschaft,* StS Sonderband 1, Frankfurt a. M., S. 98-143, (unveröffentlicht).

Becker, Howard S., *Außenseiter. Zur Soziologie abweichenden Verhaltens,* Frankfurt a. M., 1981.

Berger, Peter L., Thomas Luckmann, *Die gesellschaftliche Konstruktion der Wirklichkeit. Eine Theorie der Wissenssoziologie,* Frankfurt a. M., 1994.

Bertram, Hans, *Sozialstruktur und Sozialisation. Zur mikroanalytischen Analyse von Chancenungleichheit,* Darmstadt, Neuwied, 1981.

Bierhoff, Hans W., *Sozialpsychologie,* Stuttgart, Berlin, Köln, 2000.

Bierhoff-Alfermann, Dorothee, *Androgynie.* Opladen, 1989.

Bock, Karin, *Politische Sozialisation in der Drei-Generationen-Familie. Eine qualitative Studie aus Ostdeutschland*, Opladen, 2000.

Bohn, Cornelia, *Habitus und Kontext*, Opladen, 1991.

Boudon, Raymond, *Die Logik des gesellschaftlichen Handelns Eine Einführung in die soziologische Denk- und Arbeitsweise*, Neuwied, Darmstadt, 1980.

Bourdieu, Pierre, „Ökonomisches Kapital, kulturelles Kapital, soziales Kapital", in: *Soziale Ungleichheiten*, Sonderband 2: Soziale Welt, hg. v. Reinhard Kreckel, Göttingen, 1983, S. 183-198.

– *Sozialer Raum und „Klassen"*, Frankfurt a. M., 1985.

– *Sozialer Sinn. Kritik der theoretischen Vernunft*, Frankfurt a. M., 1987.

– *Die feinen Unterschiede. Kritik der gesellschaftlichen Urteilskraft*, Frankfurt a. M., 1991.

– *Meditationen. Zur Kritik der scholastischen Vernunft*, Frankfurt a. M., 2001a.

– *Das politische Feld. Zur Kritik der politischen Vernunft*, Konstanz, 2001b.

Braithwaite, John, *Crime, Shame and Reintegration*, New York: Cambridge University Press, 1993.

Breitsamer, Joachim, „Ein Versuch zum ‚Problem der Generationen' ", in: *Kölner Zeitschrift für Soziologie und Sozialpsychologie*, 28(3), 1976, S. 451-478.

Brown, Julia, „A comparative study of deviation from sexual mores", in: *American Sociological Review*, 17(2), 1952, S. 135-146.

Bude, Heinz, *Das Altern einer Generation. Die Jahrgänge 1938 bis 1948*, Frankfurt a. M., 1997.

Buchhofer, Bernd, Jürgen Friedrichs u. Hartmut Lüdtke, „Alter, Generationsdynamik und soziale Differenzierung", in: *Kölner Zeitschrift für Soziologie und Sozialpsychologie*, 22(2), 1970, S. 300-334.

Burgess, Robert L. u. Ronald L. Akers, "A differential association-reinforcement theory of criminal behavior" in: *Social Problems*, 14, 1966, S. 128-147.

Child, Irvin L. u. Edward Zigler, "Socialization", in: *The Handbook of Social Psychology*, hg. v. Gardner Lindzey u. Elliot Aronson, Mass-London, 1969, S. 450-589.

Coleman, James S., *Die asymmetrische Gesellschaft*, Weinheim, 1986.

– *Grundlagen der Sozialtheorie*, Bd. 1: Handlungen und Handlungssysteme, München, 1991.

– *Grundlagen der Sozialtheorie*, Bd. 2: Körperschaften und die moderne Gesellschaft, München, 1992.

Cooley, Charles H., *Human Nature and the Social Order*, New York, 1902, S. 179-185.

– *Social Organization. A Study of the Larger Mind*, New York, 1909.

Correll, Werner, *Lernpsychologie*, Donauwörth, 1993.

– *Menschen durchschauen und richtig behandeln*, Heidelberg, 2005.

Cremer-Schäfer, Helga u. Heinz Steinert, *Straflust und Repression. Zur Kritik der populistischen Kriminologie*, Münster, 1998.

Dahrendorf, Ralf, *Homo sociologicus*, Opladen, 1974.

Degen, Rolf, *Lexikon der Psycho-Irrtümer. Warum der Mensch sich nicht therapieren, erziehen und beeinflussen lässt*, München, Zürich, 2004.

Diekmann, Andreas u. Peter Preisendörfer, „Persönliches Umweltverhalten: Diskrepanzen zwischen Anspruch und Wirklichkeit", in: *Kölner Zeitschrift für Soziologie und Sozialpsychologie*, 44(2), 1992, S. 226-251.

– „Umweltbewußtsein und Umweltverhalten in Low- und High-Cost-Situationen. Zum Einfluß von Normen in Abhängigkeit von den Verhaltenskosten", in: *Normen und Institutionen: Entstehung und Wirkungen*, hg. v. Regina Metze, Kurt Mühler u. Karl-Dieter Opp, Leipzig, 2000, S. 359-383.

Diekmann, Andreas u. Thomas Voss, „Die Theorie rationalen Handelns. Stand und Perspektiven", in: *Rational-Choice-Theorie in den Sozialwissenschaften*, hg. v. Andreas Diekmann u. Thomas Voss, München, 2004, S. 13-29.

Dilthey, Wilhelm, *Der Aufbau der geschichtlichen Welt in den Geisteswissenschaften*, Frankfurt a. M., 1970.

Duerr, Hans Peter, *Obszönität und Gewalt. Der Mythos vom Zivilisationsprozeß*, Frankfurt a. M., 1995.

Durkheim, Emile, „Über die Anomie", in: *Klassik der Soziologie*, hg. v. Charles W. Mills, Frankfurt a. M., 1966, S. 394-436.

– „Erziehung und Gesellschaft", in: *Theorien der Sozialisation. Erläuterungen – Texte – Arbeitsaufgaben*, hg. v. Franzjörg Baumgart, Bad Heilbrunn, 2004, S. 44-57.

– *Der Selbstmord*, Frankfurt a. M., 1983.

– *Über die Teilung der sozialen Arbeit*, Frankfurt a. M., 1977.

Eckstein, Walther, *Einleitung zu Adam Smith Theorie der ethischen Gefühle*, Hamburg 2004.

Eickelpasch, Rolf u. Burkhard Lehmann, *Soziologie ohne Gesellschaft? Probleme einer phänomenologischen Grundlegung der Soziologie*, München, 1983.

Eisenberg, Ulrich, *Kriminologie*, Köln, Berlin, Bonn, München, 1990.

Eisenstadt, Samuel N., *Von Generation zu Generation*, München, 1966.

Elias, Norbert, „Über den Rückzug der Soziologen auf die Gegenwart", in: *Kölner Zeitschrift für Soziologie und Sozialpsychologie*, 35(1), 1983, S. 29-40.

– *Engagement und Distanzierung. Arbeiten zur Wissenssoziologie I*, Frankfurt a. M., 1983.

– *Über den Prozeß der Zivilisation. Soziogenetische und psychogenetische Untersuchungen*, Bd. 1: Wandlungen des Verhaltens in den weltlichen Oberschichten des Abendlandes, Frankfurt a. M., 1990a.

– *Über den Prozeß der Zivilisation. Soziogenetische und psychogenetische Untersuchungen*, Bd. 2: Wandlungen der Gesellschaft, Frankfurt a. M., 1990b.

– *Über die Zeit. Arbeiten zur Wissenssoziologie II*, Frankfurt a. M., 1984.

– *Studien über die Deutschen: Machtkämpfe und Habitusentwicklung im 19. und 20. Jahrhundert*, Frankfurt a.M., 1994.

Elster, John, *Subversion der Rationalität*, Frankfurt a. M., New York, 1987.

Engels, Friedrich, „Der Anteil der Arbeit an der Menschwerdung des Affen", in: Karl Marx u. Friedrich Engels, *Werke*, Bd. 20, Berlin, 1962, S. 444-455.

Epikur, „Fragmente", in: *Griechische Atomisten. Texte und Kommentare zum materialistischen Denken der Antike*, hg. v. Fritz Jürß, Reimar Müller u. Ernst G. Müller, Leipzig, 1973, S. 345-377.

Esser, Hartmut, „Figurationssoziologie und Methodologischer Individualismus. Zur Methodologie des Ansatzes von Norbert Elias", in: *Kölner Zeitschrift für Soziologie und Sozialpsychologie*, 36(4), 1984, S. 667-702.

– *Soziologie*, Frankfurt a. M., New York, 1993.

– *Soziologie. Spezielle Grundlagen*, Bd. 1: Situationslogik und Handeln, Frankfurt a. M., New York, 1999.

– *Alltagshandeln und Verstehen*, Tübingen, 1991.

Etzioni, Amitai, *Die Entdeckung des Gemeinwesens. Ansprüche, Verantwortlichkeiten und das Programm des Kommunitarismus*, Stuttgart, 1995.

Fazio, Russel H., David M. Sanbonmatsu, Martha C. Powell u. Frank R. Kardes, "On the automatic activation of attitudes", in: *Journal of Personality and Social Psychology*, 50(2), 1986, S. 229-238.

Fels, Gerhard, *Der Aufruhr der 68er. Zu den geistigen Grundlagen der Studentenbewegung und der RAF*, Bonn, 1998.

Fend, Helmut, *Sozialisierung und Erziehung*, Weinheim, Basel, 1973.

Festinger, Leon, *A theory of cognitive dissonance*, Stanford, 1957, dt. Bern, Stuttgart, Wien, 1978.

Fischer, Lorenz u. Günter Wiswede, *Grundlagen der Sozialpsychologie*, München, 2002.

Flap, Henk u. Yme Kuiper, „Figurationssoziologie als Forschungsprogramm", in: *Kölner Zeitschrift für Soziologie und Sozialpsychologie*, 33(2), 1981, S. 273-301.

Fogt, Helmut, *Politische Generationen. Empirische Bedeutung und theoretisches Modell*, Opladen, 1982.

Foucault, Michel, *Überwachen und Strafen. Die Geburt des Gefängnisses*, Frankfurt a. M., 1994.

Freud, Sigmund, *Abriss der Psychoanalyse*, Frankfurt a.M., 1960, S. 6-39.

Freud, Sigmund, Das Ich und das Es, in: Studienausgabe Band III. *Psychologie des Unbewußten*, Frankfurt a.M., 1982.

Freud, Sigmund, „Zeitgemäßes über Krieg und Tod", in: Sigmund Freud, *Psychoanalyse. Ausgewählte Schriften zur Neurosenlehre, zur Persönlichkeitstheorie, zur Kulturtheorie*, Leipzig, 1985, S. 366-393.

Frey, Bruno, *Ökonomie ist Sozialwissenschaft*, München, 1990.

Frey, Dieter u. Siegfried Greif, *Sozialpsychologie. Ein Handbuch in Schlüsselbegriffen*, München, Wien, Baltimore, 1983.

Fromm, Erich, *Haben oder Sein. Die seelischen Grundlagen einer neuen Gesellschaft*, München, 1984.

Fuchs, Werner, Rolf Klima, Rüdiger Lautmann u. Hanns Wienold, *Lexikon zur Soziologie*, Opladen, 1978.

Garfinkel, Harold, „Studies of the Routin Grounds of Everyday Acitivities", in: *Social Problems*, 11, 1964, S. 225-250.

Geulen, Dieter, *Subjektorientierte Sozialisationstheorie. Sozialisation als Epigenese des Subjekts in Interaktion mit der gesellschaftlichen Umwelt*, Weinheim, München, 2005.

– *Politische Sozialisation in der DDR. Autobiographische Gruppengespräche mit Angehörigen der Intelligenz*, Opladen, 1998.

– *Das vergesellschaftete Subjekt: zur Grundlegung der Sozialisationstheorie*, Frankfurt a. M., 1989.

Giddens, Anthony, *Interpretative Soziologie: eine kritische Einführung*, Frankfurt a. M., New York, 1984.

Goffman, Erving, *Rahmen-Analyse*, Frankfurt a. M., 1989.

Göschel, Albrecht, *Kontrast und Parallele – kulturelle und politische Identitätsbildung ostdeutscher Generationen*, Stuttgart, Berlin, Köln, 1999.

Grundmann, Matthias, *Sozialisation. Skizze einer allgemeinen Theorie*, Konstanz, 2006.

Habermas, Jürgen, *Strukturwandel der Öffentlichkeit. Untersuchungen zu einer Kategorie der bürgerlichen Gesellschaft*, Frankfurt
a. M., 1990.

Heider, Fritz, *Psychologie der interpersonellen Beziehungen*, Stuttgart, 1977.

Hillmann, Karl-Heinz, *Wörterbuch der Soziologie*, Stuttgart, 1994.

Hirschmann, Albert O., *Leidenschaften und Interessen. Politische
Begründungen des Kapitalismus vor seinem Sieg*, Frankfurt a. M.,
1987.

Hodenberg, Christina v., „Politische Generationen und massen-
mediale Öffentlichkeit. Die „45er" in der Bundesrepublik", in:
Generationen. Zur Relevanz eines wissenschaftlichen Grundbegriffs,
hg. v. Ulrike Jureit u. Michael Wildt, Hamburg, 2005, S. 266-
294.

Homans, George C., „Soziologische Theorie und Verhaltenstheorie", in: *Soziologische Theorie*, hg. v. Claus Mühlfeld u. Michael
Schmid, Hamburg, 1974, S. 69-93.

– *Elementarformen des sozialen Verhaltens*, Köln, Opladen, 1972a.

– „Grundlegende soziale Prozesse", in: George C. Homans,
Grundfragen soziologischer Theorie, Opladen, 1972b, S. 59-105.

– *Theorie der sozialen Gruppe*, Köln, Opladen, 1970.

Hopf, Christel, Marlene Silzer u. Jörg M. Wernich: „Ethnozentrismus und Sozialisation in der DDR", in: *Rechtsextremistische
Jugendliche – was tun?*, hg. v. Peter E. Kalb, Karin Sitte u. Christian Petry, Beltz, Weinheim, Basel, 1999, S. 80-121.

Hopf, Christel, *Frühe Bindung und Sozialisation. Eine Einführung*,
München, 2005.

Hurrelmann, Klaus, *Sozialisation und Lebenslauf. Empirie und Methodik sozialwissenschaftlicher Persönlichkeitsforschung*, Reinbeck
b. Hamburg, 1976.

Inglehart, Ronald, *The Silent Revolution. Changing Values and Po-
litical Styles among Western Publics*, Princeton, 1977.

– *Kultureller Umbruch: Wertewandel in der westlichen Welt*, Frankfurt a. M., 1989.

Irle, Martin u. Volker Möntmann, „Die Theorie der kognitiven
Dissonanz: Ein Resümee ihrer theoretischen Entwicklung und
empirischen Ergebnisse 1957 – 1976", in: Leon Festinger, *Theorie der kognitiven Dissonanz*, Bern, Stuttgart, Wien 1978, S.
274-365.

Klein, Markus u. Manuela Pötschke, „Gibt es einen Wertewandel
hin zum ‚reinen' Postmaterialismus?", in: *Zeitschrift für Soziologie*, 29(3), 2000, S. 202-216.

Kloss, Ingomar, *Werbung*, München, Wien, 1993.

Krais, Beate u. Gunter Gebauer, *Habitus*, Bielefeld, 2002.

Kroeber-Riehl, Werner, *Bildkommunikation. Imagerystrategien für die Werbung*, München, 1996.

Kuhn, Thomas S., *Die Struktur wissenschaftlicher Revolutionen*, Frankfurt a.M., 1973.

Kuran, Timur, *Leben in Lüge. Präferenzverfälschungen und ihre gesellschaftlichen Folgen*, Tübingen, 1997.

LaPierre, Richard T., „Attitude vs. Actions", in: *Social Forces*, 13, 1934, S. 230-237.

Leggewie, Claus, „1968 ist Geschichte", in: *Aus Politik und Zeitgeschichte*, Beilage zur Wochenzeitung Das Parlament, B 22-23, 2001, S. 3-6.

Lepsius, M. Rainer, „Kritische Anmerkungen zur Generationenforschung", in: *Generationen. Zur Relevanz eines wissenschaftlichen Grundbegriffs*, hg. v. Ulrike Jureit u. Michael Wildt, Hamburg 2005, S. 45-52.

Lewin, Kurt, *Feldtheorie in den Sozialwissenschaften*, Bern, 1963.

Lindenberg, Siegwart, „Social Rationality as an Unified Model of Man (Including Bounded Rationality) ", in: *Journal of Management and Governance*, 5, 2001, S. 239-251.

– „Die Methode der abnehmenden Abstraktion: Theoriegesteuerte Analyse und empirischer Gehalt", in: *Modellierung sozialer Prozesse*, hg. v. Hartmut Esser u. Klaus G. Troitzsch, Bonn, 1991.

– „Rationalität und Kultur. Die verhaltenstheoretische Basis des Einflusses von Kultur auf Transaktionen", in: *Sozialstruktur und Kultur*, hg. v. Hans Haferkamp, Frankfurt a. M., 1990, S. 249-287.

– „Homo Socio-oeconomicus: The Emergence of a General Model of Man in the Social Sciences", in: *Journal of Institutional and Theoretical Economics (JITE)*, 146, 1990(b), S. 727-748.

– „Rational, Repetitive Choice: The Discrimination Model versus the Camilleri-Berger Model", in: *Social Psychology Quarterly*, 1981, S. 312-330.

Linton, Ralph, *The Study of Man – An Introduction*, New York, London, 1936.

Liszt, Franz v., „Die gesellschaftlichen Faktoren der Kriminalität", in: Franz Liszt, *Strafrechtliche Vorträge und Aufsätze*, Bd. 2, Berlin, 1905, S. 433-447.

Lombroso, Cesare, *Der Verbrecher in anthropologischer, ärztlicher und juristischer Beziehung*, 3 Bände, Hamburg, 1887-1896.

Lorenz, Konrad, *Die acht Todsünden der zivilisierten Menschheit*, München, 1973.

Lüdemann, Christian u. Thomas Ohlemacher, *Soziologie der Kriminalität. Theoretische und empirische Perspektiven*, München, 2002.

Mandeville, Bernard, *Die Bienenfabel oder private Laster als gesellschaftliche Vorteile*, Leipzig, Weimar, 1988.

Mannheim, Karl, „Das Problem der Generationen", in: *Kölner Vierteljahreshefte für Soziologie*, 7(2), 1928, S. 157-185.

– „Das Problem der Generationen", in: *Kölner Vierteljahreshefte für Soziologie*, 7(3), 1928b, S. 309-330.

Marx, Karl u. Friedrich Engels, „Die deutsche Ideologie", in: Karl Marx u. Friedrich Engels, *Werke*, Bd. 3, Berlin, 1973.

Marx, Karl, „Ökonomisch-philosophische Manuskripte aus dem Jahre 1844", in: Karl Marx u. Friedrich Engels, *Gesamtausgabe*, Ergänzungsband 1, Berlin, 1973, S. 465-588.

Maslow, Abraham, *Motivation und Persönlichkeit*, Reinbeck b. Hamburg, 1981.

Mead, George H., *Geist, Identität und Gesellschaft aus der Sicht des Sozialbehaviorismus*, Frankfurt a. M., 1995.

Merton, Robert K., *Social Theory and Social Structure*, New York, 1968.

– *Soziologische Theorie und soziale Struktur*, hg. v. Volker Meja u. Nico Stehr, Berlin, New York, 1995.

Meulemann, Heiner, *Soziologie von Anfang an*, Wiesbaden, 2001.

Miller, Walter B., „Die Kultur der Unterschicht als ein Entstehungsmilieu für Bandenkriminalität", in: *Kriminalsoziologie*, hg. v. Fritz Sack u. René König, Frankfurt a. M., 1968, S. 339-359.

Mills, Charles W., „Die große Theorie", in: Charles W. Mills, *Kritik der soziologischen Denkweise*, Darmstadt, Neuwied, 1973, S. 60-88.

Mühler, Kurt u. Karl-Dieter Opp, *Region – Nation – Europa. Die Dynamik regionaler und überregionaler Identifikation*, Wiesbaden, 2006.

Münch, Richard, *Soziologische Theorie*, Bd. 2: Handlungstheorie, Frankfurt a. M., New York, 2002.

– *Soziologische Theorie*, Bd. 3: Gesellschaftstheorie, Frankfurt a. M., New York, 2004.

Neel, Ann F., *Handbuch der psychologischen Theorien*, Frankfurt a. M., 1986.

Noelle-Neumann, Elisabeth u. Thomas Petersen, „Zeitenwende. Der Wertewandel 30 Jahre später", in: *Aus Politik und Zeitgeschichte*, Beilage zur Wochenzeitung Das Parlament, B 29, 2001, S. 15-22.

Nunner-Winkler, Gertrud u. Marion Nikele, „Moralische Differenz oder geteilte Werte? Empirische Befunde zur Gleichheits-/Differenz-Debatte", in: *Kölner Zeitschrift für Soziologie und Sozialpsychologie*, Sonderheft 41, 2001, S. 108-135.

Opp, Karl-Dieter, „Erklärung durch Mechanismen: Probleme und Alternativen", in: *Angewandte Soziologie*, hg. v. Robert Kecskes, Michael Wagner u. Christof Wolf, Wiesbaden, 2004, S. 361-379.

– *Verhaltenstheoretische Soziologie*, Reinbeck b. Hamburg, 1972.

– *Methodologie der Sozialwissenschaften. Einführung in Probleme ihrer Theorienbildung und praktischen Anwendung*, Wiesbaden, 2005.

Opp, Karl-Dieter und Reinhard Wippler, *George Caspar Homans (1910-1989)*, in: Dirk Kaesler, *Klassiker der Soziologie*, Bd. 2, München, 1999, S. 130-151.

Ortmann, Rüdiger, *Abweichendes Verhalten und Anomie*, Freiburg im Breisgau, 2000.

Parsons, Talcott, *The structure of social action. A Study in Social Theory with special Reference to a Group of Recent European Writers*, New York, London, 1949.

– *Sozialstruktur und Persönlichkeit*, Frankfurt a. M., 1999.

– *Aktor, Situation und normative Muster: ein Essay zur Theorie sozialen Handelns*, Frankfurt a. M., 1986.

– *Zur Theorie sozialer Systeme*, Opladen, 1976.

Parsons, Talcott u. Robert F. Bales, *Family, Socialization and Interaction Process*, New York, 1955.

Parsons, Talcott, Robert F. Bales u. Edward A. Shils, *Working Papers in the Theory of Action*, Glencoe, Illinois, 1953.

Parsons, Talcott u. Gerald M. Platt, *Die amerikanische Universität*, Frankfurt a. M., 1990.

– „Alter, Sozialstruktur und Sozialisation in der Studienphase", in: *Sozialisation und Lebenslauf. Empirie und Methodik sozialwissenschaftlicher Persönlichkeitsforschung*, hg. v. Klaus Hurrelmann, Reinbek bei Hamburg, 1976, S. 186-202.

Parsons, Talcott u. Edward A. Shils, *Toward a General Theory of Action. Theoretical Foundations for the Social Sciences*, New York, 1951.

Piaget, Jean, *Das Weltbild des Kindes*, Frankfurt a. M., 1973.

Popitz, Heinrich, *Die normative Konstruktion von Gesellschaft*, Tübingen, 1980.

Popper, Karl R., *Die offene Gesellschaft und ihre Feinde*, Bd. 1, Tübingen, 1980.

– *Alle Menschen sind Philosophen*, hg. v. Heidi Bohnet u. Klaus Stadler, München, Zürich 2005.

Radcliffe-Brown, Alfred R., *Structure and Function in Primitive Society. Essays and Addresses*, London, 1952.

Randall, Susan C. u. Hermann Strasser, „Wandel der Gesamtgesellschaft, sozialer Gruppen und zwischenmenschlicher Beziehungen", in: Hermann Strasser u. Susan C. Randall, *Einführung in die Theorien des sozialen Wandels*, Darmstadt, Neuwied, 1979, S. 232-313.

Raub, Werner u. Thomas Voss, *Individuelles Handeln und gesellschaftliche Folgen. Das individualistische Programm in den Sozialwissenschaften*, Darmstadt, Neuwied, 1981.

Rehbein, Boike, *Die Soziologie Pierre Bourdieus*, Konstanz, 2006.

Reinders, Heinz, *Politische Sozialisation Jugendlicher in der Nachwendezeit. Forschungsstand, theoretische Perspektiven und empirische Evidenzen*, Opladen, 2001.

Reinhold, Gerd, Siegfried Lamnek u. Helga Recker, *Soziologie-Lexikon*, München, 2000.

Roos, Peter, *Trau keinem über dreißig. Eine Generation zwischen besetzten Stühlen*, Frankfurt a. M., 1982.

Schelsky, Helmut, *Die skeptische Generation. Eine Soziologie der deutschen Jugend*, Düsseldorf, Köln, 1963.

Schluchter, Wolfgang, „Handlungs- und Strukturtheorie nach Max Weber", in: *Berliner Journal für Soziologie*, 10(1), 2000, S. 125-136.

Schnell, Franziska, „Tiefenpsychologie – die Entdeckung des Unbewussten", in: *Kindlers Handbuch Psychologie*, hg v. Reinhart Stalmann, München, 1982, S. 55-96.

Schütz, Alfred, „Der Fremde", in: Alfred Schütz, *Gesammelte Aufsätze*, Bd. 2, Den Haag, 1972, S. 53-69.

Schütz, Alfred u. Thomas Luckmann, *Strukturen der Lebenswelt*, Bd. 1, Frankfurt a. M., 1991.

Schwind, Hans-Dieter, *Kriminologie. Eine praxisorientierte Einführung mit Beispielen*, Heidelberg, 2003.

Schwingel, Markus, *Pierre Bourdieu zur Einführung*, Hamburg, 1998.

Schwinn, Thomas, *Jenseits von Subjektivismus und Objektivismus*, Berlin, 1993.

Skinner, Burrhus F., *Wissenschaft und menschliches Verhalten*, München, 1973.

– *The behavior of organisms*, New York, 1938.

Smith, Adam, *Der Wohlstand der Nationen*, München, 1978.

– *Theorie der ethischen Gefühle*, Hamburg, 2004.

Steinkamp, Günther, „Sozialstruktur und Sozialisation", in: Klaus Hurrelmann u. Dieter Ulich, *Neues Handbuch der Sozialisationsforschung*, Weinheim, Basel, 1991, S. 251-277.

Sutherland, Edwin H., „Die Theorie der differentiellen Kontakte", in: *Kriminalsoziologie*, hg. v. Fritz Sack u. René König, Frankfurt a. M., 1968, S. 395-399.

Sykes Gresham M. u. David Matza, „Techniken der Neutralisierung: Eine Theorie der Delinquenz", in: *Kriminalsoziologie*, hg. v. Fritz Sack u. René König, Frankfurt a. M., 1968, S. 360-371.

Szydlik, Marc, *Lebenslange Solidarität? Generationenbeziehungen zwischen erwachsenen Kindern und Eltern*, Opladen, 2000.

Tazelaar, Frits und Reinhard Wippler, „Die Theorie mentaler Inkongruenzen und ihre Anwendung in der empirischen Sozialforschung", in: *Angewandte Sozialforschung*, 10, 1982, S. 237-275.

Thomas, William I., *Person und Sozialverhalten*, hg. v. Heinz Maus u. Friedrich Fürstenberg, Bd. 26: Soziologische Texte, Neuwied, 1965.

Thomas, William I. u. Florian Znaniecki, *The Polish Peasant in Europe and America*, New York, 1958 (zuerst 1918).

Thorndike, Edward L., *The psychology of learning*, New York, 1913.

Thurstone, Louis L., "Attitudes Can Be Measured", in: *The American Journal of Sociology*, 33, 1928, S. 529-554.

Tönnies, Ferdinand, *Gemeinschaft und Gesellschaft. Grundbegriffe der reinen Soziologie*, Darmstadt 1963.

Vanberg, Viktor, „Der individualistische Ansatz zu einer Theorie der Entstehung und Entwicklung von Institutionen", in: *Jahrbuch für Neue Politische Ökonomie*, Bd. 2, Tübingen, 1983, S. 50-69.

– „Rational Choice and Rule-Based Behavoir: Alternative Heuristics", in: *Normen und Institutionen: Entstehung und Wirkungen*, hg. v. Regina Metze, Kurt Mühler, Karl-Dieter Opp, Leipzig, 2000, S. 17-33.

Watson, John B, *Behaviorismus*, Frankfurt a. M., 1997.

Weber, Max, *Wirtschaft und Gesellschaft*, Tübingen, 1990.

– *Gesammelte Aufsätze zur Wissenschaftslehre*, Tübingen, 1982.

– „Die protestantische Ethik und der „Geist" des Kapitalismus", in: Max Weber, *Gesammelte Aufsätze zur Religionssoziologie*, Bd. 1, Tübingen, 1994.

– „Die ‚Objektivität' sozialwissenschaftlicher und sozialpolitischer Erkenntnis", in: *Gesammelte Aufsätze zur Wissenschaftslehre*, hg. v. Johannes Winckelmann, Tübingen, 1988.

Wippler, Reinhard, „Kulturelle Ressourcen, gesellschaftlicher Erfolg und ungleiche Lebensqualität", in: Reinhard Wippler, *Sociologie tussen empirie en theorie. Een keuze uit het werk 1970/1996*, Amsterdam, 1996, S. 135-152.

Wiswede, Günter, *Soziologie*, Landsberg am Lech, 1991.

Wouters, Cas, *Informalisierung. Norbert Elias' Zivilisationstheorie und Zivilisationsprozesse im 20. Jahrhundert*, Opladen, Wiesbaden, 1999.

Wrase, Jana, Anne Beck u. Andreas Heinz, „Das Suchtgedächtnis sichtbar machen – wie bildgebende Verfahren der Suchtforschung dienen können", in: *Wirksame Therapie: Wissenschaftlich fundierte Suchtbehandlung*, hg. v. Fachverband Sucht e.V., Geesthacht, 2007, S. 123-135.

Wrong, Dennis, "The Oversocialized Conception of Man", in: *American Sociological Review*, 26, 1961, S. 183-193.

Zahlmann-Willenbacher, Barbara, „Kritik des funktionalistischen Konzepts geschlechtstypischer Arbeitsteilung", in: *Geschlechtsrollen und Arbeitsteilung. Mann und Frau in soziologischer Sicht*, hg. v. Roland Eckert, München, 1979, S. 60-77.

Zimbardo, Philip G. u. Richard J. Gerrig, *Psychologie*, München, Boston, San Francisco, Harlow, Don Mills, Sydney, Mexico City, Madrid, Amsterdam, 2004.

Sachregister

Personenregister

pro Studium Soziologie

■ Ralf Bohnsack
Rekonstruktive
Sozialforschung
Einführung in qualitative Methoden
UTB 8242 L
ISBN 978-3-8252-**8242**-4
Barbara Budrich.
7., durchges. u. aktual. Aufl. 2008.
292 S., 1 Abb., 6 Fotos, kart.,
EUR 19,90, sfr 35,90

■ Günter Burkart
Familiensoziologie
UTB 3061 M
ISBN 978-3-8252-**3061**-6
UVK. 2008.
380 S., 20 Abb.,
EUR 19,90, sfr 35,90

■ Rainer Diaz-Bone
Statistik für Soziologen
basics
UTB 2782 M
ISBN 978-3-8252-**2782**-1
UVK. 2006.
284 S., 50 Abb., 54 Tab.,
EUR 17,90, sfr 32,00

■ Nina Degele
Gender/Queer Studies
Eine Einführung
UTB 2986 M
ISBN 978-3-8252-**2986**-3
W. Fink. 2008.
282 S., 7 Fotos,
EUR 18,90, sfr 34,00

■ Matthias Grundmann
Sozialisation
Skizze einer allgemeinen Theorie
UTB 2783 M
ISBN 978-3-8252-**2783**-8
UVK. 2006.
284 S., 8 Abb.,
EUR 17,90, sfr 32,00

■ Leo Kißler
Politische Soziologie
Grundlagen einer
Demokratiewissenschaft
UTB 2925 M
ISBN 978-3-8252-**2925**-2
UVK. 2007. 304 S.,
EUR 19,90, sfr 35,90

■ Hermann Korte
Soziologie
basics
UTB 2518 M
ISBN 978-3-8252-**2518**-6
UVK. 2004.
192 S., 8 Abb., 13 Tab.,
EUR 14,90, sfr 27,90

■ Helmut Kromrey
Empirische Sozialforschung
UTB 1040 S
ISBN 978-3-8252-**1040**-3
Lucius & Lucius. 11., überarb.
Auflage 2006.
565 S., einige Abb. u. Tab.,
EUR 14,90, sfr 27,90

■ Eckart Struck, Helmut Kromrey
PC-Tutor Methoden
empirischer Sozialforschung
UTB 8187 L
ISBN 978-3-8252-**8187**-8
(Lucius & Lucius). Version 3.0 2007.
CD-ROM mit Begleitheft,
EUR 14,90, sfr 27,70

■ Helmut Kromrey, Eckart Struck
Methoden empirischer
Sozialforschung
Kombipack UTB 8187 (CD-ROM)
und UTB 1040 (Buch)
UTB 8207 L
ISBN 978-3-8252-**8207**-3
Lucius & Lucius.
EUR 26,90, sfr 48,00

pro Studium Soziologie

Volker Kruse
Geschichte der Soziologie
UTB basics
UTB 3063 M
ISBN 978-3-8252-**3063**-0
UVK. 2008.
320 S., 22 Tab.,
EUR 19,90, sfr 35,90

Siegfried Lamnek
Theorien abweichenden
Verhaltens I
"Klassische" Ansätze
UTB 740 M
ISBN 978-3-8252-**0740**-3
W. Fink. 8., überarb. Aufl. 2007.
354 S., 19 Abb., 16 Tab.,
EUR 16,90, sfr 31,00

Martina Löw, Silke Steets,
Sergej Stoetzer
Einführung in die Stadt- und
Raumsoziologie
UTB 8348 L
ISBN 978-3-8252-**8348**-3
Barbara Budrich.
2., aktual. Aufl. 2008.
214 S., 39 Abb., 8 Tab., kart.
EUR 16,90, sfr 31,00

Hans-Peter Müller
Max Weber
Eine Einführung in sein Werk
UTB 2952 S
ISBN 978-3-8252-**2952**-8
Böhlau. 2007.
311 S., 24 Abb.,
EUR 16,90, sfr 31,00

Ingrid Oswald
Migrationssoziologie
UTB 2901 M
ISBN 978-3-8252-**2901**-6
UVK. 2007. 224 S., 10 Abb.,
EUR 17,90, sfr 32,00

Hartmut Rosa, David Strecker,
Andrea Kottmann
Soziologische Theorien
basics
UTB 2836 M
ISBN 978-3-8252-**2836**-1
UVK. 2007.
305 S., 21 Abb., 22 Fotos, 23 Tab.,
EUR 17,90, sfr 32,00

Katrin Späte (Hrsg.)
Beruf: Soziologe?!
Studieren für die Praxis
UTB 2902 M
ISBN 978-3-8252-**2902**-3
UVK. 2007. 192 S.,
EUR 14,90, sfr 27,90

Bernd Ternes
Karl Marx
Eine Einführung
UTB 2987 M
ISBN 978-3-8252-**2987**-0
UVK. 2008.
300 S., 7 Fotos,
EUR 19,90, sfr 35,90

Gerhard Wagner
Eine Geschichte der Soziologie
UTB 2961 S
ISBN 978-3-8252-**2961**-0
UVK. 2007. 238 S.,
EUR 14,90, sfr 27,90

Christoph Weischer
Sozialforschung
UTB 2924 M
ISBN 978-3-8252-**2924**-5
UVK. 2007.
416 S., 136 Abb.,
EUR 24,90, sfr 44,00

mehr unter **www.utb.de**